国家社会科学基金青年项目"新中国农村分配制度的探索历程与基本经验研究（1949—1966）"（批准号：15CKS012）结项成果

国家社科基金丛书
GUOJIA SHEKE JIJIN CONGSHU

现代化视阈下
新中国农村分配制度研究
（1949—1966）

A Study on China's Rural Distribution System （1949—1966）
from the Perspective of Modernization

尤国珍　著

人民出版社

目　录

自　序 ……………………………………………………… 001

导　论 ……………………………………………………… 001

第一章　马克思主义经典作家关于社会现代化与社会
　　　　主义分配思想的理论与实践探索 ……………… 012

　一、马克思主义经典作家关于社会现代化与社会主义分配
　　　思想的理论探索 ………………………………………… 012

　二、社会主义苏联关于社会现代化与社会主义分配思想的
　　　实践探索 ………………………………………………… 028

第二章　现代化的真正启动与新中国农村分配制度确立的
　　　　历史背景 ……………………………………………… 040

　一、近代以来中国现代化的启动过程 ………………………… 040

　二、新中国农村分配制度确立的历史背景 …………………… 048

第三章　新中国社会主义过渡时期农村现代化分配制度的
　　　　初步实践 ·· 055
　　一、土地改革时期农村生产资料的重新分配 ················ 055
　　二、土地改革中有中国特色的保存富农经济政策 ············ 077
　　三、农业社会主义改造时期按劳分配方式的初步实践 ········ 107

第四章　新中国社会主义十年建设时期农村现代化分配
　　　　制度的曲折探索 ·· 116
　　一、社会主义十年建设前期人民公社相对平均的分配制度 ····· 116
　　二、社会主义十年建设后期人民公社分配制度的纠错调整 ····· 133

第五章　新中国成立后农村分配制度探索历程的鲜明
　　　　特点及主要影响因素 ···································· 139
　　一、新中国成立后农村分配制度探索历程的鲜明特点 ·········· 139
　　二、新中国成立后农村分配制度变动的主要影响因素 ·········· 144

第六章　新中国成立后农村分配制度探索的基本经验 ········ 154
　　一、现代化视阈下新中国按劳分配制度实施的历史评价 ········ 154
　　二、新中国农村分配制度探索的历史经验和教训 ············ 160

第七章　现代化视阈下推进中国农村分配制度改革的
　　　　理论困境和现实思考 ···································· 170
　　一、现代化视阈下推进中国农村分配制度改革的理论困境 ······ 170
　　二、现代化视阈下推进中国农村分配制度改革的现实思考 ······ 177

第八章　新时代中国特色社会主义分配制度的改革路径 ····· 186
　　一、改革开放以来中国特色分配理论的继承与重塑 ············· 186

二、改革开放以来我国居民收入分配实践的发展历程 ………… 191

三、新时代中国居民收入分配面临的困难与挑战 …………… 201

四、新时代实现我国居民收入分配公平公正的路径选择 ……… 208

参考文献 ……………………………………………………… 216

后　记 ………………………………………………………… 227

自　序

习近平总书记指出："建设社会主义现代化强国,实现中华民族伟大复兴,是中华民族的最高利益和根本利益。我们党领导中国人民进行的一切奋斗,归根到底都是为了实现这一伟大目标。"[①]纵观世界其他国家的现代化进程,都是以工业化变革为推动力,促使传统的农业社会在经济、政治和思想文化等各个领域发生急剧变革,其中经济基础的变革是决定性变革,经济现代化决定和制约着整个社会现代化的其他方面。中国自 1840 年鸦片战争后开始被动卷入世界现代化浪潮,但由于各阶层对现代化认识还不够明晰,使得五四运动之前的现代化道路探索始终处于被动跟进阶段。随着五四运动之后,中国社会逐步形成了涵盖器物、制度、思想文化等层面的全面现代化理念,中国人对现代化认识才真正处于主动探索阶段。1949 年 10 月新中国成立成为中国现代化的历史转折点,中国的现代化在实践层面开始真正进入主动推进阶段。

收入分配是民生之源,是实现现代化发展成果由人民共享的最重要和最直接的方式。正因为分配问题如此重要,马克思、恩格斯、列宁等早期马克思主义经典作家,都在这个问题上进行过深入的理论思考和初步的实践探索。

[①]　中共中央宣传部编:《习近平新时代中国特色社会主义思想学习纲要》,学习出版社、人民出版社 2019 年版,第 58 页。

中国共产党成立 100 年来,在马克思主义收入分配理论指导下,党的几代中央领导集体根据我国现代化发展不同阶段的特点,在分配制度上进行了长期的理论探索和实践创新,逐步找到了适合我国国情的收入分配政策,积累了丰富的经验。新民主主义革命时期,党的收入分配的焦点集中在农民的土地问题上。新中国成立后我国选择了学习苏联模式的社会主义现代化道路,收入分配制度表现为计划经济体制下的按劳分配原则。随着社会主义"三大改造"的完成,我国收入分配方式表现为城市的工资制和农村的工分制,后逐渐趋向于平等平均的趋势。

党的十一届三中全会以后,邓小平提出了中国式的"三步走"经济发展战略[①],开启了中国特色社会主义现代化道路。改革开放以来,我国为打破原有的平均主义分配方式,率先以农村为突破口,通过实行家庭联产承包责任制落实按劳分配原则,在城市则通过企事业单位工资制改革转变为按劳分配原则。1992 年邓小平南方谈话提出的社会主义本质论和"三个有利于"的标准,为我国经济体制和收入分配改革指明了方向。在党的十四大提出"兼顾效率与公平"的分配制度基础上,1997 年党的十五大提出"按生产要素分配",这就进一步完善了"按劳分配为主体、多种分配方式并存"的收入分配制度。进入 21世纪,在中国特色社会主义现代化模式基本形成时期,2002 年党的十六大提出了深化我国分配制度的具体要求,2007 年党的十七大则进一步提出了"健全生产要素按贡献参与分配的制度",第一次提出了"创造条件让更多群众拥有财产性收入"。[②]

党的十八大以来,以习近平同志为核心的党中央着眼于实现全面建成小康社会的第一个百年奋斗目标,继续完善了中国特色社会主义现代化模式。随着中国特色社会主义进入新时代、社会主要矛盾转化,我国居民收入分配领域面临着较为严峻的困难和挑战,影响了新常态下中国经济的平稳

---

① 《邓小平文选》第三卷,人民出版社 1993 年版,第 251 页。
② 《胡锦涛文选》第二卷,人民出版社 2016 年版,第 643 页。

健康发展。因此,新时代的收入分配政策更关注公平公正,在坚持按劳分配原则的基础上促进收入分配更合理、更有序。习近平总书记多次强调,进入新发展阶段,要完整、准确、全面贯彻新发展理念,必须更加注重共同富裕问题。2020 年 10 月党的十九届五中全会提出"十四五"时期我国经济社会发展主要目标,通过促进居民收入增长和经济增长基本同步,分配结构明显改善,使得全体人民共同富裕取得更为明显的实质性进展。[1] 只有立足新时代我国国情特点推进分配制度改革,完善基本分配制度,切实缩小收入差距,才能更好地实现分配公平和分配正义,让全体人民共享改革发展成果。

本书力图以现代化研究视角,从马克思主义经典作家关于经济分配理论和新中国分配政策确立的背景出发,透视新中国成立后十七年的当代中国农村分配制度,探寻蕴含其中的社会主义现代化经济规律。通过梳理改革开放后分配政策的调整和变动过程,展望新时代分配政策的改革方向,为形成合理有序的收入分配格局提供借鉴。因此,笔者从 2015 年起到山西、湖北、浙江、安徽、河北、北京等省市档案馆查询了大量文献资料。其中,到山西、湖北、浙江、安徽等省档案馆查询了一批新中国成立初期革命老区和新解放区合作社不同发展阶段分配方面的资料,到河北徐水和河南范县查询了"大跃进"时期公社生产资料和消费资料分配方面的情况资料,到浙江和北京两省市档案馆查询了新中国十年建设时期农村分配制度调整方面的情况资料。另外,笔者还到国家图书馆、北京大学图书馆、中国人民大学图书馆、首都图书馆及网络上查阅了一批关于新中国领导人经济思想、分配制度理论和新中国分配政策方面的文献资料。通过以上努力,作者力争使本书做到资料翔实,论证充分。但是,由于从国家现代化视阈下研究新中国农村分配制度思路是新颖的,如何衔接好现代化理论与分配制度探索的内在联系,从现代化理论视角对新中国

---

[1]　《党的十九届五中全会〈建议〉学习辅导百问》,党建读物出版社、学习出版社 2020 年版,第 15—18 页。

农村分配制度探索做出实事求是、有说服力的阐释，本书还处于尝试和摸索阶段，难免影响著作的研究深度。希望本书的出版能为学界的研究提供有益的助力。

导　　论

一、选题意义

收入分配是民生之源,是关乎社会公平的极为重要的环节。分配制度能否兼顾公平与效率,事关国家的发展与稳定。新中国农村分配制度是指新中国成立后农村生产、生活资料如何占有、分配和使用的制度总称。在新中国工业化过程中,农村生产资料和劳动产品如何分配是中国共产党在领导国家建设中需要探索的重要问题之一。

本书立足于现代化视角,从马克思社会发展理论、经济分配理论和新中国分配政策确立背景出发,透过 1949 年新中国成立至 1966 年中国农村分配制度,比较分析其间不同阶段分配制度变动的差异、原因和经验启示,探究蕴含的社会主义经济现代化建设规律。新中国成立后农村分配制度经历了一个从生产资料没收和重新分配、生活资料按劳分配直至趋向平等平均的过程,这种演变折射出国家现代化过程中分配制度在实践中摸索前行的历程。研究这个历程,对丰富和发展中国化的马克思主义分配理论体系具有重要学术价值。在新中国成立后较长一段时期里,按劳分配与平均主义思想相当程度地支配着我国的农村分配政策,对现行分配政策也有直接或间接的影响。全面认识新中国成立后分配制度的探索历程,对当前现代化建设转型时期进行分配制度改革与设计,推进社会主义新农村建设,形成合理有序的收入分配格局具有重要借鉴作用。

二、研究现状

国外学者的相关研究起步于 20 世纪 50 年代,研究成果主要集中在综合性著作、人物传记和部分专题性研究当中。根据内容及方法不同,国外学者的研究可划归为四类:(一)从理论层面探讨新中国农村分配制度与马克思列宁主义的关系。Schwartz(1951)认为,新中国农村实行的分配制度有别于马克思列宁主义,具有"独创性"。Fairbank(1966)认为,新中国领导人制定分配政策的出发点考虑政治多于经济,相信人能够克服一切困难,偏爱地方的主动精神而不赞成由中央实行控制。Schram(1989)和 Maurice(1991)强调新中国农村分配制度与马克思主义的区别,认为马克思带有"经济决定论"的倾向,而中国共产党更接近"唯意志论",随着农业化合作化"唯意志论"倾向日益加剧,最终引发"大跃进"和"文化大革命"。FuliCha(1993)坚持"发展说",认为新中国成立初期的分配思想是直接来源于马克思主义的,两者是一脉相承的。(二)从新中国成立后农村社会公平的特征进行研究。Wilson(1979)认为,中国共产党把中国个人解放后,要让人民准备过现代平等的生活。Trier(1994)认为,新中国成立后的中国农村产品分配成为世界上最平等的方式之一,按劳取酬使得拥有土地和资本不再起作用。Ching Kwan Lee(2011)认为,以土地改革、集体化、工业国有化和控制市场等形式进行的社会主义改造减少了贫富差距,改善了城乡居民的贫困状况。(三)对新中国农村分配制度进行分期研究。日本学者中西功(1969)将新中国的分配思想以 1957 年为界分为前后两个时期,认为新中国农村的分配制度摸索着"中国式的社会主义道路"。Shurmann(1976)认为,20 世纪 50 年代中国执行的斯大林主义战略,表现为迅速工业化的投资方式、忽视农村生产分配。Womack(2006)从几个不同历史时期

研究新中国分配制度的发展变化,认为中国共产党领导人时刻从不断发展的
经验教训以及变化中重新制定分配政策。(四)从现代化的角度研究新中国
农村经济分配制度。Rozman(2003)认为,中国共产党在追求现代化的机制中
需要有比大规模运动所能给予的更多的安定,缺乏节制和匆忙地去贯彻各种
经济政策超越了基础设施承受能力,削弱了稳定性。Townsend 和 Womack
(2010)用现代化通行理论研究新中国的经济建设运动,探讨了这一运动的意
识形态根源,着重分析了长期平均分配的负面影响。国外学者大多重视原始
资料考证和新理论分析模式,有助于深化具体问题的研究,但受其所处历史环
境和价值观念限制,其分析和评价有待我们进一步探讨。

　　国内学者的研究可分为两大阶段。第一阶段是从新中国成立到改革开放
前的研究。20 世纪 50 年代,学术界主要围绕当时的按劳分配制度进行讨论,
于光远、乌家培、沈志远等学者针对按劳分配理论的内涵及意义、社会主义物
质利益原则等展开讨论,充分肯定农村按劳分配的巨大优越性,开始尝试就如
何更好地贯彻按劳分配原则进行了有益探讨。随着极左思潮的干扰和破坏,
学术界关于收入分配理论的研究倒退很多。第二阶段是改革开放以来的研
究。学术界探讨集中在以下几个方面:(一)关于新中国农村分配制度的内
容。比较普遍的观点认为,新中国成立后追求的是公平分配,否定按劳分配原
则。石仲泉(1990)认为,新中国成立后不久农村实行名曰具有共产主义因素
实为平均主义的分配制度。鱼俊清(2010)认为,从新中国成立至 50 年代中
期农村实行多种分配方式并存的分配制度,1957 年至改革开放前实行严重平
均主义倾向的单一的"按劳分配"。程言君(2012)认为,新中国按劳分配制度
体系建构发展分为四个阶段,1949—1978 年是平均主义型按劳分配,1978—
1992 年由于实行承包责任制而打破了公平初步型按劳分配制度体系,1992—
2002 年建构了效率优先型按劳分配制度体系,2002 年至今是注重社会公平而
防止收入悬殊的阶段。王美玲、李松林(2019)认为,新中国还处于政治敌对
矛盾凸显期,收入分配政策表现为"纯粹"公平分配。(二)分析新中国农村分

配制度实行的原因。高菊（1994）认为,新中国农村分配制度的失误源于革命年代经验和对马克思分配理论的误解。罗荣渠（1993）和武力（2006）认为,新中国农村分配制度是经济落后条件下推行工业化"赶超战略"难以避免的结果。李小芳（2005）认为,新中国农村分配制度曲折原因在于偏离了建设这个中心。林毅夫与陈斌开（2013）认为,改革开放后我国居民收入差距拉大在于经济发展模式的影响,落后国家开展重工业优先发展战略会造成城市化水平较低,以及较高的城乡工资收入差距。（三）对新中国农村分配制度的评价。包括肯定和否定两种不同看法。夏煜煊（1992）认为,新中国农村实行的分配制度是中国工业化起步的重要条件,也是稳定经济的至关重要因素。王明生（2002）认为,新中国农村分配制度对公平的追求挫伤了劳动者生产积极性,阻碍了生产力发展。李楠、胡爽平（2009）认为,新中国成立后经济还十分落后,分配政策上只重视公平而不注重效率显然是不合适的。（四）关于中国共产党领导人农村分配思想的比较。王均甫（1994）和龚立新（2002）比较了毛泽东与邓小平分配思想的异同,认为共同富裕是两者核心,但实现手段不同。熊慧（2006）认为毛泽东与刘少奇的农村经济分配思想目标一致,但毛泽东看重集体劳动优势更重公平分配,刘少奇重视个体劳动积极性和按劳分配。（五）关于深化我国居民收入分配改革的实现路径研究。何磊、王宇鹏（2010）认为,要通过调整国民收入分配格局提高劳动者收入。卢倩（2010）认为,要进一步推进新农村建设,逐步减少农民阶级在就业人口中的比重。范丛（2013）认为,要培育新的中产阶级,增加人力资本在收入分配中的份额。

综上可见,国内外学术界对新中国农村分配制度进行了多方面解读,这无疑对我们全方位了解当代中国分配政策具有重要学术价值和现实意义。但是,目前研究还存在着一些不足:（一）研究视角相对单一。以往传统思维研究,大多以革命或阶级斗争为视角进行考察分析,鲜从马克思主义现代化理论视角进行研究。（二）缺少典型个案的考察和比较。对新中国农村分配制度研究基本停留在国家宏观层面,忽视了其在不同地方的实践过程和出现的问题,微观分析欠缺。(三)特点、原因分析和经验启示研究不够。对新中国农村分配制度反复性特点及对影响分配制度的现代化双重维度和内在关系发掘不足,缺乏深刻分析和全面总结。

三、研究内容

(一)总体框架

本书共分八部分内容进行研究:

1. 考察马克思主义经典作家关于社会现代化与社会主义农村分配思想的理论与实践探索。分配是关乎社会公平的极为重要的环节,社会主义社会的公平性分配将体现出马克思主义的优越性。正因为分配问题如此重要,自马克思、恩格斯、列宁以至斯大林,经典作家们在这个问题上都进行过深入的思考和深刻的理论构建。本部分从马克思、恩格斯对"市民社会"批判与超越出发,探讨其"亚细亚生产方式"与东方社会结构理论的演进,系统梳理马克思、恩格斯、列宁、斯大林等关于社会主义发展、现代化农村分配的理论脉络及现实实践。

2. 梳理中国现代化的历史进程与新中国农村分配制度确立的历史背景。近代以来中国的现代化经历了从历史要求到历史自觉的进程,新中国成立标志着现代化的真正启动。新中国成立后,中国共产党领导中国人民在恢复发展国民经济中很快确立了按劳分配制度。中国传统平均主义思想和苏联分配政策的经验是新中国按劳分配制度确立的两个最重要的内外部因素,还受到马克思主义分配思想和中国共产党民主革命时期分配实践的影响。

3. 考察新中国社会主义过渡时期农村现代化分配制度的初步实践及具体案例。新中国成立后,由于中国逐步实行了多种所有制并存的所有制形式和发展社会主义市场经济的政策,导致我国的分配政策与马克思的设想存在一定差距。1953年至1956年间，中国共产党带领人民进行社会主义改造，实现由新民主主义经济形态向社会主义经济形态的转变，中国的分配政策转变为按劳分配为主体、兼顾平等平均的分配制度。本部分主要考察新中国成立初期学习苏联现代化模式阶段，三年土地改革时期农村生产资料重新分配，以中南区和华东区为代表的地区存在着保存富农政策的明显差异；农业社会主义改造时期生活资料由多种分配方式向"按劳分配"集中，以华北区和华东区为代表的革命老区和新解放区在合作社不同发展阶段存在着劳动力和生产资料分配比例上的差别。

4.考察新中国社会主义十年建设时期农村现代化分配制度的曲折探索及具体案例。社会主义十年建设时期是我国农业曲折发展的十年，前期"大跃进"运动和人民公社化运动使我国农业发展遭到挫折，实际分配上的平均主义盛行，后期农业发展在调整中恢复，按劳分配制度得到一定程度上的贯彻。本部分考察了十年探索时期中国共产党开始突破苏联式教条，独立探索中国的分配制度，急于过渡生产关系，同时一些地方包产到户新型分配方式自发出现并被批判，以试验地河北徐水和山东范县为具体案例说明人民公社浓厚的平均主义和军事共产主义色彩，以浙江和北京郊区为典型案例分析调整效果情况。

5.分析新中国农村分配制度产生变动与反复的鲜明特点及主要影响因素。新中国成立后，农村分配制度几经变动和反复，具有鲜明的时代特点。新中国现代化发展模式从赶超战略转向超前发展战略，农村分配制度在按劳分配与平均主义之间徘徊，但总体趋向平等平均。分配制度变动的主要影响因素包括中央领导人主观认识上受到传统平均主义和革命年代经验影响，对中国社会发展阶段、人民公社模式、穷与富等认识方面存在误区，客观形势上服从国际形势发展和国内工业化战略需要。

6.总结现代化视阈下新中国农村分配制度探索的基本经验。新中国成立后在分配制度方面的探索充满曲折，其在一定程度上促进了农村发展，也为我国工业基础的奠定作出了极为重要的贡献。新中国农村分配制度的探索历程积累了丰富的经验教训,包括主观认识上必须分清现代化发展阶段,实践上坚持统筹兼顾和协调发展,特别重视生产效率与社会公平的关系,防止平均主义和收入差距扩大两种倾向。

7. 探究现代化视阈下推进中国农村分配制度改革的理论困境和现实思考。纵观新中国农村分配制度变动的发展历程,我们可以从现代化发展视角总结很多值得借鉴的理论和实践经验。探析新中国农村分配制度探索的理论困境,包括如何把外国经验与本国实际相结合,正确处理按劳分配与平均主义的关系,正确认识社会主义初级阶段的剥削现象。推进分配制度改革的现实思考包括发展与完善中国特色社会主义农村分配制度的指导思想,把"富国"与"富民"相结合;健全农村产权保护法律制度,加强对农户土地承包经营权和农民财产权的保护;提高农业生产效率,构建有效的农村生产要素市场体系;健全农村社会保障体系,缩小城乡差距,通过建立公平合理的分配制度使全社会成员共享发展成果。

8. 探求改革开放以来中国特色社会主义收入分配制度的变革与启示。居民收入分配直接关系到人民群众的切身利益,也是能够衡量一个国家经济社会发展状况的重要方面。本部分通过考察新中国成立后现代化发展历程,分析新时代居民收入分配制度面临的挑战和问题,探寻建立公平合理的居民收入政策的有效对策,为实现中华民族伟大复兴奠定坚实基础。

(二) 重点难点

1. 现代生产方式和按劳分配是马克思关于社会发展理论的核心内容。新中国领导人的分配思想与马克思学说并未完全一致,他们一方面基于社会现实,提倡按劳分配的社会主义原则;另一方面又追求分配中的平均主义,因而其思想一直徘徊在现实与理想之间。因此,如何认识新中国领导人分配思想与马列主义的继承和发展关系? 如何分析新中国不同时期分配制度变动的经验教训? 这是本书研究的重点。

2.从国家现代化视阈下研究新中国农村分配制度角度是新颖的,但如何衔接好现代化理论与分配制度探索的内在联系,从现代化理论视角对新中国农村分配制度探索做出实事求是、有说服力的阐释? 这是本书研究的难点。

(三) 主要目标

本书以国家现代化视角研究 1949—1966 年间中国农村分配制度,分析这一制度在当时国际大背景下确立的历史和现实原因,梳理新中国在社会主义制度确立和国家建设过程中农村分配制度探索过程,总结其鲜明的特点和复杂变动的原因,探究其经验教训对当今社会发展的深刻启迪。

(四) 核心观点

1.新中国成立初期中央领导人农村分配思想存在一定差异,毛泽东、刘少奇等领导人在土地改革中都主张采取保存富农政策,但存在着"政策"与"策略"上的考量。对农业社会主义改造进程和人民公社体制调整内容,中央领导人之间的设想也存在一定差别。

2.由于新中国现代化发展模式从赶超战略转向超前发展战略,国家对农民采取稳定税负、低价统购、相对平均的分配政策,形成国家与农民"取"大于"予"的分配格局。

3.新中国成立初期保存富农经济政策在各大区执行情况存在差异,华东区由于执行政策效果相对较好,土地改革后经济的恢复和发展更为迅速,也为此后商品经济的迅速发展奠定了基础,成为改革开放后中国最具活力的经济地区之一。

4.新中国成立后至 1956 年社会主义改造完成,中国实行以按劳分配为主导、其他多种分配方式相结合的分配制度,既是对旧中国分配制度的否定,也是当时历史条件下的必然选择,它消除了人们"搭便车"现象,也在恶劣的环境中极大调动了人们的生产积极性。

5.新中国农村分配制度的演变过程反映了马克思主义分配理论在我国的运用和发展,具有内在规律性,它同生产力发展水平、所有制结构和客观市场经济环境等因素密切相关。

6.中国共产党的经济分配政策经历了一个不断调整变化的过程,在促进我国经济快速发展的同时也带来贫富不均的局限,必须正确处理好效率与公平的关系。

7.新时代中国需要积极发挥政府作用,继续提高居民收入分配水平,解决城乡收入分配差距过大、结构不合理、制度不完善等问题,防止出现两极分化,更好地维护整个社会的公平正义。

四 、研究思路

本书力图以马克思主义现代化理论为研究视角,以中国农村传统分配思想与分配制度演变为历史背景,以新中国成立后国家现代化战略模式的转变和农村分配制度的多次反复为主线,通过查阅几个典型地方的档案资料并作比较统计分析,充分展现新中国十七年中央农村分配政策制定、各地政策执行和效果,分析其中理论逻辑和实践结果的错位,揭示当时历史条件下按劳分配制度趋向平均主义的实际情况,总结新中国农村分配制度变动的特点、原因、基本经验和现实思考。本书主要研究技术路线见图0-1。

五 、研究方法

(一)历史分析与文献研究相结合。通过查阅大量相关历史文献资料,揭示马克思主义现代化理论和新中国分配制度形成的理论渊源和历史依据,厘清新中国成立后农村分配制度变动的基本脉络,从国家现代化视角进行分析和评价。

现代化视阈下新中国农村分配制度研究（1949—1966）

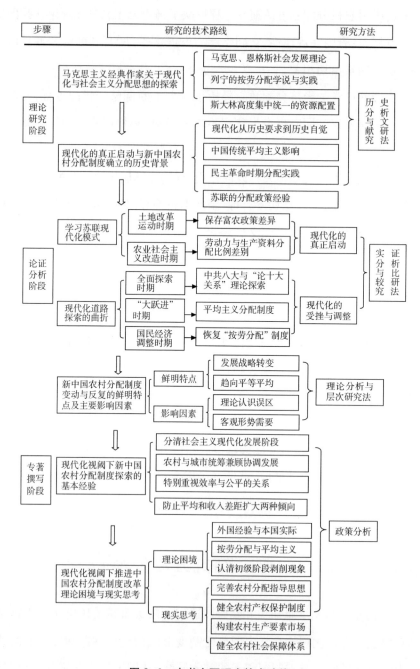

图 0-1　本书主要研究技术路线

　　(二)理论分析与实证研究相结合。通过调研革命老区和解放新区五省一市的档案资料,对新中国不同时期农村分配制度在各地执行的效果进行统计分析,得出有说服力的结论。

　　(三)比较分析与层次研究相结合。通过对新中国不同历史阶段和不同代表地区分配制度的考察分析,研究新中国农村分配制度的鲜明特点和经验启示,展现出生产力对生产关系的决定作用。

第一章　马克思主义经典作家关于社会现代化与社会主义分配思想的理论与实践探索

分配是关乎社会公平的极为重要的环节,社会主义社会的公平性分配将体现出马克思主义的优越性。正因为分配问题如此重要,自马克思、列宁以至斯大林,马克思主义经典作家在这个问题上都进行过深入的思考和深刻的理论构建。今天,我们探究马克思主义经典作家的分配理论及其实践探索,不但有助于我们丰富和发展中国化马克思主义分配理论体系,而且有助于我国社会更好地实现分配公平和分配正义。

一、马克思主义经典作家关于社会现代化与社会主义分配思想的理论探索

马克思社会现代化思想中非常重要的方面是对现代社会各阶段的划分,而马克思关于现代化社会划分的思想又同他提出的分配思想紧密相关,可以说,他的分配思想在很大程度上是运用社会现代化阶段理论划分为根本依据不断发展演变形成的。19世纪40年代,马克思和恩格斯在《德意志意识形态》《共产党宣言》等著作中明确揭示了由蒸汽机和机器引起的工业生产的革

命开辟了世界历史发展的新时期——现代时期,这个时期是以现代大工业机器创造的世界市场为基本特征,采用机器生产并实行最广泛的分工。在革命实践活动中,卢森堡、普列汉诺夫、布哈林等马克思主义理论家也都对社会现代化与社会主义分配作出过相关理论阐述。

(一)马克思、恩格斯关于社会现代化与社会主义分配思想

16 世纪以来,世界发展逐步进入"历史发展的一个新阶段"。① 到 19 世纪 50 年代中期,马克思将研究目光逐渐转向印度、中国、波斯等非欧洲国家,根据对非欧洲国家发展现状的客观分析,提出了亚细亚生产方式的著名论点。他认为古代东方社会发展缓慢且长期处于停滞状态,为此,西方殖民主义对印度、中国、波斯等非欧洲国家的发展具有双重历史使命:"一个是破坏的使命,即消灭旧的亚洲式的社会;另一个是重建的使命,即在亚洲为西方式的社会奠定物质基础。"②正是基于社会现代化阶段理论,马克思、恩格斯对不同社会发展阶段的分配制度提出了自己的大胆设想。

1. 马克思、恩格斯关于社会现代化的理论

马克思、恩格斯预测未来社会将逐步向现代化方向发展。总的来说,资本主义社会是现代化社会发展需要经历的第一阶段,资本主义社会自身具有的无法克服的基本矛盾决定了它的母体中孕育着自我否定和新社会的力量,即共产主义社会是资本主义社会发展之后的第二阶段,并且根据社会生产力发展程度不同,共产主义社会可分为初级和高级两个阶段。

马克思把现代化第一阶段称为资本主义社会。众所周知,马克思、恩格斯关于未来社会理论的构建,深刻揭露和无情批判了资本主义社会的种种弊端。需要注意的是,他们对于资本主义社会的分析并不是全盘否定。相反,他们客

---

① 《马克思恩格斯选集》第 1 卷,人民出版社 2012 年版,第 190 页。
② 《马克思恩格斯选集》第 1 卷,人民出版社 2012 年版,第 857 页。

观公正地肯定了资本主义的作用，并把资本主义社会视为人类社会现代化的第一阶段。马克思、恩格斯深刻辩证地分析了资本主义，他们指出，一方面，资本主义社会较之以前的各种社会形态，它实现了人类历史上的一次巨大飞跃；另一方面，不可忽视的是，资本主义社会也存在着一系列弊端。其中一种弊端便是由机器化大生产引起的，这是现代生产力本身的问题。马克思富有先见地指出，机器化大生产，会使得工人成为冷冰冰的机器的附属物，受到大机器生产的制约，人类不是自己创造的机器的主人，反而成为机器的奴隶，这就是马克思著名的异化理论。在这样一种情况下，人的发展不是自由的，而是畸形的；人的发展不是全面的，而是片面的；人的发展不是深刻的，而是不充分的。正如马克思所说，"工场手工业把工人变成畸形物，它压抑工人的多种多样的生产志趣和生产才能，人为地培植工人片面的技巧……个体本身也被分割开来，转化为某种局部劳动的自动的工具"[1]。马克思还同时考虑到，由于私有制和社会化大生产之间有着激励的矛盾和冲突。并且，更为重要的是，在资本主义社会中，资本主义社会的本质决定了生产资料私人占有和社会化大生产之间的矛盾无论如何都是无法得到解决的。为此，要想彻底消灭这个基本矛盾，必须要实现由资本主义社会向共产主义社会的过渡。但必须明确的是，资本主义社会并不能直接过渡到共产主义社会，中间还需要经历一个曲折的发展过程。

马克思把现代化第二阶段称为共产主义社会。马克思指出，共产主义社会是人类社会现代化发展进入的第二个阶段。在这个阶段，人类社会将实现一次巨大的飞跃。对于共产主义高级阶段，马克思曾有过一段非常经典的描述，他设想的未来共产主义社会的高级阶段，将是一个没有不平等的社会分工，没有体力劳动与脑力劳动的对立，"劳动已经不仅仅是谋生的手段，而且本身成了生活的第一需要"[2]；在共产主义社会的高级阶段，没有剥削，也没有

---

[1]　《马克思恩格斯选集》第 3 卷，人民出版社 2012 年版，第 679 页。
[2]　《马克思恩格斯选集》第 3 卷，人民出版社 2012 年版，第 365 页。

阶级对立;最重要的是,也实现了人们的自由全面的发展。当然,马克思、恩格斯还进一步指出,人类社会无法直接从资本主义进入共产主义,中间必须要经历共产主义社会的初级阶段或第一阶段。但马克思、恩格斯并没有把它叫作社会主义社会,而是列宁最先使用这一提法。列宁在继承马克思、恩格斯关于共产主义第一阶段学说的同时,革命性地使用了社会主义的提法,这是对马克思、恩格斯现代化思想的关键性的发展,是一种高度而深刻的概括。

2.马克思、恩格斯的分配思想

马克思、恩格斯的分配思想以社会现代化思想为依据,他们根据社会现代化发展的不同阶段,提出了与之相对的不同的分配方式。在处理分配方式问题上,受到生产力发展水平的制约,共产主义社会的初级阶段实行按劳分配,按需分配是共产主义社会高级阶段的消费品分配方式。马克思曾明确地指出,在到达真正的共产主义社会之前还要经过一个低级阶段。恩格斯也指出要以发展变化的观点研究社会主义分配问题,即"(1)设法发现将来由以开始的分配方式,(2)尽力找出进一步的发展将循以进行的总趋向"①。这个科学分析为建立按劳分配学说创造了重要的理论前提。

马克思对共产主义社会第一阶段的分配方式作了较为详细的论述。按照他的观点,由于共产主义社会的初级阶段刚刚从资本主义社会母体中产生出来,经济的政治的精神的等方面仍然带有资本主义社会的痕迹,因此,在这种情况下,初级阶段的共产主义不可能完全达到未来共产主义社会的标准要求。那么,为了契合实际的需要,就要作适当的让步,这个时候,所有消费品的分配,要根据一个前提来,那就是,劳动者们想要获得多少的报酬,就需要付出相应的报酬,也就是说社会给他的,正好等于他向社会付出的。当然,马克思也深刻地洞察到这一分配方式本身是存在着弊端的,但是,对于这些弊端,他认

---

① 《马克思恩格斯选集》第4卷,人民出版社2012年版,第599页。

为"在经过长久阵痛刚刚从资本主义社会产生出来的共产主义第一阶段,是不可避免的"①。

按需分配是未来共产主义社会高级阶段的分配方式。正如马克思指出,共产主义社会是人类社会发展的高级阶段,它是不同于以往任何社会形态的崭新的社会阶段。在这个阶段,按劳分配原则已经不再适应,取而代之的分配方式是"各尽所能,按需分配"。马克思关于共产主义高级阶段的生产力发展水平、社会特征和分配方式,都作了不同于第一阶段的分析。马克思特别强调共产主义社会的高级阶段,将要消除共产主义社会初级阶段带有的"旧社会的痕迹",主要表现为旧的社会分工消失,劳动也不再是人们谋生的手段。另外,马克思更多地强调了生产力的高度发展和集体财富的充分涌流,因此会产生不同于第一阶段的分配方式——按需分配。②

马克思阐述了按劳分配理论的具体内容。在谈到分配问题上,马克思特意指出,这并不是人们的主观意愿所能决定的,而是依据客观实际来实现。这是因为,社会的生产力条件这个客观实际决定了消费资料的分配方式。比如:有什么样的生产条件,就有什么样的分配方式。如果是生产资料公有制,决定了社会的消费品分配方式只能按照按劳分配和按需分配两种方式进行,至于具体运用按劳分配还是按需分配,还需要考虑当时社会的生产力发展状况;如果是生产资料私有制,那么就只能采取按要素分配方式。但无论哪一种分配方式,都需要通过特定的具体的形式来实现,而这样一种具体形式就是马克思、恩格斯所说的分配的实现模式。比如,都是按劳分配方式,既可以统一由社会中心或国家作为分配的主体、全社会按统一的标准进行分配、采用劳动券的形式来实现,也可以由企业作为分配的主体,社会必要劳动作为分配的尺度采用货币工资的形式来实现,这两种收入分配实现模式都是按劳分配的具体实现形式。

---

① 《马克思恩格斯选集》第3卷,人民出版社2012年版,第364页。
② 《马克思恩格斯选集》第3卷,人民出版社2012年版,第365页。

事实上,马克思对未来社会分配活动的预测,就是从按劳分配的方式和按劳分配的实现模式两个方面展开的。

马克思详细阐述了按劳分配的方式。首先,按劳分配以生产资料公有制为前提。生产资料公有制意味着社会的生产资料是归国家或者集体所有的,这样,也就避免了任何人凭借因为占据了生产资料而具备的优势来对他人进行剥削的情况。不过,在马克思看来,生产资料公有制对于按劳分配来说确实非常重要,它是按劳分配的必要且不充分条件。按劳分配的充分条件还要包括生产力的发展水平和劳动力的所有制。其次,按劳分配的尺度是劳动。劳动量的大小以社会必要劳动时间来计算,按劳分配要求等量劳动领取等量报酬。按劳分配之所以是平等的,就在于它始终是按照同一个尺度来进行分配的,这个统一的尺度就是人们的劳动。① 那么,如何将劳动作为分配的尺度呢? 马克思认为,只能按照劳动的时间及其强度来确定了。也就是说,抽象的劳动我们是无法测量的,但我们却可以统计人们在同一劳动强度下的工作时间,也可以统计同一工作强度下的劳动时间。这样,看似抽象的劳动,可以具体化,也因此,劳动具备了成为按劳分配的尺度的条件。再次,按劳分配的范围和对象是个人消费品。机会主义代表者拉萨尔曾提出,在社会主义社会,劳动者将领取"不折不扣的劳动所得"。关于这一观点,马克思对此进行了深刻批判,并提出了与之不同的观点,即在社会主义社会,由于社会总产品是由广大劳动者通过集体劳动而获得,应该首先扣除积累基金和社会消费基金,在此基础上对社会总产品进行分配,这是马克思第一次明确地提出积累基金和社会消费基金的构成。由此可见,在马克思看来,每一个劳动者,在作了一些必要的扣除之后,他们所获得的,也正好是他们给予这个社会的,这样一种分配模式,体现了两种精神,一种是公平精神,根据个人的付出来确定他的获得;一种是没有剥削的自由的精神,有多少付出就会有多少收获,没有人抢占了任何

---

① 　[德]马克思:《哥达纲领批判》,人民出版社 1997 年版,第 15 页。

人的劳动成果。最后,作为一项权利的按劳分配,它体现的是形式平等而不是事实平等。按劳分配的分配方式与资本主义社会的剥削制度根本对立,不承认任何阶级差别和阶级特权,要求实现劳动者在分配上的平等关系。马克思认为,"这种平等的权利,对不同等的劳动来说是不平等的权利"①,这是因为,不同的劳动者的个人能力和个人天赋千差万别,因此决定了每个劳动者的工作能力也是不同的。

马克思还指出了按劳分配的实现模式。马克思所设想的未来共产主义社会的经济制度,主要体现为生产资料实现公有制、不是商品和货币经济,而是产品经济等等特征,从这些特征出发,马克思进一步论述了未来共产主义社会初级阶段采用按劳分配的具体实现模式。第一,按劳分配的主体是国家或者社会,由它们来对个人消费品进行合理的分配。共产主义社会的生产资料公有制体现为全社会的生产资料都掌握在国家手中,国家或社会中心对全社会的经济活动实行统一的直接计划组织,由此决定了国家或社会直接计划分配生产产品。第二,按劳分配需要有统一的参照标准。为了实现分配标准的统一,不论劳动者处于不同的行业或者单位,也不去考虑其投入产出比的高低,只要劳动者向社会提供的劳动是相等的,那么,每个劳动者就可以领取等量的个人消费品。这样,便排除了一些可能造成分配不公的因素的影响,特别是排除了个别劳动者因生产资料占有的优势而获得更多收入情况的发生。第三,劳动者获得按劳分配的结果是实物的个人消费品。进入共产主义社会,商品经济已经消失,决定了分配活动已经不可能采取价值的形式,而是分配实物。第四,劳动券是按劳分配采用的分配媒介。劳动券成为个人劳动付出和社会消费品分配的中介。所谓劳动券指的是当劳动者劳动之后从社会领回的凭证,"他从社会领得一张凭证,证明他提供了多少劳动(扣除他为公共基金而进行的劳动),他根据这张凭证从社会储存中领得一份耗费同等劳动量的消

---

① 《马克思恩格斯选集》第 3 卷,人民出版社 2012 年版,第 364 页。

费资料"。①

（二）卢森堡、普列汉诺夫、布哈林关于社会现代化与社会主义分配思想

卢森堡、普列汉诺夫、布哈林等马克思主义理论家,在革命实践活动中也都对社会现代化与社会主义分配作出过或直接或间接的理论阐述。

1.罗莎·卢森堡关于社会现代化与社会主义分配思想

罗莎·卢森堡是活跃于第二国际时期的著名马克思主义理论家、革命家,也是在国际共产主义运动史上留下巨大影响的女性之一。卢森堡一生献身于社会主义革命事业,她对政治经济学方面也颇有研究,撰写的《资本积累论》是对马克思社会资本再生产理论十分有益的发展尝试;另外,虽然争议很多,但是她关于马克思主义政党建设、社会主义民主、俄国革命性质和内容等方面的论述,也已成为马克思主义理论宝库的重要部分。列宁将她比作"革命之鹰",并借用俄国寓言作出了"鹰有时比鸡飞得低,但鸡永远不能飞得像鹰那样高"②的评价。

马克思、恩格斯相继逝世后,卢森堡同第二国际发展起来的修正主义思潮进行了坚决斗争。1899年,围绕米勒兰事件的争论,第二国际逐渐形成了左、中、右三派,以爱德华·伯恩施坦为代表的右派修正主义者企图否定资本主义被社会主义代替的必然性,他们通过对当时资本主义繁荣景象的表面化理解,提出了"和平长入社会主义"等一系列曲解、违背马克思主义基本原理的错误观点。罗莎·卢森堡作为第二国际左派的重要代表,严厉批判右派所倡导的修正主义理论。在这一过程中,卢森堡对垄断资本主义——帝国主义进行了

---

① 《马克思恩格斯选集》第3卷,人民出版社2012年版,第363页。
② 《列宁全集》第42卷,人民出版社2017年版,第464页。

研究和分析,重点探讨了马克思的社会资本再生产理论,从而论证垄断资本主义——帝国主义不仅无法保证长期繁荣和永久和平,反而会激化资本主义内在矛盾,加速社会主义革命的到来。因此,无产阶级不能被资本主义暂时繁荣的假象蒙蔽,醉心于社会改良和议会选举,而是要做好革命斗争的准备。卢森堡的这些政治经济学理论思考,主要包含在她撰写的《资本积累论》等著述之中。

卢森堡批判地分析了马克思的社会资本再生产理论,将自己的关注点定位为"社会资本再生产中的剩余价值如何实现"的问题。众所周知,马克思在《资本论》第二卷提出了社会资本再生产的理论,要使社会资本再生产得以顺利进行,必须使相应的耗费在物质上得到替换,价值上得到补偿。而社会总产品的生产可以根据用途划分为生产资料生产和消费资料生产两大部类,马克思在此基础上说明了资本主义简单再生产和扩大再生产的过程,揭示出两大部类之间需要保持一定的比例关系的规律。卢森堡认为,马克思的社会资本再生产理论没有讨论剩余价值的实现问题,而是将它作为一个已经满足了的前提。[①] 因此,卢森堡试图探讨"在事实上"这种不断增长的有效需求从何而来,如何能够消化掉剩余价值及其所对应的剩余产品。

卢森堡提出了自己的资本积累理论,即"第三市场"理论。卢森堡提出,马克思的理论图式是假定全社会已成为纯粹的资本主义经济,而作为消费者绝大多数的工人阶级却无法持续提供足够的有效需求,难以消化生产出来的多余商品;而且,马克思的理论图式没有考虑货币生产问题,而是将涉及货币流通的因素理想化了。这样一来,整个图式就显示出和谐的景象,而不能展现出剩余价值的生产和实现之间的矛盾。卢森堡认为,解决问题的办法需要从资本主义之外的"第三市场"之中寻找,而这个"第三市场"就是非资本主义、

---

① [德]罗莎·卢森堡:《资本积累论》,彭尘舜、吴纪先译,生活·读书·新知三联书店1959年版,第93—94页。

半资本主义国家和地区的阶级与阶层。①"第三市场"不仅为资本主义生产提供市场需求,也为之提供了必要的物质资料,如原料、劳动力、土地等等。通过这样的分析,卢森堡就将非资本主义的存在视为资本主义发展的一个必需条件。在资本主义与非资本主义之间的交换过程中,资本主义逐渐地扩大发展,最终导致全世界都被纳入资本主义生产方式之中。到资本主义完全统治世界之时,其内部的固有矛盾也会彻底激化,由于失去了"第三市场",资本主义失去了足以消化过剩商品的有效需求,从而走向资本主义的末日和社会主义的胜利。

卢森堡的资本积累理论一经提出就备受争议,遭到了来自多方的批判。例如,列宁批评卢森堡的辩证法存在"折衷主义"的意味。布哈林认为卢森堡对于资本主义对外扩张的原因分析是不正确的,一是不能完全否定资本主义内部能够产生不断增长的有支付能力需求的可能性,二是资本向非资本主义地区扩张的动机并不是由于"国内"劳动力不足,而是由于在海外有着获得更大利润的可能。这就是说:"由于她用实现问题取代了剥削问题,由此不能不导致这样一种结论,即这一过程具有一种和平的性质,而这同她的全部革命的'结论'可说是南辕北辙。"②进而,布哈林指出了卢森堡关于帝国主义理论的缺陷,即未能揭示帝国主义同金融资本的紧密联系。

卢森堡的资本积累理论,是从剩余价值实现的流通方面对马克思主义社会资本再生产理论进行了有益探索。卢森堡虽然没有直接对分配问题进行研究,但她的研究成果中实际上反映出了一定的分配观点。第一,卢森堡肯定了马克思关于"等价交换之下掩藏的不等价交换"的论断,即工人创造出的剩余价值和剩余产品被资本家无偿占有,因而作为整体的工人阶级不可能完全消化掉生产出来的过剩商品,从而引起资本主义固有矛盾的激化。第二,卢森堡

①　[德]罗莎·卢森堡:《资本积累论》,彭尘舜、吴纪先译,生活·读书·新知三联书店1959年版,第276—277页。

②　《布哈林文选》下册,东方出版社1988年版,第356页。

的探讨也涉及了资本主义和非资本主义之间的关系,指出非资本主义地区的财富在"资本主义化"的过程中向资本主义地区流动的事实及其意义。第三,对于十月革命产生的苏俄政权,卢森堡也提出了她关于新社会的意见,尤其强调发扬民主,突出人民参与、人民监督的重要性。她在《论俄国革命》中写道:无产阶级专政"必须是阶级的事业,而不是极少数领导人以阶级的名义实行的事业,这就是说,它必须处处来自群众的积极参与,处于群众的直接影响下,接受全体公众的监督,从人民群众日益发达的政治教育中产生出来"①。

2. 普列汉诺夫关于社会现代化与社会主义分配思想

格奥尔基·瓦连廷诺维奇·普列汉诺夫是俄国早期著名的马克思主义者,被称作"俄国马克思主义之父"。列宁将普列汉诺夫视为自己的导师,甚至在普列汉诺夫成为孟什维克和护国主义者,并极力反对十月革命以后,列宁仍然对他给予极高的评价。普列汉诺夫深受黑格尔为代表的德国古典哲学影响,为马克思主义的理论发展作出了很大贡献,尤其是在哲学方面有着很高造诣。他充实了马克思的唯物史观,详细论述了社会结构的"五项因素"理论;他重视生力力的基础和决定作用,曾正确地指出俄国公有制村社必将解体的趋势,但他同样也囿于此而故步自封,在后期走上了马克思主义的反面。

普列汉诺夫比较具有代表性的思想是他所提出的社会结构理论。普列汉诺夫根据自己对马克思、恩格斯唯物史观的深刻认识和理解,在研究黑格尔历史哲学、法国历史哲学等思想的基础上,提出了社会结构的"五项因素公式",具体包括:"(一)生产力的状况;(二)被生产力所制约的经济关系;(三)在一定的经济'基础'上生长起来的社会政治制度;(四)一部分由经济直接所决定的,一部分由生长在经济上的全部社会政治制度所决定的社会中的人的心理;(五)反映这种心理特性的各种思想体系。"②在这五项因素中,普列汉诺夫将

---

① 《卢森堡文选》,人民出版社 2012 年版,第 404 页。
② 《普列汉诺夫哲学著作选集》第 3 卷,生活·读书·新知三联书店 1962 年版,第 195 页。

前三条划作"社会存在",将后两条划作"社会意识",详细分析了两个范畴及其相互关系,对生产力决定生产关系、经济基础决定上层建筑的基本原理进行了论证和阐发。这在当时是对马克思主义唯物史观的一个明显概括与总结,既坚持了马克思、恩格斯的"一元论历史观",同时有力回击了来自外部唯心主义和内部修正主义的质疑。

随着革命形势的发展,普列汉诺夫却变得日益保守,最终走到了革命的反面。19世纪80年代,普列汉诺夫撰写了多篇关于俄国农民和土地问题的文章,反驳那种认为俄国可以在不解散村社的前提下直接过渡到社会主义的观点,强调对于落后的俄国而言,资本主义是其必经的一站,这个观点在当时是坚持了马克思主义的。[1] 1903年以后,普列汉诺夫同列宁领导的布尔什维克分道扬镳,加入了孟什维克派,他顽固坚持生产力的机械决定论,不断重复俄国落后的社会现实,断言"提前"掌权必将陷入无法解决的困境,企图将革命限制在资产阶级民主革命的框框里,反对劳动人民夺取政权的行动。他在1917年的一次演讲中说:"不可能有没有资产阶级参加的资本主义革命。不可能有没有资本家的资本主义。既然这是逻辑的要求,就应当明白这一点,并且按照这一点行事。"[2]普列汉诺夫不仅反对列宁的革命失败主义,认为俄国不应退出战争,还反对布尔什维克提出的土地国有化方案,成为一个革命的反对者和批评者。他在十月革命期间讲道:"我国工人阶级为了自己和国家的利益还远不能把全部政权夺到自己手中来。把这样的政权强加给它,就意味着把它推上最大的历史灾难的道路,这样的灾难同时也会是整个俄国的最大灾难。"[3]总之,普列汉诺夫的保守观点,从他所用的一个形象比喻中得以体现:"俄国历史上还没有磨出能够烤制社会主义馅饼的面粉。"

普列汉诺夫同样没有直接系统地阐述过分配问题,他的相关看法是从其

---

① 《普列汉诺夫文选》,人民出版社2010年版,第72—74页。
② 《普列汉诺夫文选》,人民出版社2010年版,第439页。
③ 《普列汉诺夫文选》,人民出版社2010年版,第443页。

他的理论主张中间接体现的。一方面,普列汉诺夫非常重视生产力的发展,突出生产力对生产关系、分配方式的根本决定作用。他反复声言俄国落后的生产力是不能支撑社会主义建设的,其前景只能是采取资本主义的生产方式,所以俄国工人阶级的任务就是配合资产阶级完成民主革命,而不能由自己执掌政权。历史证明普列汉诺夫的观点是错误的,俄国资产阶级根本不能完成民主革命的任务,而工人阶级成了唯一能够领导俄国劳动人民实现社会进步的阶级。不过,普列汉诺夫对于生产力重要性的论述,至今依然具有一定的理论价值。另一方面,普列汉诺夫对土地问题的看法,也反映了他关于分配的主张。他从俄国生产力落后的基本判断出发,反对列宁和布尔什维克主张的土地国有化方略,认为应满足农民对土地的要求,保护农民对土地的私有权。这就是说,普列汉诺夫的分配观点,始终停留于资产阶级民主革命的阶段之内,对于公有化等任何"直接""立即"发展社会主义的尝试,都持否定的态度。

3. 布哈林关于社会现代化与社会主义分配思想

尼古拉·伊万诺维奇·布哈林是俄国著名的马克思主义理论家、政治家和革命家。列宁称布哈林是"党的最宝贵的和最大的理论家""全党喜欢的人物"[1]。布哈林具有很深厚的理论素养和功底,尤其在政治经济学方面颇有造诣,他留下了《食利者政治经济学》《过渡时期经济学》《帝国主义与资本积累》等著作。布哈林在革命期间和苏俄初期是布尔什维克内部派别"左派共产主义者"的代表人物,他主张实行激进的彻底公有化和计划化,继续参与世界大战,以期推动世界革命。"新经济政策"实行后,布哈林的思想发生了巨大变化,同斯大林一起击败了托洛茨基和季诺维也夫为首的反对派,此后又作为"右倾"反对派领袖被斯大林击败。布哈林反对通过剥削农民获得工业发展基金的"社会主义原始积累"理论,主张利用富农经济和市场机制,重视保

---

① 《列宁选集》第4卷,人民出版社2012年版,第745页。

护农民的利益;反对"超工业化"和完全停止新经济政策的观点,认为应利用市场机制促进经济发展,主张各产业各部门平衡发展,采用渐进的办法向社会主义过渡。

在 1921 年以前,布哈林的思想整体上体现出革命、激进和理想化的特点。在反对沙皇俄国的民主革命时期,布哈林的重点放在对帝国主义的研究和批判上,他在 1914 年完成了《食利者政治经济学》一书,揭露边际效用学派的庸俗资产阶级立场,指出这是一种为了维护作为社会寄生虫的、依靠剥削且完全脱离生产的食利者的经济理论,是"客观主义——主观主义、历史观点——非历史观点、生产观点——消费观点"①的对立,这就在批判中丰富和发展了劳动价值论。1915 年,布哈林又撰写了著作《帝国主义和世界经济》,对帝国主义的实质和社会主义革命的条件进行了分析,指出帝国主义的崩溃和社会主义革命的到来已经具备了现实的可能性。1917 年十月革命胜利后,如何依靠苏维埃政权组织进行经济建设,成为摆在布尔什维克面前的现实问题。这时,布哈林同布尔什维克领袖列宁之间发生了意见分歧,并在 1918 年成立了以他为首的党内派别"左派共产主义者"。"左派共产主义者"主张苏俄应继续进行战争,反对签订布列斯特和约从而与德国单独媾和;和约签订后,"左派共产主义者"又批评列宁关于发展"国家资本主义"的观点,主张应该对资本进行持续不断的进攻,实现"彻底的社会化"等种种激进的方针。② "左派共产主义者"的派别活动和错误主张遭到列宁的严厉批评。在《论"左派"幼稚性和小资产阶级性》中,列宁批判布哈林等人脱离了俄国的社会现实,"完全成了小资产阶级思想的俘虏"③。此后,由于内战和武装干涉的爆发,苏俄采取了"战时共产主义"政策,实际上实行了许多"左派共产主义者"提出的方针,不过实践证明,这些措施只能作为战时机制,难以获得民众的长期支持。正是

---

① [俄]尼·布哈林:《食利者政治经济学》,郭连成译,商务印书馆 2002 年版,第 24 页。
② 参见《国际共运史研究资料》第 1 辑,人民出版社 1981 年版,第 229—242 页。
③ 《列宁全集》第 34 卷,人民出版社 2017 年版,第 282 页。

在对实践的反思之中，布哈林逐渐摆脱了"左"的思想纠缠，成为列宁"新经济政策"的支持者。

"新经济政策"开始实施以后，布哈林成为这一政策和渐进过渡的坚决支持者，他关于社会主义经济建设的主要思想也是在这一时期发展完善的。1920年，布哈林发表了《过渡时期经济学》一书，第一次运用唯物史观对资本主义和社会主义之间的"过渡时期"的基本经济特征进行了详细论述，不过这其中还带有"左"的痕迹。1921年至1923年，布哈林的思想发生根本转变，在列宁逝世后主张继续推行"新经济政策"和渐进的过渡方略。

其一，布哈林认为过渡时期将是一个相当长的历史阶段，因此不宜再度推行"战时共产主义"式的大规模国有化和完全的计划经济，而应该"像乌龟爬行般"地前进。布哈林反思"战时共产主义"的历史作用是"较为正确地分配现有储备的那样一种经济形式"[①]，而在开始经济恢复和建设的时期，它逐渐成为生产力发展的阻碍。他还认为，过渡时期是建立在既有的物质基础之上的，因此在不同民族应具有不同的特点和方式："社会主义在其发展的初期，在世界各国溶合成为一个整体以前，也必将具有自己的特点，这些特点是由以前的发展的特点产生的。"[②]

其二，布哈林支持斯大林关于"一国建成社会主义"的观点。他认为在帝国主义包围之中的苏联建设并最终建成社会主义是可能的，但由于落后的经济社会现实，社会主义的建成需要花费很长的时间，社会主义的生产方式将逐渐地发展壮大，社会生产力不断提高，最终彻底排挤掉资本主义的残余，变为完全的社会主义社会。[③]

其三，布哈林重视农民的作用，坚持平衡发展理念。当时，追随托洛茨基

---

① 《布哈林言论》，生活·读书·新知三联书店1976年版，第171页。

② 《布哈林文选》，人民出版社2014年版，第311页。

③ 中共中央马克思列宁恩格斯斯大林著作编译局国际共运史研究所编：《"一国社会主义"问题论争资料》，东方出版社1986年版，第57—58页。

反对派的普列奥布拉任斯基撰写了《新经济学》一书,提出通过剥削农民而获得的足量积累,用以优先发展重工业的"社会主义原始积累"理论;布哈林对这一理论进行了批判,他认为对农民的剥削会破坏工农联盟,而且工业的发展必须以农业为基础,农村为工业品的消费提供了广阔的市场,他提出了那个著名的"发财吧!"的口号,主张农业合作社同富农、自耕农的竞争,逐步将农业转变为更能够解放生产力的集体性质的合作社经济。他强调,"我们使我国走向社会主义生产并不是通过在使农民经济破产的基础上以苏维埃经济来排挤农民经济的道路,而是通过完全不同的另一条道路,这就是吸引农民参加同我们有联系的并在经济上依赖国家及其机构的合作社;我们走向社会主义是通过流通过程,而不是直接通过生产过程;我们是通过合作社走向那里的。"①

其四,布哈林在强调社会主义计划最终取代市场的无政府状态的同时,也主张必须利用市场。这是因为"过渡时期经济的相对无计划性——或相对计划性——是建立在小经济和市场联系的形式,也就是说,存在着大量无政府状态的成分的基础上的"②。他还指出要正确处理积累和消费的关系,保护农民和小生产者的生产积极性。

布哈林的经济思想在很多方面涉及分配问题。对于富农经济,他一方面赞成要实行社会主义计划,并最终取代市场,但另一方面他又认为过渡时期不能抛弃作为资源配置手段的市场,要令它在社会主义计划的主导下发挥积极作用;布哈林还提出要正确对待工人和农民、城市和乡村、生产资料和消费资料、农业发展基金和工业发展基金的分配问题,在过渡时期不能完全由国家对社会总产品进行统一分配,而应当在公有制和私有制的市场竞争中,发挥公有制的优越性,这就暗含着需要承认私有财产和私人对产品的占有这一事实;在计划分配方面,布哈林认为对工业农业的发展都要加以重视,只有在均衡发展之中才能取得较高的增长速度。他指出,在保障足够生产资料积累的同时,要

① 《布哈林文选》上册,人民出版社1981年版,第223页。
② 《布哈林文选》,人民出版社2014年版,第378页。

不断提高消费资料的数量和水平,保护农民的利益,既要防止贫雇农生活水平的下降,又不能用粗暴的方式对待中农和富农。要从流通领域的合作社开始,逐步吸引农民自愿走上社会主义公有制的道路,而不能简单地用行政强迫命令的方式推行集体化,拿走农业生产剩余。

虽然历史的发展最终未能沿着布哈林主张的路径前进,布哈林本人也作为"右倾反对派"的头号人物被斯大林击败并清洗,但他的以政治经济学为代表的社会主义革命和建设思想,成为马克思主义理论的一个发展旁支,为社会主义国家的改革提供了借鉴、参考和佐证。

二、社会主义苏联关于社会现代化与 社会主义分配思想的实践探索

马克思、恩格斯的分配思想在苏联建设社会主义时期得到创新、丰富与发展,其中,列宁和斯大林有着突出贡献。一方面,列宁、斯大林既深刻又生动地诠释了马克思的分配理论,并根据苏联的具体国情对按劳分配思想进行了丰富和完善;另一方面,列宁和斯大林领导俄国人民建立并巩固发展了世界上第一个苏维埃政权,使得按劳分配理论能够在实践中得以检验和发展。

(一)列宁时期的分配理论及其实践

列宁将马克思、恩格斯的分配思想与苏联的具体国情紧密结合,创新发展了按劳分配理论,并且在领导俄国人民建立世界上第一个苏维埃政权中进行了初步实践。

1. 列宁的分配理论

列宁的分配理论主要包括对按劳分配概念的阐发,对按劳分配基本精神的确立,对分配领域商品货币关系的肯定,以及提出了社会主义经济建设中必

须遵循物质利益原则的几个方面。

（1）提出社会主义社会和按劳分配的基本概念。马克思虽然设想了未来社会发展的两个阶段，提出了第一阶段按劳动的多少来进行分配的思想，但却没有提出社会主义和按劳分配的概念，列宁在《无产阶级在我国革命中的任务》明确提出"社会主义"和"按劳分配"概念。他指出，从资本主义社会只能过渡到社会主义社会，而不是直接过渡到共产主义社会。从前者到后者的这个过程，可以实现，或者说必须实现生产资料的公有制，同时，必须采用按劳分配的原则。

（2）确定按劳分配的基本精神。列宁指出，"劳动的平等和分配的平等"是按劳分配原则的基本精神要求，"不劳动者不得食"①看作社会主义的分配原则。实际上，"不劳动者不得食"的分配原则反对的是剥削者和好逸恶劳之人。剥削者是指那些自己不劳动而强迫别人劳动，靠剥削别人发财致富的人。好逸恶劳之人想靠别人养活自己，是社会的"寄生虫"。列宁提出，"不劳动者不得食"是任何参与过劳动，并且靠劳动自食其力的人都懂的再简单不过的道理。但是，正是这一至简的道理是社会主义的基础，也是社会主义社会战胜资本主义社会取得最终胜利的最根本的保障。革命胜利后，列宁强调，在社会财富极度匮乏的情况下，看到了俄国不具备按劳分配的实现条件，因为国内大量的剥削者依然存在。为了鼓励更多的劳动者积极从事生产劳动，为了迫使剥削者政治地参与到生产劳动活动中，并且通过劳动实现自食其力，就必须要坚持"不劳动者不得食"的原则，这一原则也被认为是苏维埃政权能够并且坚持要实现的最根本的原则。

（3）在分配领域肯定商品货币关系。当社会主义社会的按劳分配原则在苏联付诸具体实践，在现实生活中碰到的首要难题就是社会主义国家不仅不能排斥和消灭商品货币关系，反而需要利用商品经济大力发展社会生产力，甚

---

① 《列宁选集》第3卷，人民出版社2012年版，第196页。

至在一定范围内还要利用资本主义的一些东西。这个难题,是马克思、恩格斯勾画的共产主义第一阶段与现实社会主义差别的折射,但列宁并没有因此而否定按劳分配,而是结合苏联存在商品、货币的实际,积极探索了按劳分配得以贯彻和实现的新形式,创造性发展了马克思恩格斯"劳动券"设想,提出当前阶段劳动报酬仍然采用工资等价值形式,并肯定了计件工资制。这个时候,列宁充分意识到计件工资方式中所包含的许多先进科学的计算方式,并且敏锐地察觉到这些计算方式同当时苏联的社会发展需求是紧密契合的。最重要的是,他认为这些方式可以贴切地反映出多劳多得。

(4)提出了社会主义经济建设中必须遵循物质利益原则。在靠激发人们普遍的热情成功实现了政治任务和军事任务之后,列宁也想靠这种热情实现经济任务,结果发现这条路径走不通。这是因为,社会主义国家进行经济建设时,一旦缺少物质利益刺激,就将难以调动人们劳动、工作的积极性主动性和创造性。正如列宁在《十月革命四周年》指出,一开始,政府试图通过下命令的方式在带有小农色彩的苏联按照共产主义的原则来进行分配,但现实却表明,这样一种分配原则,在当时的苏联是行不通的。因此,列宁指出,为了国家的发展,为了同当时的具体国情结合,不能直接用共产主义的标准来进行分配活动,而是需要以国家资本主义和社会主义阶段作为过渡。并且,他还特别强调,在分配过程中,要关照个人利益,要将分配过程同个人利益作有机的结合。在这里,列宁强调,要想尽快实现从资本主义社会过渡到社会主义社会,必须广泛调动人们的积极性,物质利益是重要的量化、可视化原则。后来,在坚持物质利益的原则上,他作出了更为具体的阐发:"必须把国民经济的一切大部门建立在同个人利益的结合上面。共同讨论,专人负责。"①

2.列宁时期分配理论的实践

作为第一个苏维埃政权的国家,列宁领导下的苏联对社会主义分配理论

① 《列宁全集》第42卷,人民出版社2017年版,第201页。

的践行,是马克思主义分配思想的巨大发展。列宁领导苏联人民进行了关于分配制度的许多伟大的尝试,其中主要包括对劳动与消费的监管、制定奖励制度、确立工资制度以及按劳分配的其他具体形式和制度。

(1)对劳动量和消费量实行严格的统计和监督。新生的苏维埃政权,还遗留了许多资本主义社会的痕迹和习惯,在分配上依然存在着资产阶级的权利,为了消除这些不良的惯性,实现对按劳分配原则的维护,一项重要的工作就是对生产和消费实行严格的统计和监督。这个时候,国家在对劳动量和消费量的监督上就得发挥重要的作用,因为这直接影响到分配的实施。列宁强调,在社会主义的情况下,劳动者是在相关组织的计算、监督和安排下进行社会劳动的,并且,劳动者们的劳动量和劳动报酬都会得到相应的规定。"社会主义的前提是在没有资本家帮助的情况下进行工作,是在劳动者的有组织的先锋队即先进部分施行最严格的计算、监督和监察下进行社会劳动;同时还应该规定劳动量和劳动报酬。"[1]

(2)实行奖励制并不断改进奖励的办法。列宁非常重视奖励的方法。比如在谈到对待工农问题时,他指出,"除了我们决心要进行的生产宣传以外,还要采取另一种诱导方式,即实物奖励……要奖励那些历尽千辛万苦之后在劳动战线上仍然英勇奋斗的人"[2]。关于奖励的方式,主要有实物奖励和劳动红旗勋章、现金奖励两种方式。列宁还特别强调了要将奖励作为一种制度确定下来,并使之系统化、具体化。

(3)针对不同的劳动者实施不同的工资制度。苏俄建立初期,对技术专家实行高薪制。列宁非常重视各领域的专家在国家建设和社会发展上的重要作用,并认为,要是没有具备专业知识和专业技术的专家来指导,苏联便无法顺利地过渡到社会主义。为此,必须给予专家们以较高的报酬,只是在还没有达到共产主义社会的最高阶段之前,专家始终都是作为一个特殊的阶层而存

---

① 《列宁选集》第4卷,人民出版社2012年版,第91页。
② 《列宁选集》第4卷,人民出版社2012年版,第357页。

在的,要优待他们,至少不让他们生活得不如在资本主义制度下生活得好。当然,在对技术专家实行高薪制的同时,列宁也强调对专家们进行思想政治教育,提高他们为人民服务的意识,提升个人的思想觉悟,引领他们为建设社会主义事业而奋斗。对公务员实行低薪制。十月革命前,列宁就思考过公务员的薪资待遇问题,"他们的薪金不得超过熟练工人的平均工资。"[1]十月革命胜利后,按照这一原则,1918 年人民委员会规定,"人民委员的最高工资为 500卢布,相当于工人的平均工资"[2],由此确定了公务员的工资标准。

(4)坚持物质利益原则的基础上改革工资制度。战时共产主义时期,苏俄劳动报酬几乎完全均等及其实物化是当时工资制度的主要特征。1921 年 9月 10 日,列宁签署了《工资等级问题的基本条例》。条例指出:为了开展企业无亏损的工作,应该首先把工资等级制"作为发展工业的基本要素"进行重新审查;把工资等级制最大限度地简化。《基本条例》还指出:"从现实基础出发的工资等级制度是组织工人阶级即生产的基本要素的主要因素。"[3]《基本条例》全面地反映了按劳动数量和质量计算的社会主义劳动报酬原则和从个人物质利益上关心生产成果的原则。

(5)初步确定了贯彻执行按劳分配原则的具体形式和基本制度。1919 年初,列宁领导制定了苏俄第一个工资等级表,分为 35 个级别。"最低工资为600 卢布,最高级别为 3000 卢布,最低和最高的工资级差为 1∶5。工人占前14 个级别,从第 15 级起是工程技术人员的等级。"[4]其中,国家机关负责干部的工资共分 4 级,相当于工资等级表中的第 22 至第 25 级,工资为 1700—2000卢布。这个水平虽然高于普通工人的工资,但还是远远低于最高级别的工资

---

[1] 《列宁全集》第 29 卷,人民出版社 2017 年版,第 476 页。

[2] 郭继严、高玲珍:《按劳分配学说的历史与实践》,江苏人民出版社 1986 年版,第 179 页。

[3] 苏联科学院经济研究所编:《苏联社会主义经济史》第 2 卷,生活·读书·新知三联书店 1980 年版,第 131—132 页。

[4] 苏联科学院经济研究所编:《苏联社会主义经济史》第 1 卷,生活·读书·新知三联书店 1979 年版,第 461 页。

（3000 卢布）。此外，1920 年实行的《工资总则》，指出根据平均劳动生产率规定了产量定额，每个劳动者都应完成产量定额，按劳分配的主要形式是采用计件、计时工资，并且采用奖金为次要形式，以鼓励先进的劳动者。当时设置的奖金有以下几种：节约劳动时间；节约材料、燃料、电力；改进和完善生产方法，改进劳动组织和缩减编制等。1921 年，苏联发布了《工资等级问题基本条例》。这个条例是依据按劳动的数量和质量计算劳动报酬的原则制定的，规定工资数量必须与工人的熟练程度和产量相适应，"最少的劳动领取最低的工资"。按照这个原则的要求，工业部门中开始广泛实行计件工资。在这个条例的基础上，1922 年又制定了适用于全体工人和职员的统一的工资等级表。这个等级表把工资级别由 1919 年的 35 个减少到 17 个。这 17 个级别按技术水平、熟练程度和工作职责分为四类："艺徒为第 1—4 级；工人为第 5—9 级；会计和办事人员为第 10—13 级；行政领导人员和技术人员为第 14—17 级。"①

　　如果以今天的眼光来看，上述这些措施当然存在着不成熟的地方，可是在当时，这是无产阶级国家实行的毫无前例可循的创举。列宁从当时俄国的实际状况出发，创新发展了按劳分配原则，形成计件工资、计时工资和奖金作为按劳分配的具体实现形式，并且制定了工资等级制、奖励制度等一系列具体政策，这就为在工业部门和国家机关贯彻执行按劳分配原则找到了途径和形式。此后，不管是苏联还是其他社会主义国家，都是沿着列宁指出的总的方向处理消费品分配问题的。当然，工资制度在不同国家呈现出各种各样的特点，并且同一国家的在不同历史时期也会有所变化。

（二）斯大林时期的分配理论及其实践

　　斯大林在继承以往马克思主义经典作家分配思想的基础上，结合当时苏

---

① 苏联科学院经济研究所编：《苏联社会主义经济史》第 2 卷，生活・读书・新知三联书店 1980 年版，第 292 页。

联社会的具体情况,在理论和实践两个维度丰富和发展了社会主义分配理论,形成了一系列重要成果。

1. 斯大林的分配理论

随着苏联社会的发展,列宁时代确立的部分分配政策已经无法很好地适应经济社会发展的需要,特别是当时苏联盛行的平均主义分配体系,已经严重影响到苏联社会的分配公平。为此,斯大林十分重视分配领域的公平问题,他一方面回到马克思、恩格斯的经典著作中,对共产主义两个不同阶段的分配原则作高度的概括,进一步论述了马克思主义平等观;另一方面,他将马克思、恩格斯、列宁的按劳分配思想以及马克思主义平等分配观同苏联的具体国情有机地结合起来,制订了一系列适合当时发展的分配制度,进一步开拓和发展了马克思主义分配理论。

(1)强调个人利益与集体利益的和谐统一。斯大林指出:“集体主义、社会主义并不否认个人利益,而是把个人利益和集体利益结合起来⋯⋯只有社会主义社会才能给这种个人利益以最充分的满足⋯⋯社会主义社会是保护个人利益的唯一可靠的保证。”[①]斯大林认为个人利益与集体主义、社会主义并不是相互对立、不可调和的,他努力化解人们对于社会主义社会的误解(社会主义只有集体利益、忽视个人利益)。斯大林关于个人利益与集体利益相统一的思想具有重要的意义,它强调了作为社会主义国家的苏联,在主张集体主义原则的同时,充分尊重个人利益,这为斯大林的分配思想以及斯大林时期苏联的分配实践提供了极为重要的思想前提和理论基础。

(2)概括出共产主义两个阶段不同的分配原则。斯大林指出,社会主义社会由于阶级还没有被彻底消灭,因此劳动就没有从劳动者的生存手段变成第一需要、变成为社会发展贡献力量的自觉、自愿劳动。在这个时候,“每个

---

① 《斯大林选集》下卷,人民出版社 1979 年版,第 355 页。

人按他的能力进行工作,但不是按他的需要、而是按他为社会所做的工作取得消费品。""各尽所能,按劳分配"仍然是社会主义社会采用的分配方式。进入共产主义社会,劳动者已经能够自觉自愿、竭尽所能地参与劳动活动,并且,已经将劳动作为实现个人价值的重要途径,这个时候,"每个人按他的能力进行工作,但不是按他所做的工作、而是按一个有高度文化的人的需要取得消费品。"①

(3)反对分配领域的平均主义。针对苏联实践中出现的平均主义分配,斯大林给予了无情的批判。他指出,社会主义并不是大家都领同样的工资、同样的食物,穿同样的衣服。如果这样的话,不仅不是真正意义上的社会主义,而且是对马克思主义的背离。斯大林认为,平均主义的实质就是资产阶级的思想,它可能适合资本主义社会,但是不适合社会主义社会。他坚决反对平均主义,进一步认为如果公社不放弃平均主义必将走向灭亡。在针对当时苏联劳动力在不同企业间流动的现象,斯大林分析了其中的原因,认为"在于工资等级规定的不合理……很多企业制定的工资率几乎把熟练工人和非熟练工人之间、重劳动和轻劳动之间的差别抹杀了"。这种平均主义必然会抹杀劳动者的积极性,非熟练工人自然也不会想着把业务做熟。为了消除这一现象,斯大林指出:"必须取消平均主义,打破旧的工资等级制……'工资'也应该按劳动来发给,而不应该按需要来发给。"②

(4)主张合理提高部分群体收入水平。其一,提高工人待遇水平。斯大林十分重视劳动力的流动问题,为了解决这一问题,斯大林要求大力提高工人的工资待遇,改善工人的生活条件。斯大林指出,"只有在规定工资时充分地照顾到工作人员的熟练程度,才能把他们固定在企业中",斯大林还进一步指出:"要把工人固定在企业中,还必须进一步改善工人的供应和居住条件。"③

---

① 《斯大林选集》下卷,人民出版社 1979 年版,第 376 页。
② 《斯大林选集》下卷,人民出版社 1979 年版,第 280 页。
③ 《斯大林选集》下卷,人民出版社 1979 年版,第 281 页。

也就是说,在斯大林看来,分配领域的问题,不仅要从工资上改革,还要从工人的生活条件上改善,这实际拓宽了分配调节的领域。其二,提高知识分子待遇水平。斯大林认为,任何的统治阶级都需要有自己的知识分子,他们发挥维护工人阶级在生产中利益的作用,所以苏联工人阶级也不能没有自己的生产技术知识分子,"要更大胆地提拔他们去担任指挥职务,使他们有可能发挥自己的组织能力,使他们有可能充实自己的知识,并且要不惜金钱来为他们造成适当的环境。"①斯大林十分重视对苏联知识分子的培养,并且十分强调通过改善知识分子的待遇,提高他们的生活水平来促进他们建设国家的积极性。

(5)阐释了马克思主义分配平等观。斯大林非常重视分配领域的平等问题,并对此进行丰富和发展。"马克思主义所了解的平等,并不是个人需要和日常生活方面的平均,而是阶级的消灭。"②换言之,马克思主义指出的平等,并不单单追求实现每个人需要或者生活上的平等。只有彻底消灭阶级社会,才能实现真正意义上的平等。为了实现这一目标,需要推翻作为剥削者的资本家,实现劳动者的解放;需要废除生产资料私有制,实现生产资料归全社会所有;在社会主义社会里,要将个人的尽力劳动作为每个人的义务而存在,社会主义的每个成员也都有按劳获得报酬的权益;在共产主义社会里,同样要将个人的尽力劳动作为每个人的义务,并且人们可以实现各取所需的愿望。

2.斯大林时期的分配实践

斯大林执政后,苏联的国情发生了较大的改变,他面临的最紧要的任务就是消除当时分配领域的平均主义倾向,为此,他领导苏联人民进行一系列的工资制度改革,并且适应当时经济发展需要,重点提高了脑力劳动者的工资水平。

(1)工资制度改革。1931—1933年期间,斯大林对苏联进行了全国性的

---

① 《斯大林选集》下卷,人民出版社1979年版,第288页。
② 《斯大林选集》下卷,人民出版社1979年版,第335页。

工资制度改革,实行扩大工资差距政策。为了更大程度上鼓励工人学习科学技术,提高劳动熟练程度,苏联改变了确定各级工资级差率的原则。以前,八级工资制中各级的级差,是按"递减曲线"原则制定的。采取这一措施的目的,一方面是缩小非熟练工人与熟练工人之间的工资级差。实行新的工资等级表后,扩大了工人的最低工资和最高工资的差距。与此同时,苏联开始对企业领导人员和工程技术人员实行职务工资。他们的工资水平有了大幅度的提高。"1926年它就超过工人平均工资的40%—50%,而到1930年差额就增加到200%。工业中职员的工资水平比工人高25%—30%,而勤杂工的工资水平比工人低25%—40%。"[①]这次工资制度改革的另一个重要措施,是提高主导工业部门、主导企业的工资水平。在第一个五年计划期间,"整个注册工业工资平均增加64.3%"[②],其中,增加最多的部门是煤炭工业和黑色冶金业。这些重要工业部门的月平均工资水平跃升整个工业部门第一位。1931年9月10日,《关于改革冶金工业和煤炭工业工资制度的决议》指出工资改革的方向是彻底消除平均主义,最大限度地采用计件工资制。从此,计件工资特别是累进计件工资成为贯彻执行按劳分配原则的主要工资形式,并且得到进一步推广发展。经过1931—1933年的工资改革,至此,苏联形成了八级工资制,并且沿用至1956年。

(2)提高脑力劳动者的工资。1933—1937年,苏联一方面大力发展高等教育和职工在职教育,培养大批科学、技术人才;另一方面,继各工业部门工资制度改革之后,从1935年起在文化、教育、卫生、邮电、商业等部门进行工资改革。这个时期采取的一项重要政策是提高脑力劳动者的工资。苏联强调劳动作为人们的义务和责任而存在着,人们得到的劳动报酬不以个人的需求为参

---

① 苏联科学院经济研究所编:《苏联社会主义经济史》第3卷,生活·读书·新知三联书店1982年版,第637页。

② 苏联科学院经济研究所编:《苏联社会主义经济史》第3卷,生活·读书·新知三联书店1982年版,第636页。

照,而是充分考虑他们所付出的劳动的数量与质量。这个时期,为了提高高级知识分子的工资水平,在教育、科学研究部门建立了学位制、学衔制,还对少数学识渊博、有丰富经验的专家学者实行特定职务工资制。在国家机关对部长、副部长实行专门津贴。通过这些措施提高了党政机关、企业领导人、高级工程技术人员、科学工作者和文教工作者的工资收入,扩大了他们同普通劳动者之间的工资差距。提高脑力劳动者的工资后,随之而来的一个问题是,高层工作人员和基层工作人员的工资差比较大。比如高校教授的月工资大概是普通实验员的十五倍左右,而文艺界的最低和最高工资的差距更为悬殊,甚至相差二十至三十倍。

（3）提高工农收入水平。在第二个五年计划时期,苏联工人的工资水平得到较大提高,苏联列宁共产主义青年团在第九次代表大会前夕,对9个工业中心的7000多名青工工资水平进行了调查。调查显示,五年内工人的工资水平平均增加2.3倍,比如"工人的月平均工资1931年1月在机器制造业中为84卢布,而到1936年11月底提高到299卢布,即增加2.6倍……在纺织工业中为70和228卢布,即增加2.26倍"①。可见,工人们的工资普遍得到较大提高。与此同时,苏联也给予庄员以巨大帮助。第二个五年计划期间国营农场和集体农庄以优惠条件售给庄员大量的牛、羊、猪,"庄员通过以优惠价格买进牲畜,在1933—1938年期间靠市场价格与优惠价格之间的差额,总共受益20多亿卢布"②。另外,国家还拨款建设社会文化设施的方式,改善庄员生活水平。"第二个五年计划期间,国家和集体农庄在抚恤金上的支出、对多子女家庭的帮助、用于教育与保健事业的支出,按人口平均计算从一年61.7卢

---

① 苏联科学院经济研究所编:《苏联社会主义经济史》第4卷,生活·读书·新知三联书店1982年版,第612页。
② 苏联科学院经济研究所编:《苏联社会主义经济史》第4卷,生活·读书·新知三联书店1982年版,第620页。

布增加到 234.7 卢布。"①

斯大林领导下的工资制度改革,使得分配中的平均主义倾向得到了比较彻底的克服,也建立起较为完整的工资制度,这对苏联国家建设和社会主义发展都起了良好的作用。但新的工资制度也存在一定的缺点,其中最主要的就是企业和政府各部门领导人员及科学技术人员同普通工人的工资差距过大。比如,在工业生产中,"有 3.6% 的工人月工资在 50 卢布以下,而高级知识分子和领导干部的月工资达到 1400 卢布以上,相差三十倍。"②这样一种情况,当然为后续的社会发展埋下了一定的隐患,但总的来说,斯大林领导下苏联政府颁发的一系列分配制度,是符合当时苏联社会发展需要的,很好地将马克思主义分配理论与当时的社会情况进行结合。

马克思主义之所以具备强大的生命力,就在于它始终是在关照现实的前提下,不断寻求变化和发展。马克思主义的这样一种品质,在分配问题上体现得尤为明显,从马克思、恩格斯开始,到列宁、斯大林,经典作家们不断思索怎么样的分配才更能体现出公平正义,更能体现出共产主义的精神。并且,尤为重要的是,马克思主义经典作家们始终在坚持将分配理论同其所处时代的社会情况、国家情况有机地结合起来,从而持续推动分配理论在不同时代作出新的创新和发展。

---

① 苏联科学院经济研究所编:《苏联社会主义经济史》第 4 卷,生活·读书·新知三联书店 1982 年版,第 626 页。

② 郭继严、高玲珍:《按劳分配学说的历史与实践》,江苏人民出版社 1986 年版,第 192 页。

第二章 现代化的真正启动与新中国农村分配制度确立的历史背景

近代以来中国的现代化经历了从历史要求到历史自觉的进程,新中国成立标志着现代化的真正启动。新中国成立后,中国共产党领导中国人民在恢复发展国民经济中很快确立了按劳分配制度,极大调动了广大人民群众劳动的积极性。中国传统平均主义思想和苏联分配政策的经验是新中国按劳分配制度确立的两个最重要的内部和外部因素,还受到马克思主义分配思想和中国共产党在民主革命时期分配实践的影响。

一、近代以来中国现代化的启动过程

"现代化"一词内涵丰富,不同的研究者从不同的角度给这一概念下过不同的定义。100多年前的马克思虽没真正使用过"现代化"一词,但已提出"现代"和"现代生产方式"的概念,他把现代社会的发展问题作为其社会发展理论的核心内容。美国著名学者亨廷顿认为:"现代化是一个多方面的进程,它涉及人类思想和活动所有领域的变化。"[1]马克思、恩格斯关于社会发展理论与

---

① [美]亨廷顿:《变动社会的政治秩序》,上海译文出版社1989年版,第35页。

西方现代化发展理论比较有许多相似点,双方较多的共同点可以见表2-1①:

表2-1 马克思、恩格斯的现代社会发展理论与
西方社会学和现代化派的发展理论对比

	马克思、恩格斯的现代社会发展理论	西方社会学和现代化派的发展理论
1. 社会进化的理论架构	激进的社会进化论(社会进化与社会革命相结合)	渐进的社会进化论
2. 关于现代化的概念	现代资产阶级社会	资本主义时代
3. 经济发展阶段的划分	前资本主义(农业社会)——资本主义(工业社会)行会手工业时期——工场手工业时期——机器大工业时期	传统社会(农业社会)——现代社会(工业社会)为起飞创造的前提条件——起飞——向成熟推进——大众高消费时代(罗斯托)
4. 现代社会的发展动力	现代生产方式的矛盾运动 认为科学是一种生产力、科学、巨大的自然力、社会的群众性劳动都体现在机器体系中	多因素决定论 强调科学技术在现代化进程中的决定性作用
5. 工业社会的经济特征	发达的商品经济 生产资料的集中和劳动的社会化工业化 最发达和最复杂的生产组织 机器的采用加剧社会内部分工	发达的市场经济和货币经济 生产组织的合理化(马克斯·韦伯) 工业化 都市化 科层化 专业化与分工
6. 工业社会的社会特征	自然形成的关系被消灭,代之以金钱关系 资本与劳动的两极分化笼罩着普遍竞争 以自由追求私人利益为目的的资产阶级法权关系上的平等	社会地位代之以社会契约关系(亨利·梅因) 社会的强度分殊化(迪尔凯姆) 个人主义与自由化的社会(贝尔) 竞争的多元主义(帕森斯) 平等化的社会
7. 对非西方世界的影响	破坏与建设的双重使命 破坏引起社会革命,为西方式的社会奠定物质基础	资本主义扩张使西方文明向非西方世界传播 非西方世界的西方化

中国的现代化理论开创者罗荣渠从广义和狭义两个方面对现代化作了定

---

① 罗荣渠:《现代化新论——中国的现代化之路》,华东师范大学出版社2013年版,第71页。

义。罗荣渠把广义的现代化作为一个世界性的历史进程,是指人类社会从工业革命以来,以工业化为推动力所经历的一场急剧变革,这一变革导使工业主义渗透到经济、政治、文化、思想各个领域,从而引起深刻的相应变化。罗荣渠认为狭义的现代化是"落后国家采取高效率的途径(其中包括可利用的传统因素),通过有计划的经济技术改造和学习世界先进,带动广泛的社会变革,以迅速赶上先进工业国和适应现代世界环境的发展过程"。① 综合不同研究者对"现代化"概念的阐释,我们可以找到其中的共同点,既强调了现代化的连续性过程,也强调了现代工业科学和技术的物质基础,还强调了在人的主导下由传统农业社会向现代工业社会的转变,涵盖了社会现代化的性质、基础和目标等内容。这些都为我们更好地研究近现代以来中国的现代化进程奠定了良好基础。

近代以来中国的现代化经历了一个从被动到主动的过程,即从历史要求到历史自觉的进程,新中国成立标志着现代化的真正启动。五四运动是中国现代化发展历史进程的重要转折点。五四运动前,中国的有识之士对现代化进程的认识处于被动地位,实践探索中处于模仿阶段,社会发展的走向是资本主义现代化。五四运动后,中国人的现代化认识开始走向主动探索阶段,社会发展走向是社会主义现代化,实践探索中走向超越和创新。党的十八大以来,习近平总书记"四个自信"的提出标志着中国现代化开始真正形成"中国模式",也为世界其他国家和民族提供了一个全新的选择。

(一)五四运动前,中国人对现代化的认识处于被动跟进阶段

中国的现代化肇始于近代西方列强入侵之后,不是中国人自觉启动的产物。林则徐和魏源最早"开眼看世界",通过介绍翻译西方书刊让中国人了解西方的军事、政治和经济情况,提出"师夷长技以制夷"的主张,但没有引起中

---

① 罗荣渠:《现代化新论——中国的现代化之路》,华东师范大学出版社 2013 年版,第12—13 页。

国封建统治者的足够重视。

中国早期的现代化是从西方冲击下开展的洋务运动而被动开始的。两次鸦片战争后,面对西方列强入侵的"三千年未有之变局",以曾国藩、李鸿章为代表的洋务派提出了"中学为体,西学为用"的应对思想,意图在不触动封建制度的前提下,通过学习西方"器物"层面来挽救时局。这时的封建统治者因看到不能再按照原有的方式统治下去了,于是被迫支持洋务派用西方的"用"来维护中国的"体"。在洋务运动轰轰烈烈开展的 30 年中,洋务派建立了北洋、南洋、福建三支近代化海军,创办了 800 多家工矿企业,输入了西方一些现代科学技术和政治文化。随着洋务运动的开展,中国民族资本主义经济也开始兴起和发展,成为推动中国现代化的真正开端。但是,洋务派提出的"中体西用"毕竟属于防卫性现代化思想,不可能挽救中国一步步沦为半殖民地半封建国家的命运。

甲午中日战争的惨败击碎了洋务派的幻想,以康有为、梁启超为代表的维新派主张从学习西方器物层面上升到制度层面,效法俄国和日本进行变法。1895 年,在康有为等发起的公车上书中,向光绪皇帝大胆地提出了"改变祖宗之法"的建议,正式掀起了一场君主立宪运动。在封建皇帝的支持下,1898 年的"百日维新"虽然轰轰烈烈,但最终遭到封建顽固派的反击而归于失败。变法虽然失败,但却激起更多革命志士继续寻求彻底改造中国的道路。

严复翻译的《天演论》推动了中国现代化思想启蒙运动迈出了一大步,也为孙中山为首的资产阶级革命派提供了全新的思想武装。严复 1897 年翻译出版《天演论》后,短短几年时间就风行全国,"这种思想像野火一样,延烧着许多少年人的心和血。'天演''物竞''天择'等术语都渐渐成了报纸文章的熟语,渐渐成了一班爱国志士的'口头禅'。"①这时维新派代表人物梁启超等也开始接受了西方达尔文的政治学说,有了"过渡时代"和"现代竞争"等思想

---

① 　胡适:《胡适自传》,黄山书社 1986 年版,第 46—47 页。

意识。以孙中山为首的激进革命派则提出了种族革命理论，通过暴力手段推翻了清王朝的封建统治，形式上建立起资产阶级共和国。辛亥革命前后，学习西方资本主义制度成为当时的潮流和目标，这也是中国现代化意识的明确显示。

从洋务运动、戊戌维新到辛亥革命，经历了一个从初步认识到被动学习模仿西方资本主义的过程，也使得中国人的现代化意识逐渐明晰。

（二）五四运动后，中国人对现代化认识处于主动探索阶段

五四运动后，中国社会逐步形成了涵盖器物、制度、思想文化等层面的全面现代化理念，开始探索和实践社会主义方向的现代化道路。

五四运动前后，陈独秀、胡适等人旗帜鲜明地主张否定中国传统文化中那些不合时宜的东西，接受西洋文明，实质是主张走以西方化方式实现中国的追赶型的现代化道路。陈独秀旗帜鲜明地主张接受西洋文明，认为："欧洲输入之文化与吾华固有之文化，其根本性质极端相反。"所以，"吾人倘以新输入之欧化为是，则不得不以旧有之礼教为非；倘以旧有之礼教为非，则不得不以新输入之欧化为是，新旧之间绝无调和两存之余地"。① 这也就彻底否定了原有的"中体西用"论调。1915 年后的新文化运动，中国一些先进思想家通过高举民主和科学两大旗帜掀起了空前的思想解放潮流，特别提出了人的现代化问题，因为无论之前学习西方的思想还是辛亥革命政治制度的表面改观，都没有认识到人的现代化问题，没有把握和发现现代化的本原。这是先进中国人现代化思想的又一次自我突破。

第一次世界大战和俄国十月革命的爆发，引起了中国知识精英群体的西方信仰危机，使得俄国十月革命和马克思主义宣传逐渐成为影响越来越大的社会思潮。1921 年中国共产党宣告正式成立后，虽一度在土地革命时期陷入

---

① 罗荣渠：《现代化新论——中国的现代化之路》，华东师范大学出版社 2013 年版，第286—287 页。

"俄国化"革命路线,但经过以毛泽东为代表的中国共产党人的探索,在与中国国情紧密结合的基础上,于20世纪40年代提出了包括"使中国农业国变为工业国"内容的新民主主义论。这一时期,随着资本主义道路被中国的有识之士抛弃,走社会主义道路成为越来越多的革命者的共同选择,实现民族独立、创建一个崭新的中国也成为推动中国现代化的客观要求。正如毛泽东指出的:"在一个半殖民地的、半封建的、分裂的中国里,要想发展工业,建设国防,福利人民,求得国家的富强,多少年来多少人做过这种梦,但是一概幻灭了。"①

(三)新中国成立后,中国的现代化在实践层面开始真正进入主动推进阶段

1949年10月,中国共产党领导中国人民建立了崭新的中华人民共和国,使得中国的现代化真正进入主动推进阶段。新中国成立后,由于自身缺乏社会主义建设经验和抵御资本主义国家封锁的现实需要,起初的现代化道路仍然照搬苏联模式,处于探索推进时期。随着苏联模式弊端的暴露和深刻汲取苏共二十大的教训,毛泽东再次认识到独立思考与改革的重要性,先后发表《论十大关系》《关于正确处理人民内部矛盾的问题》等著作,探索适合中国具体国情的现代化道路。周恩来在《四届人大会上的政府工作报告》中坚定地指出,"在本世纪末,全面实现农业、工业、国防和科学技术的现代化,使我国国民经济走在世界前列"。中国之后的现代化认识出现严重误区,商品经济受到压抑,计划经济不断强化,现代化探索实践遭受较大挫折。新中国成立后的30年,我国现代化进程相对较慢,但这一时期还处于初步摸索阶段,领导人自觉命运、迎头赶上的探索精神是值得充分肯定的。

---

① 《毛泽东选集》第三卷,人民出版社1991年版,第1080页。

（四）改革开放以来，尤其是党的十八大以来，中国现代化处于超越和引领阶段

改革开放以来，中国共产党领导中国人民逐渐找到了一条符合中国国情的现代化道路，并逐渐形成了新时代的中国经验和中国模式。

党的十一届三中全会后，作为改革开放总设计师的邓小平深刻总结国内外现代化建设经验，围绕"什么是社会主义，怎样建设社会主义"这个根本问题做出了全新论述，找到了中国特色社会主义这条符合中国国情的现代化建设道路。这一时期，邓小平首先通过拨乱反正、正本清源把人们的思想从阶级斗争转向以经济建设为中心，改变了中国近百年来现代化进程中社会高度政治化的局面。邓小平在1992年的南方谈话中，用"三个有利于"（即是否有利于发展社会主义社会的生产力、是否有利于增强社会主义国家的综合国力、是否有利于提高人民的生活水平）的标准[1]来指导中国的对内改革政策。他大力改变中国原有的社会资源配置方式，逐渐废除计划经济体制，逐步确认建立社会主义市场经济体制的目标。在对外方面，基于"现在的世界是开放的世界""中国的发展离不开世界"的认识，他作出了对外开放的重大决策，使中国从封闭转向全面开放，主动融入世界文明进程中。可见，"坚持改革开放是决定中国命运的一招"。[2]

1992年党的十四大以来，中国共产党对中国特色社会主义现代化理论内容继续深化，在民主政治建设、经济体制改革、先进文化建设等方面都与时俱进地增添了新内容。这一时期，特别是在执政党的现代化建设方面，创造性地提出和形成了"三个代表"重要思想，解释了建设一个什么样的党、如何建设党的问题，标志着具有中国特色社会主义现代化建设道路的成功开辟。从党的十六大以后，中国特色社会主义现代化理论得到进一步丰富和发展。这一

---

[1] 《邓小平文选》第三卷，人民出版社1993年版，第372页。
[2] 《邓小平文选》第三卷，人民出版社1993年版，第368页。

时期的重大理论突破在于开创性地提出了科学发展观,解决了为谁发展、依靠谁发展以及怎样发展的重大问题,使得中国特色现代化理论体系得到丰富和发展。

党的十八大以来,习近平总书记根据新时代国内外背景发生的深刻变化,对当代中国现代化理论进行了重新构建,对中国现代化的发展进程进行了重新规划。针对新时代中国面临的百年未有之大变局,习近平总书记指出:"世界正处于大发展大变革大调整时期,和平与发展仍然是时代主题。"①他针对我国国内生产发展水平的新阶段,认为我国社会主要矛盾已经转化为"人民日益增长的美好生活需要和不平衡不充分的发展之间的矛盾",把中国所处的历史方位定位为"中国特色社会主义进入新时代"。② 在对中国所处的现代化发展背景作出新判断的基础上,习近平对中国发展的现代化理论体系进行了重新构建。一是在中国现代化建设战略范畴规划上,2012 年 11 月党的十八大把原有的"四位一体"总体布局发展为"五位一体"总体布局,增加了生态文明建设的内容;把新中国成立后提出的工业、农业、国防、科学技术"四个现代化"发展成为工业化、信息化、城镇化、农业现代化的"新四化"内容。2013年 11 月召开的党的十八届三中全会,习近平总书记又在"新四化"的基础上,增加了"国家治理体系和治理能力现代化"的内容。2017 年 10 月党的十九大,把实现"国家治理体系和治理能力现代化"融入国家发展的制度目标。二是对我国新时代的现代化建设目标进行了发展和提升。在党的十九大报告中,习近平把党的十八大报告确定的建设"富强民主文明和谐"的社会主义现代化强国的目标改为"富强民主文明和谐美丽"的目标,与"五位一体"现代化建设范畴相呼应,把"基本实现社会主义现代化"提升为"建成现代化强国"。三是对现代化建设的战略步骤进行了重新规划。在党的十九大报告中,习近平总书记在邓小平提出分"三步走"发展战略和"两个一百年"奋斗目标基础上,

---

① 《习近平谈治国理政》第三卷,外文出版社 2020 年版,第 45 页。
② 《习近平谈治国理政》第三卷,外文出版社 2020 年版,第 9 页。

创造性地提出了到 2020 年全面建成小康社会，2035 年基本实现社会主义现代化，2050 年建成富强民主文明和谐美丽的社会主义现代化强国。

新时代中国特色社会主义现代化道路的开创，把现代化与社会主义和中国特色有机结合，摆脱和超越了中国人民近代以来长期依赖的西方模式和苏联模式，找到了一条真正属于中国自身的现代化建设道路，也为其他发展中国家树立了新的典范。

二、新中国农村分配制度确立的历史背景

新中国的成立标志着中国的现代化建设进入了一个崭新的时期，客观上需要改变当时封建剥削的分配方式，建立新的分配方式。新中国成立初期，我国在西方的封锁下被迫与资本主义脱钩，照搬苏联发展模式，通过中央高度指令性计划经济采取赶超型发展战略，推行优先发展重工业的高度工业化战略，在分配方式上确立了按劳分配制度。新的按劳分配方式的建立，受到多种因素影响[1]，既有其深刻的思想理论根源，也有其历史经验和现实借鉴的影响。

（一）受到中国传统平均主义思想的影响

在中国历史上丰富而深厚、源远流长的传统文化中，平均主义思想是中国传统思想文化的重要组成部分。在《论语》中有："丘之闻也，有国有家者，不患寡而患不均，不患贫而患不安，盖均无贫，和无寡，安无倾。"[2]这句话说的是在国家中不担心贫困却担心分配不均影响国家安定，其中所包含的平均主义思想被普遍认为是中国平均主义产生的最初形式，之后孔子把平均主义思想

---

① 关于新中国按劳分配制度实行的原因，长期以来流行的观点，把社会主义公有制，社会主义初期生产力水平较低，存在工农差别、城乡差别和体力劳动、脑力劳动差别，以及学习苏联模式等作为实行的必然原因。

② 韩高年译注：《论语》，甘肃民族出版社 2013 年版，第 175 页。

与后来发展为封建社会统治思想的儒家思想理论体系结合,在古代中国尤其是封建社会治国理政的民本思想中产生重要影响。

新中国合作社经济中蕴藏着中国传统平均主义思想。毛泽东对于历史尤其是中国历史了如指掌。在中国古代历史上,尤其是到了孔子所生活的春秋时代,贫富的问题已经成为一个大的社会性问题,因此孔子发出了"不患寡而患不均"的呼唤。受到这样历史思想的影响,毛泽东特别注重分配上的平均。毛泽东说过革命就是要使"极端贫苦农民广大阶层梦想平等自由,摆脱贫困,丰衣足食"。① 这表明传统的平均主义思想对毛泽东产生了很大的影响,毛泽东是站在广大贫苦农民阶层寻求平等的诉求立场上来阐明革命的目的。毛泽东在分析中国的革命在未来可能要经历的阶段时指出:"中国革命必须分为两个步骤。第一步,改变这个殖民地、半殖民地、半封建的社会形态,使之变成一个独立的民主主义的社会。第二步,使革命向前发展,建立一个社会主义的社会。"②因此新民主主义是毛泽东所指的独立的民主主义的社会,新民主主义社会向社会主义过渡是一个过渡的历史时期,因此在新民主主义社会所实行分配方式也是在逐步向马克思主义经典作家所认为的按劳分配过渡的一个中间过程。新民主主义社会的分配形式在很大程度上受中国传统的平均主义思想影响。例如,新民主主义社会在农村中经济发展产生合作社,实行合作社经济,是一种过渡性的经济组织。在合作社的作用下,可以减少中间过程的剥削,从传统的小农生产可以过渡到适合社会主义的大生产,由个体的经济发展到集体经济。在这种合作社的发展中产生供销合作社,供销合作社使得农村的生产、销售等活动集中起来,这种合作社是在新民主主义条件下组织农村基层经济的主要形式,供销和消费由上级社支持,不产生利润,在分配形式中带有很严重的平均主义色彩,这同中国传统思想中希望"天下大同"的愿望

① 中共中央文献研究室:《建国以来毛泽东文稿》第7册,中央文献出版社1992年版,第627页。

② 《毛泽东选集》第二卷,人民出版社1991年版,第666页。

紧密相连。

人民公社在合作公社基础上发展着传统平均主义思想。在1956年,随着社会主义三大改造在中国大部分地区的基本完成,全国范围内纯粹的公有制形式基本上形成并确立起来,我国的收入分配制度就转化为按劳分配制度,但此时的按劳分配制度带有浓厚的平均主义色彩。在农村,实行"标准公分、自报公议"的独特平均分配方式,大搞平均主义。在人民公社建立时,新中国强调扩大公有制的范围以及提高公有化的程度,彻底消灭私有的存在,为马克思所设想的未来社会要实现"按需分配"准备条件。在"人民公社"里实行普遍化的供给制,在当时被认为已经包含了共产主义因素。实际上,在具体实施的过程中,新中国对于粮食等生活消费品实行免费供应以及倾向于平均主义的分配形式,"吃大锅饭""吃饭不要钱"等都体现了中国人民两千多年来深切地想改变阶级压迫不平等状况的愿望,在其中也包含了中国传统思想中严重平均主义的思想倾向。这种平均主义的历史倾向自古以来便在广大人民中间有很深的思想遗留因素,使得人们很容易接受在实行人民公社的过程中上交自己的所有财物归集体所有,大家一起集体进行劳动、共同分配资料。

(二)对马克思主义分配思想的发展

19世纪40年代以后,随着西方主要资本主义国家迅速发展,资本主义社会中的各种矛盾不断地暴露,两大阶级的对立日益激烈,为马克思结合新的、变化了的资本主义条件阐发未来社会的分配理论,从而为工人阶级进行革命斗争创建新的社会提供理论指导。

新中国成立初期的分配制度就留有马克思分配思想的烙印。马克思对未来社会主义社会发展阶段进行了大体上的划分,把未来的社会主义可能的发展阶段分为共产主义第一阶段和共产主义高级阶段,社会主义社会是共产主义社会的第一阶段,是刚从资本主义社会中产生出来的,因此它在各方面,在

"经济、道德和精神方面都还带着它脱胎出来的那个旧社会的痕迹"①。这里马克思说明了在共产主义社会的第一阶段还带有原来资本主义社会的痕迹，深受其经济和思想上的影响。另外，马克思的按劳分配思想认为要承认劳动者人人在体力和智力上存在差别，在分配上的结果便是有多有少，不能绝对的平均。新中国成立初期，处理旧社会留下来的企业员工时，实行保留下来不变动职位和工资的现实政策，是马克思对分配存在差异思想的具体实践。

新中国按劳分配制度的确立是对马克思按劳分配思想的发展。新中国成立之后，根据当时的社会历史条件，对于旧社会遗留下来的不合理的分配制度没有立即废除，但基本上按照马克思主义所设想的按劳分配理论为分配原型，在现实的社会实践中努力贯彻执行。1956 年，我国农业、手工业、资本主义工商业三大方面所进行的社会主义改造基本上完成，社会主义公有制占了主要地位，基本完成了从新民主主义到社会主义的转变。此时，我国开始实行计划经济体制，在社会主义国营经济和其他事业单位中开始逐步实施按劳分配制度。1956 年 7 月，国家发布了《关于工资改革中若干具体问题的通知》《关于工资改革实施方案程序的通知》，对相关的政府机关及企事业单位在内的具体工资分配方式提出新的方案，四个影响工资的基本因素得到最终确定，即依照技术、劳动、行业和地区的不同来执行不同的分配份额。这样一来，全国大多企事业单位及政府工作人员的分配标准有了统一的衡量标准，在按劳分配的范围上有所扩大。这个时期的按劳分配符合马克思关于按劳分配原则实现的表述，即社会全体成员共同拥有生产资料的所有权，消除了每个人因占有不同导致分配上的不同，使得劳动的多少成为确定收入的唯一依据。

（三）对中国共产党民主革命时期分配实践经验的继承

在旧中国社会动荡、战争频发的条件下，中国共产党从革命年代就开始了

---

① 《马克思恩格斯选集》第 3 卷，人民出版社 2012 年版，第 363 页。

对分配政策的探索。国共两党十年对峙时期，为了广泛地调动广大农民的革命积极性，中国共产党领导农民进行土地革命，打土豪、分田地，实现耕者有其田，依靠贫农、雇农联合中农，限制富农，消灭地主阶级，变封建半封建的土地所制为农民的土地所有制。抗日战争时期，中国共产党调整了土地政策，在根据地实行"地主减租减息，农民交租交息"的土地政策。总结起来就是：自己动手、自力更生、组织群众建立合作社，农村开展减租减息等等。解放战争时期，中国共产党又实行了"耕者有其田"政策，没收地主土地归农民所有。这些政策从根本上否定了封建社会的剥削制度，否定了不劳动者也可以得到财富的不合理社会制度，为按劳分配的施行奠定了基础。

新中国按劳分配制度是对民主革命时期分配实践经验的继承。1950 年 6 月颁布了《中华人民共和国土地改革法》，在这次土地改革中，"废除了地主阶级封建剥削的土地所有制，实行农民的土地所有制，借以解放农村生产力，为新中国的工业化开辟道路。"①这次土地改革从根本上说延续了党在新民主主义革命时期的土地政策。在新中国成立后，农业部门中的按劳分配制度是在农业合作化之后才初步建立起来的。1953 年 12 月党中央通过了《关于发展农业生产合作社的决议》，我国农村开始了合作化运动，到 1956 年全国出现了农业合作化高潮。农业合作化是在当时的历史条件下发展农村生产力，在农村中实现社会主义按劳分配方式的生产关系的组织基础。在合作社中采取的分配方式主要除去在规定中上交的部分，其他的由公社成员来分配，全体公社成员要在公社中参与公社组织的共同劳动，按照劳动所得"工分"或者按照劳动日为标准来计量劳动应该得到的生活消费品数量。另外，为了有效地管理和领导由没收官僚资本而建立起来的国有经济，新中国成立后一大批党政军干部被转到经济领域来为他们安排工作，对这些干部仍然按照民主革命时期的分配方式实行供给制。由此可见，新民主主义时期的分配方式对新中国分

① 中共中央党校党史教研室选编：《中共党史参考资料》第 7 卷，人民出版社 1980 年版，第 79 页。

配方式产生着一定的影响,新中国按劳分配制度吸收并改造着民主革命时期的分配方式,是对民主革命时期分配方式的有效继承。

（四）对苏联分配政策经验的借鉴

十月革命胜利后,苏联成为社会主义国家进行建设的"模板"。苏联的社会主义分配制度基本上坚持了马克思对未来社会主义发展方向的基本构想,其第一任领导人列宁在苏联成立时就开始了按劳分配的最初探索。列宁指出按劳分配的基本精神是"劳动的平等和分配的平等",并把"不劳动者不得食"①看作社会主义的分配原则。之后,在苏联社会主义的巩固和发展的过程中,继任领导者认识到在社会主义国家实行按劳分配方式的客观必然性,在实践中对按劳分配的具体形式进行了验证和发展。

新中国成立初期的按劳分配是对苏联在商品经济条件下实行分配的借鉴。苏联成立初期,国内处于相对不稳定的时期,主要任务是取得战争的胜利和巩固苏维埃政权,战时共产主义政策应运而生。战时共产主义政策在分配上实行实物配给制,使得苏维埃政权渡过了初期的难关。战后,由于战时共产主义政策已经不符合发展要求,列宁提出了新经济政策。列宁指出:"现在我们处于必须再后退一些的境地,不仅要退到国家资本主义上去,而且要退到由国家调节商业和货币流通。"②可以看出,列宁试图通过发展商品经济的形式逐步过渡到共产主义社会,在分配上强调按劳分配,工人根据提供的劳动数量和质量来领取相应的报酬。新中国成立初期,外交上制定了倒向以苏联为首的社会主义阵营的"一边倒"政策,自然以苏联为模板进行社会主义建设。为改变新中国成立初期个人消费品分配上的混乱状态,1950 年 8 月国家制定了工资条例(草案),1951 年在全国范围内进行了第一次的大范围工资改革。"这次工资改革首先设定'工资分'制度,并将'工资分'规定为全国统一的工

---

① 《列宁选集》第 3 卷,人民出版社 2012 年版,第 196 页。
② 《列宁选集》第 4 卷,人民出版社 2012 年版,第 605 页。

资计算单位,并以一定种类和数量的实物为计算基础。"①这种分配方式是对1921 年苏联按劳动的数量和质量领取相应报酬的基本原则和工业部门普遍实行计件工资等分配经验借鉴的结果。

新中国成立初期的按劳分配制度还借鉴了苏联工资按等级分配的政策。马克思提出了在未来社会分配的原则,但是没有指出实现这种原则的具体现实途径和方法,只设想可以把某种"凭证"作为实行按劳分配的手段。列宁在俄国实行的按劳分配,表现在个人消费品上主要是制定等级工资表。在列宁的领导下,1919 年初俄国制订了第一个工资等级表,"这个工资表,共分为 35 个级别。最低工资为 600 卢布,最高级别为 3000 卢布,最低和最高的工资级别差为 1∶5。工人占前 14 个等级,从第 15 等级起是工程技术人员的等级。"②后来在 1922 年制订了一个 17 级工资等级表,"这个等级表把工资级别由 1919 年的 35 个减少到 17 个……最低工资与最高工资之差由 1919 年的 1∶5 扩大到 1∶8"。③ 1926 年,苏联发现工资差距过大,因此制定了一个八级工资等级表,这种工资制度一直沿用到 1956 年。借鉴苏联的分配方式,新中国在分配制度改革中按大行政区分别对国营企业的工资制度进行了改革,工人普遍实行八级工资制,少数实行七级或六级工资制,工资的标准由工人所实际担任的岗位、承担的责任来确定,在当时大行政区的范围内根据产业产品不同进行区分,大抵按照区分的产业进行不同的分配。可见,新中国成立初期工资按等级分配的探索主要借鉴了苏联等级工资经验。

---

① 高志仁:《新中国个人收入分配制度变迁研究》,湖南师范大学出版社 2009 年版,第 46 页。
② 苏联科学院经济研究所编:《苏联社会主义经济史》第 1 卷,生活·读书·新知三联书店 1979 年版,第 461 页。
③ 苏联科学院经济研究所编:《苏联社会主义经济史》第 2 卷,生活·读书·新知三联书店 1980 年版,第 291—290 页。

第三章　新中国社会主义过渡时期农村现代化分配制度的初步实践

按劳分配是马克思关于收入分配思想的核心内容。新中国成立初期,由于中国实行了多种所有制并存的所有制形式和发展社会主义市场经济的政策,导致我国的分配政策与马克思的设想存在一定差距。1953 年至 1956 年间,中国共产党带领人民进行社会主义改造,实现由新民主主义经济形态向社会主义经济形态的转变。新中国成立后的前七年,我国农村的分配政策经历了两次较大变动。从前三年的土地改革到后三年的社会主义改造运动,两个阶段由于生产资料组织形式和经营方式不同,个人收入分配政策也不尽相同。

一、土地改革时期农村生产资料的重新分配

新中国成立初期,由于农村生产资料占有情况复杂,我国农村收入分配也处于比较混乱的状态。从 1949 年 10 月至 1952 年年底的三年国民经济恢复时期,中国共产党领导中国人民致力于农村经济体制的基础工作——所有制机构变革。1949 年 9 月,中国人民政治协商会议通过《共同纲领》,明确把改变土地所有制结构作为农村收入分配改革的重点。为解决新中国成立初期广大新区依然存在的地主和农民这个主要矛盾,为国民经济的恢复和发展创造条件,中国共产党通过制定颁布新的土地改革法,在新区发动了亿万群众参加

土地改革运动。经过这场土地所有制度的根本性变革,终结了延续上千年的封建土地占有形式,把全国七亿亩土地以及大量的生产资料分配给三亿多农民。此时,农民的收益分配方式也随之发生改变,农民可以依据改革后占有的生产资料为基础进行分配。中国共产党在新区土地改革中创造的中国特色的保存富农经济政策,保障了土地改革的顺利进行,也为之后国民经济的迅速恢复和发展创造了条件。

(一)新中国成立初期农村土地所有制的确立

新中国成立初期,中国共产党在农村的主要任务是变封建地主阶级土地所有制为农民土地所有制。新中国成立之前,原有的老解放区已经基本完成土地改革,新解放区的土地改革尚未展开。新解放区的土地主要还是集中在地主手中,如华东和中南一些乡村,"地主占有土地及公地约占百分之三十至五十,富农占有土地约占百分之十至十五","乡村中百分之九十的土地是中农、贫农及一部分雇农耕种的,但他们只对一部分土地有所有权,对大部分土地则没有所有权"。① 为恢复和发展经济,改变旧有的生产资料占有状况成为新中国成立初期新区土改的迫切要求。

为了开展新区大规模土地改革做准备,人民政府一面酝酿制定《中华人民共和国土地改革法》,一面在新区实行清匪反霸、减租退押斗争,这既是对封建地主剥削的否定,也作为开展新区大规模土改的过渡步骤。

从1949年冬到1950年春,中国共产党在局部地区先行进行了土地制度改革。在华北,由于大部分老解放区已经进行完土改,对新解放区各阶层人民有着很大的影响,因此,在华北新区土改中,没有再把减租减息作为过渡办法,而直接进行没收分配土地。在河南的土改地区,则一般都经过了清匪反霸和减租退押的准备阶段。

---

① 中央档案馆:《解放战争时期土地改革文件选编(1945—1949)》,中共中央党校出版社1981年版,第3页。

1. 华北部分新解放区的土地改革

1949 年冬,华北地区在约有 1000 万人口的新区进行了土地改革,其中包括河北、山西、察哈尔等省的部分地区和北京、天津的城郊地区。作为先行改革的华北地区,根据实际情况和改革目标制定了可行策略。首先,对纳入改革议程的土地进行了具体分类,实施差异化政策。在土地类型划分上主要分为三类,即纯新区、恢复区和重灾区。第一类也就是未进行过土改的地区;第二类也就是曾经进行过减租减息、反奸清算、调剂土地,或农民自动分配了土地的地区;第三类也就是暂不进行土改的地区。华北局根据不同地区的情况采取了不同的做法,在新区以土改为中心,结合生产;在恢复区以生产为中心,结合土改。

华北新区的土改,首先要破除过去"左"倾政策影响,稳定群众情绪。解放战争时期,1946 年中共颁布的"五四指示"就同意群众从地主手中获得土地,对富农的土地也有所触动。1947 年颁布的"土地法大纲",直接提出实行耕者有其田的政策,尤其是针对富农提出允许征收其多余土地。各地在政策的实际执行过程中,大大超过了政策允许的限度,掀起了平分土地运动,大量地主、富农被扫地出门,甚至一些中农也受到打击。因此,华北新区农村在土改开始时各阶层情绪均不稳定,存在着地主、富农怕打杀、中农怕斗、贫农怕退等现象。为了适应新形势下的土改,中共中央在 1949 年 8 月 10 日发出《关于新区农村工作问题的指示》,要求以"中间不动两头平的政策"来解决即将到来的新区土改,而不要照土地法大纲中彻底平分土地的政策,要求在南方以及其他的一些新解放区进行改革时,"改正过去在北方土改中做得不好的地方"。[①]这些具体化、针对性的做法和认识为其他区域的改革提供了可资借鉴的资料。

1949 年 10 月 10 日,华北局经中共中央批准颁布了《关于新区土改的决

[①] 中央档案馆:《解放战争时期土地改革文件选编(1945—1949)》,中共中央党校出版社 1981 年版,第 532 页。

定》，内容除了继续沿用 1947 年颁布的《中国土地法大纲》中规定的一般原则外，还提出了若干对富农阶层更为宽松的政策。其中关于地主、富农政策方面是这样规定的：严格区分封建剥削和资本主义剥削，除了没收地主阶级的土地及其封建财产，还要征收旧式富农①多余的土地及其财产的封建部分，分配给无地少地农民。但须留给旧式富农与地主和农民同样的一份土地和财产，不许再用扫地出门办法。《关于新区土改的决定》重申坚决保护地主富农在城乡的工商业外，还规定了以下几种情况不予没收分配：一是"察北等地地主富农之成群牛羊，可不分配"；二是"各地区地主富农，用这进步方式经营之果树园、农场，仍归原主经营，不没收，不分配"；三是地主、富农的坟地及坟地上之树木不动，归原主或家庭所有。为了防止土改中再出现乱打、乱扣、乱杀的偏向，《关于新区土改的决定》提出："对地主富农的底财（埋藏地下之金银财宝等），一面宣布其为非法，一面应鼓励其自动拿出，政府保证给其本人留下一部分（比如留百分之三十），准其投入工商业其余则归农民合理分配"，而不许强迫硬挖。②《关于新区土改的决定》的颁布，对于消除原来农村中各阶级的种种顾虑，起了积极的作用。但是，也有一些干部对某些新政策感到不理解，有的认为新政策"对地富太便宜了"，有的认为"过去对老区那样严，现在对新区就这样宽，这不是迁就封建吗？"③为了防止重犯过去土改中的错误，华北局于 1949 年 12 月又颁布了《关于重申正确执行土改政策中几个具体问题的规定》，重申严格区分封建剥削与资本主义剥削，保护地主、富农的工商业，坚持中农不动两头平的政策等。④ 经过华北局各级党组织反复的政策教育和解释

---

① 这里旧式富农是指采用封建生产方式经营的富农，新式富农是指采用资本主义生产方式经营的富农。

② 中共保定地委：《华北局关于新区土改的决定》，1949 年 10 月 10 日，河北省保定市档案馆，档案号 2-25-14。

③ 杜润生：《中国的土地改革》，当代中国出版社 1996 年版，第 270 页。

④ 中国社会科学院、中央档案馆：《中华人民共和国经济档案资料选编：农村经济体制卷（1949—1952）》，社会科学文献出版社 1992 年版，第 45—46 页。

说服,纠正了一些干部和群众的错误认识,增强了执行政策的自觉性。

表 3-1　河北省新区土改中十个县 1177 村土改前后各阶级
土地变动统计(一九五〇年三月二十六日)①

	土改前							土改后			备考
	户数	百分比(%)	人口	百分比(%)	土地(亩)	百分比(%)	每人平均亩数	人口	土地(亩)	每人平均亩数	
地主	4430	2.5	27454	3.1	375152.9	12.1	13.7	27552	94018.82	3.41	
富农	4753	2.7	34328	3.9	296491	9.2	8.69	34247	131002.49	3.88	
中农	86383	48.1	442515	50	17058481	54.4	3.85	442164	1690062.16	3.87	
贫农	77418	43.3	361893	40.4	718418	23	1.94	360780	123832.54	3.11	
雇农	5980	3.4	23500	2.6	2222.91	3	0.97	28612	67182.18	2.8	
合计	178964		889690		311412383			888535	3106158.09	3.5	

(上述系涿县、新城、冠兴、易县、大兴、房山、密云、三河、丰润、丰南十个县不完全统计)

北京和天津城郊地区的土地改革,与华北一般农村地区的土地改革基本同步,从 1949 年冬到 1950 年春天结束。华北局从郊区土地关系的具体特点和实际状况出发,基于土地占有和租佃关系比较复杂,城市工商业和土地联系密切,土地和农产品商品化程度较高,人多地少的情况突出等特点,因地制宜采取了不同于一般农村的改革策略。在 1949 年 10 月 17 日北京市委郊区工作委员会扩大干部会议上,北京市委书记彭真指出:"要消灭封建半封建的土地制度,没收地主土地、农具、粮食等,但切不可侵犯中农的任何利益,切不可侵犯工商业,政府不仅要保护一般工商业,而且要保护地主富农的工商业。"②另外,北京郊区土地改革对待富农的政策:"只征收了富农的出租土地,富农自耕及雇人耕种的土地及其他财产一概未动。"③不动富农自耕自营土地、坚

---

①　中国共产党河北省委员会:《河北省新区土改中十个县 1177 村土改前后各阶级土地变动统计》,1950 年 3 月 26 日,河北省保定市档案馆,档案号 2-1-144。

②　《京市郊委扩干会总结大会彭真指示土改方针》,《人民日报》1949 年 10 月 19 日。

③　北京市人民政府调查研究室:《北京郊区土地改革》,1950 年 11 月 8 日,北京市档案馆,档案号 2-20-971。

决保护中农的政策，大大稳定了中农、富裕中农，并且极大地刺激了农民生产热情。如有些贫雇农说："要是动了中农，将来谁敢再往中农道上混。"有些佃富农与佃中农在开始抽分他们原租的一部分土地时，曾有些波动，但后来分得土地后，一详细计算，土地改革后虽种了比过去较少的一部分国家土地，但不再征租，不需要再雇长工、短工，又不需要再提心吊胆，还是比较合算的，情绪也好了，生产积极了。①

表3-2　北京郊区七十四个村土地改革后各阶层使用
国有土地统计表（一九五〇年二月）②

| | 户数 | | 人口 | | 使用国有土地亩数 | | | | | | | | | | | |
	户数	百分比（%）	人口	百分比（%）	旱地	百分比（%）	水浇地	百分比（%）	稻地	百分比（%）	园地	百分比（%）	其他	百分比（%）	各种土地总面积	百分比（%）
地主	801	5.0	4805	7.5	4029	3.5	587	4.7	157	2.0	96	4.0	57	11.0	4926	3.6
经营地主	713	5.2	5062	7.9	10037	3.8	1488	11.7	636	7.9	910	33.4	71	13.6	13142	9.6
农业资本家	70	0.5	494	0.8	1047	0.9	95	0.8	180	2.3	120	5.2	83	9.5	1455	1.1
旧式富农	129	1.0	910	1.4	350	0.4	7	0.1	65	0.8	94	4.8	5	1.0	639	0.5
佃富农	58	0.4	472	0.7	2190	1.9	148	1.2	267	3.3	77	3.3	110	21.0	2792	2.0
中农	3675	26.9	18365	23.7	33119	29.2	2578	20.4	2817	35.0	218	9.2	131	34.6	38913	28.3
贫农	5630	41.1	25350	39.5	36120	31.8	4739	37.6	1783	22.1	608	25.3	20	3.9	43270	31.5
雇农	1826	13.4	5479	8.6	12084	10.6	2231	13.4	1667	20.6	145	6.1			16127	11.8
工人	171	1.2	682	1.1	618	0.5	243	2.0			19	0.8			886	0.6
小商贩	150	1.1	610	0.9	418	0.4	98	0.8			20	0.9			536	0.4

① 北京市委郊区工作委员会：《北京市委郊区工作委员会关于土地改革的总结报告》，1950年6月7日，北京市档案馆，档案号2-20-971。

② 北京市委郊区工作委员会：《市委郊区办公室对郊区七十四个土改村土地关系新变化的统计》，1950年2月，北京市档案馆，档案号1-14-25。

续表

	户数		人口		使用国有土地亩数												
	户数	百分比(%)	人口	百分比(%)	旱地	百分比(%)	水浇地	百分比(%)	稻地	百分比(%)	园地	百分比(%)	其他	百分比(%)	各种土地总面积	百分比(%)
贫民	34	0.2	103	0.2	218	0.2	36	0.3							254	0.2
自由业者	9	0.1	36	0.1	44	0.0	2	0.0			9	0.4			55	0.0
其他阶层	417	3.0	1669	2.6	4531	4.0	327	0.6	332	4.7	35	1.5	65	12.4	5340	3.9
机关学校部队					2751	2.4	23	0.2	100	13.0		0.2			2878	2.1
国营农场					6141	5.4									6141	4.4
总计	18684	100	64048	100	118808	100	13608	100	8654	100	2362	100	522	100	187354	100

华北地区的土地改革,在 1950 年春完成了大约 3/4 地区的土地改革,剩下的约 1/4 灾情比较严重地区的土改于 1950 年冬完成,整体执行效果相比以前有了进步。1950 年 5 月华北局在给中共中央的《华北去冬新区土地改革总结》报告中说:"从总的方面看来,这段土改运动是华北自一九四六年以来最稳当最健全的一次。群众很满意的说:'今年改的好!'干部们亦觉得轻松愉快。"①但是,由于长期土改中形成的"左"的倾向,再加上还没有形成之后的保存富农经济的政策,因此对富农的打击还是较为严重。如据 1950 年 3 月河北省新区土改中 10 个县 1177 村土改前后各阶级土地变动统计,富农在土改前每人平均占有 8.69 亩土地,土改后每人平均 3.88 亩(多于中农平均的 3.87 亩),减少了 4.81 亩的土地,每人平均下降 55.4% 的土地。②

---

① 中国社会科学院、中央档案馆:《中华人民共和国经济档案资料选编:农村经济体制卷(1949—1952)》,社会科学文献出版社 1992 年版,第 57 页。
② 中共保定地委:《华北局关于新区土改的决定》(1949 年 10 月 10 日),河北省保定市档案馆,档案号 2-25-14。

2. 河南部分新解放区的土地改革

1949 年河南全省解放后,中共河南省委在中共中央的指示下,分批进行了土地改革。1949 年冬,河南先在解放时间较早、群众发动比较充分的 7 个县进行了土地改革。1950 年春,又接着在 36 个县进行了土地改革。这两批土改运动的地区,大约包括 1600 万人口。

河南省这两批新区的土地改革,是分别按照 1949 年 9 月《中共河南省委对于土改的意见》和 1950 年 2 月《河南省土地改革条例》进行的,这两个文件与中共中央批准的《华北局关于新区土改的决定》大体相同。河南土改政策的不同点主要体现在对地主和富农的政策上:一是对地主、富农埋藏在地下的金银财物,没有宣布其为非法,也没有说要拿出一部分归农民分配,而是规定一律不得追挖并允许他们将其投资于工业、农业和商业;二是征收旧式富农多余的土地,不是指以前的超过当地人口平均水平的土地,而是指超过中农水平的土地。[①] 按照这个规定,富农可以多保留一些土地。这是继 1947 年《中国土地法大纲》之后,中共对富农政策的一种新的调整。这种调整,不仅体现了富农与地主的区别,而且有利于稳定中农,有利于生产。

作为新中国成立后在新解放区进行先行改革的华北与河南部分区域,在改革中进行了富有创新意蕴的改革,其中部分策略与方法为后续的其他区域改革提供了宝贵经验。其中对富农的保护政策更加明确,包括不再对地富扫地出门,严格区分富农的封建剥削和资本主义剥削,对富农的底财不准强迫硬挖而允许其投入工商业,征收富农多余的土地规定为超过中农水平的土地等。

(二)清匪反霸、减租退押运动的开展

清匪反霸、减租退押的斗争,是开展大规模新区土地改革的过渡步骤,也

---

① 中国社会科学院、中央档案馆:《中华人民共和国经济档案资料选编:农村经济体制卷(1949—1952)》,社会科学文献出版社 1992 年版,第 45—46 页。

可以看作新区土地改革的第一步。清匪反霸斗争中曾一度发生过火倾向,把许多富农当成恶霸分子进行斗争。减租退押运动实质是对封建地租剥削的否定,也涉及减轻富农对农民的封建地租剥削。

当时新区的土地改革必须具备三个条件。首先,新区土改需要一个安定的社会环境,为此就必须消灭国民党残余武装力量。其次,实行土改需要唤起广大农民的政治觉悟,需要把土改变成农民自觉的行动。再次,土改需要有正确的没收和分配土地的政策和策略的指导,需要有一批熟悉农村情况、正确执行土改政策的干部队伍。因此,开展清匪反霸、减租退押运动就成为土地改革的前提条件。

新解放区初期的清匪反霸斗争,稳定了新区的社会环境,但在许多地方发生了扩大打击面和斗争方式过火的偏向,把许多地主、富农也当成斗争对象,一度造成了社会气氛的紧张。如在反恶霸斗争中,一些地方没有严格地将地主与恶霸、大恶霸与一般恶霸区分,对农民的复仇情绪又不加正确的引导,结果将对恶霸的清算斗争变成了对整个地主甚至富农的清算斗争,扩大了反恶霸斗争的对象。如苏南松江专区被斗争的 6486 人中有地主 5063 人,其余 1423 人为富农、中农和其他成分。① 中共中央发现这种倾向后,很快调整了政策,纠正了过火偏向,使得清匪反霸斗争总体取得了较好的效果。清匪反霸斗争的有序开展和大力推进从一定程度上提供了土地制度变革的基本环境,尤其是对农民觉悟的提升,农民干部的培养与选拔具有重要意义。清匪反霸斗争通过净化农村环境,初步改造了农村基础政权,为减租退押运动的有序开展提供了有利条件。这一运动的实质是减轻地主、富农对农民的封建地租剥削,将农村社会关系中存在的不合理押金进行退换,从根本上对封建剥削进行了批判与否定。

新解放区减租政策,最早见于 1949 年 9 月 15 日中共中央华东局制定的

---

① 莫宏伟:《苏南土地改革研究》,合肥工业大学出版社 2007 年版,第 149 页。

《华东新区农村减租暂行条例(草案)》,《条例》规定了地主、富农等出租的土地地租额应减低 25%—30%。1950 年 2 月 28 日政务院发出《关于新解放区土地改革及征收公粮的指示》,对所有新解放区进行新的部署,要求在本年度秋收之前,采取减租政策而不进行土地分配改革。在实行分配土地前,地主减租后向农民收租仍是合法的。在 1950 年 7 月前,各地减租条例中均未固定退押的办法,但在实际的减租斗争中,有些地区进行了退押斗争。1950 年 7 月 15 日,中共中央对退还押金与债务问题发出了新的指示,并作出了原则性规定。关于退押问题,"在原则上地主应将押金退还给农民",但不应翻老账和计算利息。关于债务问题的处理原则:"农民欠地主的旧债废除,从当地解放以后欠的新债不废,以后借贷自由,利息亦不加限制。"[1]

各大区对减租退押斗争都很重视,颁布的减租退押条例都涉及富农问题。新区的华东、中南、西北、西南四个大区相继颁发了减租条例,其内容大致相同。之后,中南和西北军政委员会发布了《关于农村减租办法》,西南军政委员会颁发了《西南区减租暂行条例》,内容基本类似于华东区的减租条例。

新解放区的减租退押运动从清匪反霸斗争之后逐步展开,大体分为两个阶段。第一阶段,从 1949 年冬到 1950 年 6 月,在华东、中南以及华北稍晚解放的绥远省开展减租运动。第二阶段,从《中华人民共和国土地改革法》颁布到 1950 年冬,是作为新区大规模土改的准备阶段进行的。新区的减租退押运动从 1949 年冬开始到 1951 年 8 月结束,华东地区最先于 1950 年底完成,其他中南、西北、西南地区相继完成。

清匪反霸、减租退押斗争有了较明显成效。在政治上,各地农民都已初步组织起来,建立了农民协会,召开了各界人民代表会议,群众政治觉悟和组织程度普遍提高。军事上,取得了剿匪作战的胜利,迅速稳定了生活秩序。经济

---

① 中国社会科学院、中央档案馆:《中华人民共和国经济档案资料选编:农村经济体制卷 (1949—1952)》,社会科学文献出版社 1992 年版,第 149 页。

上,一定程度上减轻了贫雇农的负担,改善了农民的生活。据中南区的统计,全区减退的租谷和退押的稻谷,折合起来达9亿余斤。① 另据湖北省政府政策研究室1950年对黄陂县方梅区农村② 119个典型户调查,减租后农村各阶级阶层的收入如表3-3:

表3-3　减租后农村各阶级(层)收入统计表

	地主	富农	中农	贫农
减租前每人平均收入(斗谷)	78.7	62.12	43.32	31.78
减租后每人平均收入(斗谷)	51.99	55.67	45.12	36.44
减租后为减租前的百分比(%)	66.06	89.62	104.16	114.66

从表3-3中可以看出,减租退押后,地主收入明显下降;富农由于其封建剥削的部分受到削弱,收入有所下降;中农和贫农的收入都有所增加,贫农的收入增加较多。

经过清匪反霸、减租退押运动的开展,初步削弱了地主、富农的封建剥削,减轻了农民的负担,调动了农民尤其是贫雇农的政治热情,为其后新区大规模土地改革奠定了基础。但是,大规模政治运动的开展,也为之后新区保存富农经济政策执行中的"左"倾错误埋下了隐患。

(三)《中华人民共和国土地改革法》的酝酿和颁布

纵观党领导土地制度改革的全过程,可以发现,基于不同时空范围内的不同土地关系状况以及革命形势,党制定了差异化的土地政策,并高度重视将政策进行法律化。面对新中国成立初期复杂的内外形势,中央需要审慎考虑现实社会发展情况,确立一种新的适于新民主主义经济的土地政策。

---

① 中国社会科学院、中央档案馆:《中华人民共和国经济档案资料选编:农村经济体制卷(1949—1952)》,社会科学文献出版社1992年版,第184页。

② 中央农业部计划司:《两年来的中国农村经济调查汇编》,中华书局1952年版,第259页。

新中国成立初期，毛泽东基于革命形势、国际环境、国内建设需要等考虑，开始酝酿制定《中华人民共和国土地改革法》。其中，如何对待富农问题成为要考虑的重点问题。毛泽东在逐渐形成了保存富农的想法后，在各大区中央局和省、市、区党委范围内进行了意见征询，他强调："不但不动资本主义富农，而且不动半封建富农，待到几年之后再去解决半封建富农问题。请你们考虑这样做是否有利些。"①

3月30日，中共中央就正在拟定的新土地法中的有关问题，再次征求各中央局及有关省委意见。电报共提出十四个问题，其中将近半数与富农问题有关。例如：土改可否分为两个阶段，两个阶段的间隔时间不是几个月，而许是几年？第一阶段的任务确立为中立富农，采取的政策是要求对富农土地财产一律不动，如此无地少地农民能分到多少土地相当于全村平均数的百分之几十？如只分富农出租土地，其余财产一律不动，是否能达到中立富农之目的？照此办法，无地少地农民能分得多少土地，相当于全村平均数的百分之几十？不动富农时，雇工可否不分地，而只适当的改变其工资待遇？富农的财产全部不动，农民分得土地后，生产资金的困难有无办法解决？佃富农是否可以参加农会？可见，中共中央在保存富农经济政策的贯彻和执行问题上，是非常慎重的。此外，还涉及的问题包括土地改革阶段划分问题、高利贷问题、特殊土地问题等。

各中央局和相关省委在得到毛泽东和中共中央的电报后，都很快进行了研究并迅速电复中央。在这些回复中，华东局、西北局、华北局等表示完全同意中央保存富农经济的政策，而中南局的邓子恢则表示了不同的意见，主张对富农的出租土地采取有条件保存的政策。

邓子恢通过召开各种会议对毛泽东和中共中央先后两次征询意见进行了认真讨论和研究，并先后于3月16日、3月25日、4月25日三次致电毛泽东，

---

① 《毛泽东文集》第六卷，人民出版社1999年版，第47页。

对富农的出租土地提出了新的政策,认为应采取"新的中间不动两头平"的原则进行土地改革。①

邓子恢三次致电毛泽东和中共中央,有条件的保留了自己关于保存富农经济政策的态度与意见。在电报中,邓子恢还特别说明:"上述各点,是根据江南实际情况,经过大家研究的一致意见。"②

毛泽东非常重视邓子恢的意见。5月1日,他电复邓子恢并告知饶漱石,就对待富农问题进一步表明了自己的态度,认为"鉴于富农出租地数量不大,暂时不动这点土地影响贫雇农所得土地的数量也不会大,现在我的意见仍以为暂时不动较为适宜"。③ 与此同时,他还让持不同意见的中南局和华东局分别就这一问题起草了各自的土地法草案,便于在中央全会上进行对照讨论。

为了有序推进和有效完成改革任务,中共中央专门召开了土地改革工作会议,在听取与综合不同意见建议的基础上,讨论制定出台新的土地改革法。这次土地改革工作会议参加人员主要是中南局和华东局负责土地改革的领导干部。在会议期间,中南土地改革委员会副主任杜润生向毛泽东再次汇报了中南关于富农政策的提议。毛泽东听完汇报后,再次表明了坚持和要求不动富农的意见。他说:"'富农放哨,中农睡觉,有利生产'。贫农将来分地少有困难,我们有了政权,可以从另外方面想点办法。"④这次土改工作会议讨论的结果,多数人同意中南局的意见,这时将"酌情征购富农土地"中的"征购"改成"征收"。华东局参加会议的同志虽然有所异议,"但也同意基本按中南局提出的方案写。因为那样写,还是比较灵活的,可以根据实际情况,并不是一

---

① 薄一波:《若干重大决策与事件的回顾》上卷,中共中央党校出版社1991年版,第125—126页。

② 中共中央文献研究室:《建国以来重要文献选编》第1册,中央文献出版社1992年版,第209页。

③ 中共中央文献研究室:《建国以来重要文献选编》第1册,中央文献出版社1992年版,第219页。

④ 杜润生:《忆50年代初期我与毛泽东主席的几次会面》,见《缅怀毛泽东》下,中央文献出版社1993年版,第375页。

定要动富农的出租土地"。① 6 月 6 日至 9 日,中共中央七届三中全会对土地改革法做了最后的审议,基本达成了一致。

经过 1950 年 3 月到 6 月的反复讨论,6 月 28 日,中央人民政府委员会第八次会议通过了《中华人民共和国土地改革法》,并于 6 月 30 日由毛泽东主席公布实施。《中华人民共和国土地改革法》宣布"废除封建地主土地所有制,实行农民的所有制,借以解放农村生产力,发展农业生产,为新中国的工业化开辟道路"②。此次土地改革的总路线是:"依靠贫农、雇农,团结中农、中立富农,有步骤地有分别地消灭封建剥削制度,发展农业生产。"③

《中华人民共和国土地改革法》的颁布在社会各阶层中引起了比较强烈的反响。新土地改革法颁布前,中共已在拥有 4500 万农业人口的老区或半老区完成了土地改革,这些地区的土地改革是按照 1947 年的《中国土地法大纲》及其后的补充政策进行的,具体到当时对富农的政策是征收其多余的土地和财产。新土地改革法实行经济上保存富农经济、政治上中立富农的政策,主要是针对拥有 2.5 亿多人口且尚未进行土改的广大新区制定的。因此,已基本完成土改的革命老区和未土改新区的反映有所不同。

1. 已基本完成土改的革命老区的反映

新的土地改革法颁布时,在东北、华北和华东的革命老区,已经完成或基本上完成了土改,因此,巩固已有成果、彻底完成土改是老区面临的任务。

（1）地主

地主阶级的土地在土改中受到的触动最大,因此,他们表面配合,实则暗

---

① 薄一波:《若干重大决策与事件的回顾》上卷,中共中央党校出版社 1991 年版,第 128 页。

② 中共中央党校党史教研室:《中共党史参考资料》第 7 卷,人民出版社 1980 年版,第 79 页。

③ 《刘少奇选集》下卷,人民出版社 1985 年版,第 43 页。

地里用各种手段进行反抗。北平解放后,由于人民政府掌握政权,地主纷纷表示要把土地分给穷人,要拿出粮食来救济穷人。不过,地主私下却做好各种反抗准备。有的通过分家,将大量土地分散成数十亩土地的小农,有的辞退了长工而将土地荒芜,有的在农民中散布恐吓谣言,不允许农民说话。1950 年,朝鲜战争爆发后,一些心怀不满的地主趁机反攻。"有些地主富农分子竟然向贫雇农夺地夺房、索租讨债、烧场焚禾,甚至向村干部和农民积极分子进行报复。一些农民重新失掉土地,有的忍气吞声退出土地,有的贱价卖掉分得的土地。他们的生产情绪受到程度不同的影响。"[1]

（2）富农

在已大部分完成土地改革的老区,反映最强烈的是富农阶层。

已土改或基本完成土改地区的富农由于自身多余的土地财产被征收,大多有埋怨情绪,有些甚至采取反攻倒算行动。"他们埋怨共产党不公平,埋怨当地干部积极,说那里土改搞早了,使他们吃了亏"。[2] 有些富农无视党的政策,向农民威胁说:"中央颁布了命令,需保护富农,我不是地主,应受保护。"现在"政策变了,地还不退回来吗?"还有一些富农,对过去征收其土地和财产表示种种不满,有的提出要收回已被征收的土地;有的逼农民卖地、还地和退回土改时废除的高利贷;有的将农民从分得的房屋里赶出来。据河北天津专区 5 个县的不完全统计,新土地改革法颁布后的几个月中,共发生富农向农民要地事件 117 起。[3] 其他像河北、察哈尔等省也出现了上述现象,"有些地主富农分子竟然向贫雇农夺地夺房、索租讨债、烧场焚禾,甚至向村干部和农民积极分子进行报复。一些农民重新失掉土地,有的忍气吞声退出土地,有的贱

---

① 薄一波:《若干重大决策与事件的回顾》上卷,中共中央党校出版社 1991 年版,第 135 页。

② 薄一波:《若干重大决策与事件的回顾》上卷,中共中央党校出版社 1991 年版,第 135 页。

③ 杜润生:《中国的土地改革》,当代中国出版社 1996 年版,第 289 页。

价卖掉分得的土地。他们的生产情绪受到程度不同的影响"。① 山东也出现了许多地主、富农破坏土地改革的事件,如临城部分不法地主富农就出现了破坏土地改革,造谣惑众夺回土地财物的事件。②

当然,中共中央在新土地改革法公布前,就曾估计到可能出现这种情况。中共中央华北局提前发出了《关于执行中华人民共和国土地改革法与保护过去土改成果的指示》,指出:"已土改区动了富农多余土地财产是对的、合法的。必须坚决保护农民已得的土地财产不受任何侵犯。如有地主和富农趁机夺地夺财者,就是侵犯地权,就是犯法行为,依法应加处分,并彻底粉碎任何地主和旧富农的反攻阴谋。""在华北未土改地区一部分贫农因热望土地,听到不动富农土地时,暂时可能有失望与不满情绪,应进行具体深入地解释教育。""党内具有地主和富农思想的分子,可能乘机抬头,曲解党对富农的新政策,领导上对此应有所警惕。"各地认真执行这一规定,例如,中共河北省委在广泛宣传这一政策时,明确宣布:"所有夺回的土地房屋一律退还农民,对过去征收富农的财产,无论已分、未分,明确一律有效。"同时还提出,对于违法夺地、夺房情节严重的富农,则给予严肃处理。③ 华东军政委员会也于1950年9月19日通过了《华东惩治不法地主暂行条例》,保障了土地改革的顺利进行。

(3)中农和贫雇农

大部分中农和贫雇农表示了热烈的欢迎。贫农曾献亮在给别人帮短工,听到土地改革法公布的消息,马上就找到村干部问土地改革法的内容。他说:"天天盼,今天可真盼到了。我在春天就买下了大粪五百斤,准备分地后用。

---

① 薄一波:《若干重大决策与事件的回顾》上卷,中共中央党校出版社1991年版,第135页。
② 《临城不法地主富农破坏土地改革造谣惑众夺回土地财物,县府已指示各区依法惩办》,《大众日报》1950年10月15日。
③ 中共河北省委:《对地富反攻处理情况给华北局的报告》(1950年8月13日),转引自杜润生:《中国的土地改革》,当代中国出版社1996年版,第290页。

这以后我家五六口人,再不能光种九分地了。"该村中农曾献元说:"过去虽听说不动中农,可是心里总不这样踏实。这回看了土地改革法可算放心到底了。"富裕中农赵长庆也说:"这个土地改革法叫人人有地种,都过好日子,哪个不欢喜、拥护?我过去认为土地改革没有中农的事,对土改不大关心。这回看了土地改革法才明白,土地改革不光是贫农的事,是农民大伙的大事。"①

少数中农尤其富裕中农存在着怕"冒尖"的顾虑。他们害怕以后还会来一次土改平分,"在生产上'多做点,吃好点,少做点,吃赖点'的思想,仍或多或少的存在"。②

少数贫雇农和基层干部有抵触情绪,对不动富农的土地财产感到失望。这主要是因为他们受到过去土地革命和老区平分土地的影响,期望新中国成立后的土地改革也能像过去那样来一次打乱平分。"这些思想问题,经过深入的政策教育,大多得到了解决。当然也有少数贫雇农和基层干部经过说服教育也不理解,因此他们在实际工作中就拔高成分,把本应定为富农或富裕中农的人定为地主。"③如天津专区有些干部和贫农对保存富农经济政策认识不够,因此对政策宣传不积极,或有单纯分土地思想,对保存富农经济存在抵抗情绪。④

2. 未土改新区的反映

《中华人民共和国土地改革法》主要是针对广大尚未进行土地改革的新区制定的,其保存富农经济等内容比以前的土改政策宽松很多,因此新土地改革法的颁布受到新区大多数阶层人们的欢迎,当然也有一部分怀疑和

---

① 《土地改革法像喜帖,山东历城县张马村农民争着传看,中农富农放心生产》,《人民日报》1950 年 7 月 9 日。

② 中共冀中党委:《结束土改总结》(1949 年 3 月 10 日),河北省保定市档案馆,档案号1-2-5。

③ 薄一波:《若干重大决策与事件的回顾》,中共中央党校出版社 1991 年版,第 135 页。

④ 《天津专区各县深入宣传保存富农经济政策》,《人民日报》1950 年 8 月 24 日。

抵抗的行为。

（1）地主

土地改革法颁布后，地主阶级一般采取或积极或消极的办法进行抵抗。一般地主由于认定自己运数将尽，通过转移分散资产消极抵抗。最普遍的办法是大吃大喝，变卖和分散家里财产，宰杀耕畜，砍伐森林等。特殊顽固分子破坏生产工具和自己房租，制造谣言甚至组织暴动。一些狡猾的地主假装积极参加土改，暗地里却打听消息，等着找政策的空子钻。部分中小地主认为土改后会松一口气，希望"早过关"，"早剃头早凉快"，"长痛不如短痛"。如湘阴十区义合乡刘姓地主说："土改好，给我一份，我决心以劳动维持生活"。①

（2）富农

高兴地拥护土改。由于新土地改革法实行保存富农经济的政策，因此新区的大部分富农都非常高兴。他们说："从前说富农不动以为是欺骗我们，今天土改法公布，才相信是真的"，"这个办法好"。湖南湘阴十一区新通乡富农王佑香对农会主席说："我今年听了一些鬼话（指谣言），搞得田里少收十多石谷，真是吃了亏！"又说："人民政府的土地改革法真是条条合理的！"②天津县青光村富农石玉超，1949年因怕土地改革，卖掉了牲口，把长工解雇了，地里庄稼不上粪、不锄草，大部土地荒芜起来，并终日大吃大喝。但在土地改革法公布并知道保存富农经济的政策后，生产便积极起来，立即雇了长工，并买了一头大骡子，省吃节用。富农杨士善也买了牲口，雇了长工，并把藏到女儿家的财物取了回来。静海县付君庙富农安建富，新土改法颁布后全家男女天天早起晚睡，下地生产，把扔了三年的破车也收拾好了。夏征时，他很快就交齐了公粮。③

---

① 中国社会科学院、中央档案馆：《中华人民共和国经济档案资料选编：农村经济体制卷（1949—1952）》，社会科学文献出版社1992年版，第104页。

② 中国社会科学院、中央档案馆：《中华人民共和国经济档案资料选编：农村经济体制卷（1949—1952）》，社会科学文献出版社1992年版，第107页。

③ 《天津专区各县深入宣传保存富农经济政策》，《人民日报》1950年8月24日。

对政策怀疑。有些富农存有疑虑,不相信真的不动富农和长期不动富农的政策,担心三年之后还会重新土改。他们认为"现在不动,将来征起粮食来就动","共产党规定有步骤的消灭封建,一定是第一步斗地主,第二步斗富农"。有的富农担心将来土改后负担重,认为"现在保存,将来当头等户,负担重,倒不如现在打乱分了"。① 有的富农听说要"征收其出租的土地的一部或全部",恐怕抽出自己的好地,也疑惧不安。如湖北省浠水县在分田前,大部分富农恐慌,"对政策不摸底,表面上都愿拿出田来,摘下富农帽子,若干富农进行着一些犹豫不定的防御的活动,如要卖土地,缩小生产,解雇等,据麻桥四个村统计,富农九十三户有田五千六百八十一石,其中四十八户卖田七百零一石,约占百分之十二,团陂三个村富农土地二千三百七十二石,卖去一百四十石,约占百分之六"。②

（3）中农

中农对于土地改革法中保存富农经济的规定,普遍表示欢迎,但也有少部分袖手旁观或有意见的。

大部分持欢迎态度。中农在听到新的土地改革法关于保存富农经济的规定后,打消了怕自己将来变成富农而被平分的顾虑,生产开始积极起来。有的中农愉快地说:"富农都不动了,我们睡觉都安稳。"③有的中农说:"人家也劳动,不动是对的。""富农都不动,我们更安心。"④天津县小淀村中农王大勇说:"不动富农了,咱们中农就更保险了,往好里过吧!"青光村中农朱广来,被民兵借去了一石粮食,便把过日子的心也散了,每次赶集买肉吃,故意浪费。

　　①　中国社会科学院、中央档案馆:《中华人民共和国经济档案资料选编:农村经济体制卷（1949—1952）》,社会科学文献出版社 1992 年版,第 107 页。
　　②　中南军政委员会土地改革委员会编:《土地改革重要文献与资料（1950 年 9 月）》,北京大学图书馆,第 57 页。
　　③　中共浙江省委:《关于三个地区各阶层对土改法的反映》（1950 年 7 月 29 日）,转引自杜润生:《中国的土地改革》,当代中国出版社 1996 年版,第 290 页。
　　④　薄一波:《若干重大决策与事件的回顾》,中共中央党校出版社 1991 年版,第 134 页。

后来归还了他的粮食,政府工作人员又深入宣传土地改革法,及生产政策之后,他吃用节省起来,并很后悔过去的浪费,在生产上也表现得很积极。夏征中,他成了缴粮的骨干分子。静海县慈儿庄,经过村支部的宣传和党员实际行动的影响,中农消除了"怕冒尖"的顾虑。该村 1950 年共增添大车八辆,牲口三头,和很多农具。并有十四户农民买了七十九亩地。全村秋苗早已锄过四遍,家家比赛过好日子。① 又如湖北浠水县土改过程中只动富农出租土地的做法,首先获得中农的良好反映。他们消除了生产上的顾虑。桃园村中农饶利兵的母亲说:"现在我可放心了,我们是中农,前面还有人(指富农)哩!"②

少数袖手旁观,抱着无所谓的态度。例如,无锡县一个中农对他的儿子说:"他们叫你开会你就去,不要多嘴,我们也无啥好分。"③湘阴县的一个中农说:"我这个垸子土改无分田,分担公道就行了。"一个富裕中农说:"我有田 32亩,因两年水灾,没法子过去了。土改也好,不土改也好,反正靠年成,只要不溃堤就有办法。"④

(4)贫雇农

新土地法颁布后,贫雇农绝大部分兴高采烈,表现积极,但也有少部分人想不通,有的有宿命论思想。

大部分贫雇农兴高采烈、表现积极。贫雇农占农村人口的大多数,却占有很少的土地。因此,新的土地改革法颁布后,贫雇农最为兴奋。

有的贫雇农对不动富农想不通,认为不动富农穷人就不能真正翻身。有些贫雇农相信现在不动将来早晚要动,他们有的说:"不动富农的田,还是换

---

① 《天津专区各县深入宣传保存富农经济政策》,《人民日报》1950 年 8 月 24 日。
② 《从浠水县的实验土改看今后保存富农经济的政策》,《人民日报》1950 年 8 月 24 日。
③ 莫宏伟:《新区土地改革时期各阶层思想动态述析——以湖南、苏南为例》,《广西社会科学》2005 年第 1 期。
④ 中国社会科学院、中央档案馆:《中华人民共和国经济档案资料选编:农村经济体制卷(1949—1952)》,社会科学文献出版社 1992 年版,第 107 页。

汤不换药","不动富农,为什么要称共产党?"有的说:"现在打击面不要太大,先搞地主,再搞富农"。① 例如,湖南有些贫农发牢骚说:"不动富农,穷人翻身翻半边",甚至提出:"将富农提成地主成分,我们就可以分田了。"②长沙合丰乡农会主席说:"毛泽东何必这么麻烦呢,一次分掉不就算了?"③这主要体现了农民的传统平均主义思想。

（四）有步骤、有领导、有秩序地开展新区土地改革运动

为了顺利完成新中国成立后新区的土地改革,中国共产党采取调动一切积极因素,组成反封建的土改统一战线。为此,毛泽东强调:"大家多研究,多商量,打通思想,整齐步伐,组成一条伟大的反封建统一战线。"④通过有步骤、有领导、有秩序地开展新区土地改革运动,为国民经济迅速恢复和发展奠定了基础。

新区土地改革前,中共中央特别重视土地改革运动的组织和领导工作。一是先后成立了中央和各大区的土地改革委员会。1950年6月,中共七届三中全会批准成立了以刘少奇为首,由彭德怀、习仲勋、王震、刘伯承、邓子恢、黄克诚、饶漱石、叶剑英、彭真、刘澜涛组成的土改问题委员会。地方各大区土改委员会也先后成立,其中谭震林被任命为华东军政委员会土地改革委员会主任,李雪峰被任命为中南军政委员会土地改革委员会主任,习仲勋被任命为西北军政委员会土地改革委员会主任,张继春被任命为西南军政委员会土地改革委员会主任。土地改革开展以各级人民政府及其所组织的土地委员会和各

① 中国社会科学院、中央档案馆:《中华人民共和国经济档案资料选编:农村经济体制卷(1949—1952)》,社会科学文献出版社1992年版,第106—107页。

② 新华社中南分社:《广西各阶层对土地改革法的反映》(1950年11月30日),转引自杜润生:《中国的土地改革》,当代中国出版社1996年版,第292页。

③ 中国社会科学院、中央档案馆:《中华人民共和国经济档案资料选编:农村经济体制卷(1949—1952)》,社会科学文献出版社1992年版,第105页。

④ 《毛泽东文集》第六卷,人民出版社1999年版,第80页。

级农民代表大会所选出的农协委员会来直接指导执行,县以上和县以下党的各级委员会为各级农民协会的党组,这就保障了党的单独领导。① 二是组织土改工作队。一方面通过 1950 年 6 月开始的第一次整风运动,整党和整训干部,严肃了干部队伍的工作纪律,增强了党员的政治觉悟和组织凝聚力。另一方面鼓励各民主党派和党外知识分子参加土地改革,使他们在实际革命斗争中经受考验和教育。三是要求领导干部深入土改第一线。中南土改委员会提出"大员上前线",要求县级以上的负责干部亲自出马指挥,真切了解实情,带头深入指挥。

新区土地改革的方法和步骤一般分为四个阶段。一是土改发动阶段。此阶段以反破坏、反分散、反抵抗为中心,达到打倒恶霸、镇压反动、反动群众、整顿队伍和培养干部的目的。二是划分阶级阶段。通过依靠贫雇农、团结中农、中立富农,通过讲阶级、评阶级、通过阶级和批准阶级四个步骤划分出地主成分。三是分配财产和土地阶段。作为土改中最复杂和剧烈的步骤,对一般中小地主和守法地主采取先留后分原则,对恶霸地主和不法地主采取先查封没收后酌量给予原则,对没收财产采取缺啥补啥,缺多多补,缺少少补,不缺不补的原则。四是确定地权阶段。通过追缴地主田契借约,当众清点和烧毁,然后由政府确定新分得土地的所有权。

新区土地改革政策也在实践中经历了一个逐步完善的过程。土地改革初期,受到革命年代政策的影响,土改中对待地主和富农的人身财产方面出现了一些过左的现象。但是,很快中央和各大区出台了一系列政策进行调整完善。如对小城镇中地主多余房屋,规定"原由工业使用者及不适合农民居住者,均予保护不动"。关于收获物的分配,规定"土地分配后,一般应仍由原耕者继续经营,加工施肥,而于收割后,由原耕者以收获物之三成给新分地户,作为使

---

① 中国社会科学院、中央档案馆:《中华人民共和国经济档案资料选编:农村经济体制卷(1949—1952)》,社会科学文献出版社 1992 年版,第 189 页。

用土地之报酬"。① 另外,中共中央还对划分农村阶级成分政策进行了完善,于 1951 年 3 月 7 日颁布了《关于划分农村阶级成分的补充规定(草案)》,使得各大区划分阶级成分政策有了统一标准。

在土地改革中,国家通过没收地主阶级多余的土地和其他生产资料分配给农民。到 1952 年底,全国土地改革基本完成,中国 3 亿多无地或少地的农村居民获得了近 7 亿亩土地和其他生产资料,成为个体经济。根据个体经济的特点,中国共产党在农村实行自主经营、自负盈亏的收入分配政策。这次土地改革的影响是空前的,不仅消灭了封建地主土地所有制,改变了过去地主和农民收入差距悬殊的现象,而且广大贫雇农还通过分得的土地和其他生产资料改善了生产和生活条件。

二、土地改革中有中国特色的
保存富农经济政策

新区土地改革中保存富农经济政策的制定,既吸取了苏联富农政策教训的前车之鉴,又是中央领导层内部多次讨论的结果。新区土地改革从新土地改革法颁布到 1952 年底基本结束,经历了不到两年的时间。各地保存富农经济情况是存在差异的,华东区和西北区执行保存富农情况较好,中南区和西南区则对富农打击较为严重,这其中既与地区客观情况存在差异有关,也与大区领导人的思想不同和基层干部与群众情况不同有关。在土地改革中,由于各基层情况不同,对保存富农经济的态度和做法也存在较大差异。

---

① 中国社会科学院、中央档案馆:《中华人民共和国经济档案资料选编:农村经济体制卷(1949—1952)》,社会科学文献出版社 1992 年版,第 254—258 页。

（一）新区土改前富农经济的分布情况与存在特点

1.分布概况

中国近代富农的土地占有状况如何,一直缺乏完备的统计资料。直至 20 世纪二三十年代才开始有了局部的、较为科学的调查资料。此后,在不同时期的革命斗争中,各地做了大量的农村调查。

全国解放前后,大规模土地改革的调查,尤其是对农村土地占有关系的调查,逐步普遍深入地展开。1952 年 8 月国家统计局成立后,根据各地区的调查资料,对全国土地改革前各阶级阶层占有土地的情况进行了统计,具体情况见表3-4①:

表3-4　全国土地改革前各阶级(层)占有土地情况统计表

阶级（层）	占总户数的 比例(%)	占总人口的 比例(%)	占总耕地的 比例(%)	每户平均占 有耕地亩数	每人平均占 有耕地亩数
地主	3.79	4.75	38.26	144.11	26.32
富农	3.08	4.66	13.66	63.24	9.59
中农	29.2	33.13	30.94	15.12	3.05
贫雇农	57.44	52.37	14.28	3.55	0.89
其他	6.49	5.09	2.86	6.27	1.83

从表3-4 可以看出,占总户数 6.87%、总人口 9.41%的地主、富农,占有全国耕地总面积的 51.92%(这也打破了多年来在学术界、政界流行的观点,认为旧中国"约占 10%的地主富农,占有全国 60%到 80%的土地");富农占总户数的 3.08%,总人口的 4.66%,占有 13.66%的耕地,每人平均 9.59 亩,是中农平均占有数的 3 倍多;占有总户数 57.44%的贫雇农只占有全国 14.28%的耕地,人均仅 0.89 亩。

---

① 中国社会科学院、中央档案馆:《中华人民共和国经济档案资料选编:农村经济体制卷(1949—1952)》,社会科学文献出版社 1992 年版,第 410 页。

为准备新区土地改革,各大区和各省市都进行了农村阶级关系的调查(东北地区、华北的大部已完成土改)。这些农村调查资料,是我们研究新中国成立后富农在农村存在状况的基础。现根据各省土改档案及农村调查资料,具体分析富农在全国各地的土地占有状况。

(1)华东地区

按当时区划划分,包括山东、苏南、苏北、皖南、皖北、浙江、福建 7 个省区和上海、南京两市,约有 1.1 亿农业人口,新中国成立前,约有 4500 万农业人口的老解放区完成或基本完成了土地改革,尚有约 7000 万农业人口的新区没有实行土地改革。

土改时,华东军政委员会对华东苏南、浙、皖、闽 6 市 235 县 1722 个乡进行了调查统计。在这些地区,占农户总数 5%的地主、富农占有 33%的耕地,其中富农占总户数的 2.25%,占有 7.21%的土地。这些地区有半地主式富农 50924户,占这些地区总户数的 0.32%;人口数共 27112 人,占总人口数的 0.41%;土地共 1952643.21 亩,占总土地数的 1.37%,每人平均占有土地 7.20 亩;有富农306061 户,占总户数的 1.94%;人口 1794629 人,占总人口数的 2.75%;共占有土地 8321251.86 亩,占总土地的 5.84%,每人平均占有土地 4.64 亩。[①] 以上数据是江、浙等省土改委员会实际调查的结果,包括的范围很广,皆有代表性。

(2)中南地区

按当时区划包括河南、湖北、湖南、江西、广东、广西 6 个省及广州、武汉 2市,约有农业人口 1.53 亿人。新土改法颁布前,河南约有 1600 万农业人口地区在 1950 年春季完成土改,未完成土改的还有约 1.3 亿多农业人口的地区。

新中国成立初期,中南军政委员会对湘、鄂、豫、赣、粤、桂 6 省的典型地区进行了调查。根据各省一部分典型地区调查,如以地主、富农田地占全部耕地50%以上者,为土地集中地区,30%—50%者为土地集中程度一般地区,30%以

---

① 参见华东军政委员会土地改革委员会:《华东土地改革成果统计(1952 年 12 月)》,转引自何东:《中国共产党土地改革史》,中国国际广播出版社 1993 年版,第 402—403 页。

下者为土地分散地区,可以分成三种不同类型的地区。在对中南 6 省 97 县 100 个典型乡的调查中:第一类有 41 乡属于土地高度集中区,这里地主、富农田地最多,占农户 7% 的地主、富农,据有 60% 以上的耕地。而占农户总数 67% 的中农、贫农和雇农,仅仅占有 21% 的耕地。第二类有 44 乡属于一般土地集中区,在这里,占农户总数 6% 的地主富农,占有 27% 的土地。而中农、贫农、雇农合计占农户的 77%,只有 51% 的土地。第三类 15 乡属于土地占有分散区,在这 15 乡里,占农户 5% 左右的地主富农,只有 25% 的土地。以上土地占有数据是中南 6 省土改委员会在 6 省 97 县 100 个典型乡抽样调查结果。在这 100 个乡里,共有农户 56499 家,221315 人,耕地 539265 亩。其调查的 100 个乡,均具有典型代表性,调查数据可以反映中南 6 省三种不同的土地分配情况。[①] 据统计,富农在中南 5 省(湘、鄂、豫、赣、粤)一般占总人口的 5% 左右,占有土地 15% 左右,每人平均占有土地的平均数约相当于当地平均数的 250% 左右,有的地方超过 300% 以上,个别地区也有不及 200% 的。[②]

(3)冀、鲁、绥 3 省 55 县

据土地改革时期的调查,在河北、山东、绥远 3 省 2000 多个乡里,地主、富农占农户总数 6%,占有 27% 的耕地。其中,富农占总户数的 3.38%,占有 8.61% 的耕地。中农、贫农、雇农占农户总数的 88%,占有 71% 的耕地。关于山东省土地占有状况的数据,是根据山东省农村经济调查委员会编写的《山东农村经济调查资料汇编》(1952 年),这份调查资料包括老区、半老区及新解放区,重点是土改前后山东省二十多县农村阶级的变化。调查的数据可以反映山东全省土地占有关系。绥远省的土地分配,也是根据 1952 年绥远省农民协会编写的《土地改革基本情况统计表》得出的。这些数据都是可靠的。

---

① 中南区土地改革委员会编:《中南区六省九十七县一百乡调查统计表(1953 年 2 月)》,转引自何东:《中国共产党土地改革史》,中国国际广播出版社 1993 年版,第 400 页。
② 中国社会科学院、中央档案馆:《中华人民共和国经济档案资料选编:农村经济体制卷(1949—1952)》,社会科学文献出版社 1992 年版,第 75 页。

（4）西北地区

包括陕西、甘肃、宁夏、青海、新疆5个省,总人口约3000万。1950年6月,《中华人民共和国土地改革法》颁布时,全区约450万人口的陕西、甘肃、宁夏3省的老解放区和半老区已完成土地改革,还有约2500万人口的新区尚待实行土地改革。

西北军政委员会对陕、甘、宁、新4省中的69县4000余乡土地占有情况进行了调查统计。据调查,在以上4000余乡里,地主、富农占农户总数的7%左右,占有35%的耕地。其中,富农占总户数的2.62%,占有12.25%的土地。中农、贫农、雇农占农户总数94%,占有64%的耕地。[①] 以上数据是根据土改时期各省农村工作部的典型调查统计出来的,可以反映西北地区的基本情况。

（5）西南地区

按当时的区划包括四川、云南、贵州、西康4省及重庆市(西藏未计算在内),总人口约8400万人。全区除四川北部的通江、南江、巴中等县部分农村进行过土地改革外,其余均属新区。

据中共中央西南局农村工作部统计,在四川、西康、云南、贵州4省532县13477乡中,占农户7%—8%的地主、富农,占有50%以上的耕地。其中,富农占总户数的2.68%,占总土地的8.7%。而占4省农户总数77%的中农、贫农和雇农,仅仅有40%多一点儿的耕地。[②] 以上是中共中央西南局农村工作部调查的结果,占4省农村人口81%以上,包括土地1亿6千多万亩,占4省土地总数90%以上。以上数据完全可以反映川、康、滇、黔4省土地占有的实际情况。

综合以上全国各地的典型调查资料,可以看出全国土地占有大体有三种不同情况。第一类是土地占有相对集中的地区,包括中南区约45%的区域、西南的四川省大部、华东的部分老解放区。在这类地区,占人口总数不到

---

① 乌廷玉:《旧中国地主富农占有多少土地》,《史学集刊》1998年第1期。
② 中共中央西南局农村工作部编:《西南地区土地改革资料选编》下(1954年1月),转引自何东:《中国共产党土地改革史》,中国国际广播出版社1993年版,第401页。

10%的地主、富农占有全部耕地的50%—70%。第二类是土地占有程度一般的地区,包括中南区约40%左右的区域、西南区除四川外的其他省份、华东的安徽省、华北老解放区的大部分地区。在这类地区,不到人口总数10%的地主、富农,占有耕地总数的30%—50%。第三类地区是土地占有相对分散的地区,包括中南约15%的区域、华东的福建省、西北的一部分地区。在这类地区,占人口总数不到10%的地主、富农,占有耕地总数的20%—30%。

根据以上统计,我们还可以得出结论:占全国农户6%—10%的地主富农,占有28%—50%的耕地;全国各地土地占有集中与分散程度的差异,主要在地主所占耕地数量的多少;富农在不同区域的户数、人口虽有一定差异,但所占耕地的比例相差不大,人均占有耕地数为当地平均数的2至3倍。

2. 生存特点

根据各地调查资料,富农主要通过三种方式进行生产经营。

其一是自己耕种和雇工经营。富农一般拥有较多、较好的土地,其人口和劳动力也较多,并且有较多的生产工具和较多的活动资本。富农一般都参加生产劳动,耕种自己拥有的和佃入的土地。以上情况在全国各省、县、区、乡皆有,存在较为普遍。在中南区,根据湖南5个乡的调查,约占5%的富农,占有农村10%的房屋(相比中贫农的草房,多为砖瓦房)、20%的牲畜,并且多有放贷。[1] 富农占有较好的生产资料。根据对长沙明望乡、黎托乡、秋塘乡及湘阴县和丰乡、邵阳县震中乡等5个乡的调查,富农皆占有耕地20%左右,其他如水车、犁、耙等农具亦较齐全。[2] 华东的苏南区,土地改革前对16个县964个乡的调查,富农自耕和雇工经营的土地占70%以上。[3]

---

① 中南军政委员会土地改革委员会:《中南区五省农村阶级关系与特殊土地问题资料》(1950年5月20日),湖北省档案馆,档案号ZVB-61。

② 人民出版社编辑部:《新区土地改革前的农村》,人民出版社1951年版,第32页。

③ 华东军政委员会土地改革委员会编:《江苏省农村调查》,1952年版,内部印行,第7页。

富农占有或者佃入土地较多,而劳动力又不足就需要雇工耕种。如在华东区,据苏南 18 个县 30 个乡的调查统计,富农雇入长工、月季工、牧童的户数占富农总户数的 55.27%。① 浙江省富农的土地,也多是雇工经营。在临安专区 36 个典型村里,富农共有耕地 2881 亩,雇工耕种 1437 亩,占总数的 51%。在嘉兴县唐汇乡 41 村中,富农共有耕地 950 亩,雇工经营 791 亩,占总数的 82%。在绍兴县临湖乡 4 个村里,富农有耕地 565 亩,雇工经营 185 亩,占总数的 32%。在衢县白渡乡,富农有土地 627 亩,雇工经营 273 亩,占总数的 61%。② 在安徽省当涂县连云保,4 户农民有耕地 196 亩,雇长工 30 人经营。③ 在蒙城、阜阳、涡阳、颍上 4 县,富农 140 家有耕地 3778 亩,出租 940 亩,还有 848 亩雇工经营。④ 在中南区。如湖北省富农雇工经营方式,占耕地 9.2%。⑤

其二是出租土地。在中南区,河南约有 30% 的富农户出租土地,约占其所有土地的 35%,鄂、湘、赣 3 省的富农出租土地约占其土地总数的 40% 左右。⑥ 在华东区,苏南富农出租土地占其全部土地的 27%。⑦ 据苏南 16 个县的 964 个乡的统计资料,富农人均出租土地 1.19 亩,约相当于其占有土地的 26.2%。⑧ 苏南 17 个县的 1292 个乡的统计资料表明,富农出租土地

①　中共苏南区委员会农村工作委员会:《苏南土地改革文献》,1952 年版,内部印行,第 548 页。

②　华东军政委员会土地改革委员会编:《浙江省农村调查》,1952 年版,内部印行,第 139—140 页。

③　华东军政委员会土地改革委员会编:《安徽省农村调查》,1952 年版,内部印行,第 112—113 页。

④　华东军政委员会土地改革委员会编:《安徽省农村调查》,1952 年版,内部印行,第 23—25 页。

⑤　中共湖北省委员会农委:《湖北省农村情况与典型调查报告》(1952 年 10 月 12 日),湖北省档案馆,档案号 37-1-3。

⑥　中南军政委员会土地改革委员会:《中南区五省农村阶级关系与特殊土地问题资料》(1950 年 5 月 20 日),湖北省档案馆,档案号 ZVB-61。

⑦　中共苏南区委员会农村工作委员会:《苏南土地改革文献》,1952 年版,内部印行,第 489 页。

⑧　中共苏南区党委农村工作委员会:《苏南 16 个县的 964 个乡土地改革前各阶层占有和使用土地情况统计表》,江苏省档案馆,档案号 3006-永久-150。

占其占有土地的 27.43%,占当地出租土地总数的 4.90%。① 半地主式富农出租了大量土地,其出租的土地已经超过了其自耕和雇人耕种的土地。苏南 17个县的 1292 个乡中,半地主式富农占富农阶层人口的 18.54%,占有富农阶层土地的 22.59%,出租土地占富农出租土地总数的 51.15%,出租土地占其占有土地总数的 62.09%。②

在安徽省的芜湖、铜陵、宣城等 6 个典型村里,富农有田 2011 亩,出租1281 亩,占总数的 63%。③ 在阜阳、怀宁、六安、肥西、来安、涡阳、霍山、滁县、宿县、蚌埠等 10 县的 13 个乡里,富农出租土地占其总数的 16% 以上。④ 在宿松县柳坪乡,富农有耕地 344 亩,出租 201 亩,占总数的 58%。⑤ 福建省福安县南塘保,富农有耕地 114 亩,出租 80 亩,占总数的 70%。⑥ 在古田县七保村,富农有耕地 39 亩,出租 36 亩,占总数的 91%。⑦ 山东省的莒南、赣榆县 3个区,富农出租土地占其总数的 8%。⑧ 在沭水及临沭 2 县 3 个区,富农有耕地 707 亩,出租 429 亩,占总数的 60% 以上。⑨

---

① 中共苏南区党委农村工作委员会:《苏南 17 个县的 1292 个乡土地改革前各阶层占有和使用土地情况统计表》,江苏省档案馆,档案号 3006-永久-158。

② 中共苏南区委员会农村工作委员会编:《苏南土地改革文献》,1952 年版,内部印行,第503 页。

③ 华东军政委员会土地改革委员会编:《安徽省农村调查》,1952 年版,内部印行,第78 页。

④ 华东军政委员会土地改革委员会编:《安徽省农村调查》,1952 年版,内部印行,第25—26 页。

⑤ 华东军政委员会土地改革委员会编:《安徽省农村调查》,1952 年版,内部印行,第57 页。

⑥ 华东军政委员会土地改革委员会编:《安徽省农村调查》,1952 年版,内部印行,第62 页。

⑦ 华东军政委员会土地改革委员会编:《安徽省农村调查》,1952 年版,内部印行,第72 页。

⑧ 华东军政委员会土地改革委员会编:《山东省农村调查》,1952 年版,内部印行,第15 页。

⑨ 华东军政委员会土地改革委员会编:《安徽省农村调查》,1952 年版,内部印行,第56 页。

在中南,根据对河南、湖北、湖南、江西、广东5省典型地区的调查,总体情况不一。江南农村出租土地数量极大,根据各省一部分村庄调查皆占全部土地的40%—50%;各阶级出租土地占出租地的比例,地主、公田约占60%(特别集中地区有的到90%),富农约占10%左右,农民及其他职业者约占10%—20%;各阶级租入土地占全部租入度比例,根据湖北省3个村材料,贫农约占80%以上,中农约占10%—20%,富农所占不到10%,其他职业者不到1%。①(表3-5)具体到中南区农村各地的富农,有许多是出租土地的。据河南13县32个村的调查,在422户富农中,出租土地的达141户,占总户数的33%,出租土地占其土地数的35%。据湖南长沙等3个县15个保的调查,富农户数共计256户,其中有48%的户出租土地,出租土地占其全部土地数的42%。江西上犹黄沙乡富农的封建性更为浓厚,28户富农,共有土地1979.8亩,仅自耕1001亩,雇长工15个,其余则全部出租,28户中仅只有1户没有出租,放高利贷者则有18户,地租与高利贷的剥削收入差不多要占其全部剥削收入的2/3,其中出租土地超过其自耕及雇人耕种之土地者有14户,即所谓半地主式的富农。②

表3-5　五省各阶层出租土地比较表

地区	租佃地占全村地百分比(%)	各阶层出租土地占全部出租土地百分比(%)			
		地主	富农	公田	农民及其他
江西宜春一村	47.50	55.80	9.82	17.25	17.15
湖北麻城三村	41.00	56.50	7.67	—	35.83
湖北九个典	—	—	—	—	—
湖南昭阳三个保	42.70	73.50	15.30	—	11.2
河南三村(潢川地区)	58.00	59.80	21.20	—	19.00
广东中山一村	50.20	地主与公田90.50	1.20	—	—

①　中南军政委员会土地改革委员会:《中南区五省农村阶级关系与特殊土地问题资料》(1950年5月20日),湖北省档案馆,档案号ZVB-61。

②　人民出版社编辑部:《新区土地改革前的农村》,人民出版社1951年版,第31—32页。

表3-6　湖北三个村租佃情况调查表

地区	出租土地占全村土地百分比(%)	各阶级出租、租入土地百分比(%)									
		地主		富农		中农		贫农		其他	
		占出租土地百分比(%)	占租入土地百分比(%)	占出租土地百分比(%)	占租入土地百分比(%)	占出租土地百分比(%)	占租入土地百分比(%)	占出租土地百分比(%)	占租入土地百分比(%)	占出租土地百分比(%)	占租入土地百分比(%)
黄陂新义村(集中村)	66.50	79.57	0.02	3.60	0.05	6.20	11.20	0.70	88.00	11.30	0.02
黄陂县石桥村(一般村)	36.00	50.00	—	14.80	—	14.10	11.50	0.35	88.00	19.70	0.50
武昌县黄土坡(分散村)	20.60	38.40	—	11.40	0.19	10.10	17.00	4.65	79.50	26.80	3.20

根据中南五省土改前的调查,综合中南区富农占有及出租土地的情况见表3-7[①]:

表3-7　中南区富农占有及出租土地情况表

地区		富农人口百分比(%)	土地百分比(%)	富农每人平均土地占全村每人平均土地百分比(%)	出租土地占其全部土地百分比(%)
各省综合材料	湖北九村	6.04	11.54	191	40.50
	湖北二十八村	4.91	11.95	242	40.60
	湖北二十五个村	7.67	17.50	228	—
	河南三十二个村	5.49	11.40	204	35.80
	江西十二个村	5.14	11.20	217	—
	江西苏区七个村	3.97	8.37	210	—
	江西非苏区五个村	6.95	17.02	245	—

---

① 中南军政委员会土地改革委员会:《中南区五省农村阶级关系与特殊土地问题资料》(1950年5月20日),湖北省档案馆,档案号 ZVB-61。

续表

地区		富农人口百分比（%）	土地百分比（%）	富农每人平均土地占全村每人平均土地百分比（%）	出租土地占其全部土地百分比（%）
土地集中区	湖南滨湖区四个保	3.21	7.21	223	59.60
	湖南丘陵六个保	5.68	18.50	326	—
	湖南山区四个保	3.92	12.30	321	—
	广东龙川一村	8.48	16.30	194	—
	湖北三村	7.74	12.34	159	37.70
	河南三村	7.39	21.20	286	52.40
	江西非苏区一村	14.05	28.00	199	—
	江西苏区一村	7.50	17.40	232	—
土地一般区	湖北三村	4.55	12.30	270	57.20
	河南三村	6.61	13.40	203	16.70
	江西非苏区四个村	5.06	13.20	262	—
	江西苏区五个村	3.31	6.84	206	—
	湘西一村	7.00	17.60	252	18.90
土地分散区	湖北三个村	4.60	10.50	236	19.89
	河南三个村	6.52	11.80	181	36.30
	江西非苏区十个乡	6.70	13.40	200	—
	江西苏区一个乡	4.70	10.40	217	17.30

根据以上统计材料可以看出：富农在中南区农村，一般占人口5%左右，占有土地15%左右；富农占有的土地以富农每人平均数来看，一般是相当于当地每人平均数的250%左右，个别的也有不及200%者，有些地区则超过300%以上；富农出租土地者，在河南，约有富农户数30%，在湖北、湖南、江西三省则皆在50%以上，有的多至富农户数2/3，其出租土地占其所有土地，河南约35%，湖北、湖南、江西则在40%左右。

其三是借贷情况。根据各地典型调查资料的统计，富农由于生活中有一定剩余,在日常生活中普遍存在着借贷情况。如中南区,"富农放债者,为数亦极大,河南有 25% 的富农户放债,湖北约有 40%,湖南、江西约有 50% 至 70%"。表 3-8 是对湖北洪山驿两个典型乡三个阶层借贷情况的调查统计:

表 3-8　湖北洪山驿两个典型乡三个阶层借贷情况统计表

	武腾乡					阳新乡					两乡合计				
	总户数	借出户		借入户		总户数	借出户		借入户		总共户数	借出户		借入户	
		数量	占比(%)	数量	占比(%)		数量	占比(%)	数量	占比(%)		数量	占比(%)	数量	占比(%)
雇贫农	127	29	22.8	52	40.9	208	43	20.7	5.6	28.3	335	72	21.4	108	32.2
中农	34	12	35	6	17.6	90	14	20	16	22.8	104	26	25	22	21.2
富农	9	2	22.2	—	—	13	2	15.4	3	23	22	4	18.1	3	13.6
合计	190	43	25.3	38	34.1	291	59	20.29	95	25.9	461	102	22.1	113	24.5

从表 3-8 可以看出,农村几个阶层都普遍存在借贷情况。其中,富农借出户数量约占 18.1%,借入户数量占 13.6%,借出户高于借入户的数量。另外,相比中农 21.2% 和贫雇农 32.2% 的借入户,富农 13.6% 的借入户比例最小,反映了富农生活水平较高。

关于中南区富农借贷原因及用途。据调查资料显示,富农借出户的原因主要是生产中有剩余,当然也不排除一些专门以放债为生者;借入户的主要原因在于生产或生活上存在着困难。据阳新乡七百户欠债户的调查,主要存在着以下几种情况:"一、兴修水利,添置耕牛锄具而负债的有八户。二、因疾病婚丧因死牲畜而负债的有一五户。三、因生活困难或因借新债为老债而负债的有四四户。四、因乡长浪费而负债的有五户"。[1]

关于放债户占本阶层总户数的比例,农村中放债户占本阶层总户数比例最高的一般是地主和富农。据对吴县、吴江、句容、高淳、无锡 5 个县的 7 个乡

---

[1]　中共湖北省委员会农委:《湖北省农村情况与典型调查报告》(1952 年 10 月 12 日),湖北省档案馆,档案号 18-1-3。

（镇）的统计,富农放债比例最高的是高淳县肇倩乡,为43.90%。根据统计数据推算,地主、富农、中农、贫农放债户占其本阶层总户数的比例分别为18.89%、19.19%、8.02%、3.32%。每一个乡(镇)均有富农、中农、贫农放债,放债的阶层很广(见表3-9)。

表3-9　苏南5个县的7个乡各阶层放债户与本阶层总户数的比例情况表①

百分比(%)／阶级(层)／乡(镇)	地主	富农	中农	贫雇农	商人
吴县保安乡	12.29	22.46	4.65	2.70	—
吴县新乔乡	—	20.24	12.58	8.56	—
吴县青云乡	—	23.00	16.30	6.30	—
吴江县浦西乡	28.58	5.77	4.35	0.59	—
句容县水南乡	36.36	2.27	3.48	1.53	—
高淳县肇清乡	55.00	43.90	7.64	0.40	—
无锡县坊前镇	—	16.67	7.17	3.13	12.50

根据华东苏南地区的调查,农村各阶层借债的因素是多方面的。综合起来主要有以下几种:因受地主逼迫买田、逼租、利贷盘剥而借债;受苛捐杂税(特别是壮丁费)、敲诈勒索而欠债;因生活困难而借债;因婚丧疾病而借债;因添置耕畜、农具、肥料等生产资料而借债;因经商、买地而借债;因赌博输钱,或好吃懒做而借债。

从全国各地调查材料反映的情况,农村各阶层普遍存在着借贷情况。其中,富农既有借出,也有借入,这与传统观点②认识相左。中农、贫雇农中也普遍存在借贷情况,而富农相比他们差异不大,因此富农借助借贷剥削相对有限。另外,农村的借贷情况主要用于调剂生产或生活余缺,高利贷现象较为少见。

---

① 中共苏南区委员会农村工作委员会:《苏南土地改革文献》,1952年版,内部印行,第535页。
② 传统观点认为,富农一般都把多余资本借出放贷赚取高额利润。

综上所述,富农的生存特点是自己劳动和剥削他人同在,封建经营方式和资本主义生产方式并存。富农占有较多较好的土地,一般自己耕种或雇工经营土地,又有一部分土地用来出租,剥削他人劳动,很少有富农自己耕种或雇工经营所有的土地或者将全部土地用来出租。富农日常生产生活中多余的资本,大部分用来借出,也有一部分借入。当然,富农作为农村阶层中勤劳而精明的劳动者,其处理土地和剩余资本的方式是经过多次权衡利弊做出的选择,是否能获得最大化的纯收入是他们做出选择的决定因素。

（二）土改中各地保存富农经济政策执行情况与差异解析

新中国成立初期,中共制定经济上保存、政治上中立富农的政策。在实际执行过程中,地方各大区在保存富农经济的政策落实效果上却存在着较大差异。

1. 中南区

中南地区农村的情况比较复杂,土改任务特别繁重。新土地改革法颁布时,除很少部分是老区外,大部分都是刚解放不久的新区。总的来说,封建土地所有制仍居农村主导地位。这种不合理的土地制度,虽然在国内革命战争期间的一些根据地受到削弱,但随着革命的失败和地主阶级的反攻倒算,很快又得到了恢复和加强。在土地集中地区、土地集中程度一般区、土地比较分散区,地主和富农多则占有农村 70%—80% 的土地,少则占有 30% 左右的土地,一般占有 50% 左右的土地。

（1）土地改革前的调查

为了解中南区各地的实际情况,中南军政委员会和各省市首先展开了对各地实际情况的调查,从中我们可以看出富农经济在中南存在的情况。表 3-10① 的统计集中反映了中南地区 5 省土地集中程度的分布情况:

---

① 中南军政委员会土地改革委员会:《中南区五省农村阶级关系与特殊土地问题资料》(1950 年 5 月 20 日),湖北省档案馆,档案号 ZVB-61。

表 3-10　中南区五省土地集中情况统计表

地区	农村人口	土地集中地区		土地集中程度一般地区		土地比较分散地区	
		约有人口	占比(%)	约有人口	占比(%)	约有人口	占比(%)
豫	3150 万	350 万	11.2	2000 万	63.4	800 万	25.4
鄂	2200 万	900 万	41.0	850 万	38.6	450 万	20.4
湘	2780 万	2480 万	89.2	300 万	10.8	—	—
赣	1445 万	275 万	19.0	840 万	58.2	330 万	22.8
以上四省合计	9595 万	4005 万	41.8	3990 万	41.7	1580 万	16.85
粤	2544 万	1781 万	70.0	763 万	30.0	—	—
五省合计	12119 万	5786 万	47.5	4753 万	39.4	1580 万	13.1

在不同类型的地区,各阶层的分布比例是不同的,土地集中地区的阶级分化相比其他两种类型的地区,情况更为严重。

表 3-11　湖北省解放前农村各阶级(层)比重统计表①

比重(%) 阶级(层) 项目	综合		土地集中地区		一般集中地区		分散地区	
	户数	人口	户数	人口	户数	人口	户数	人口
地主	4.47	5.33	5.33	6.32	4.37	5.30	3.66	4.36
富农	2.85	3.74	3.33	4.32	2.74	3.83	2.46	2.92
小土地出租者	2.45	1.57	3.00	1.27	2.66	1.55	2.67	1.91
中农	31.70	35.01	26.95	30.18	38.77	41.85	29.16	32.67
贫农	49.90	48.36	49.54	48.85	45.32	43.77	55.01	52.49
雇农	4.72	2.89	8.33	5.20	2.49	1.19	3.38	2.23
工人	0.89	0.63	0.81	0.75	1.27	0.70	0.58	0.44
贫农	0.61	0.39	0.62	0.32	0.33	0.16	0.85	0.69

---

①　中共湖北省委员会农委:《解放前的农村经济结构与阶级关系》(1952 年 10 月),湖北省档案馆,档案号 18-1-3。

中南土地集中程度不同的地区,富农占有的主要生产资料的情况是有较大差别的。三种不同类型地区的各阶级（层）土地占有情况详见表 3-12、表 3-13、表 3-14①：

表 3-12　土地集中地区典型村各阶级（层）占有情况统计表

地区	全村		地主			富农			中农			贫农		
	户数	平均	户数占比(%)	土地占比(%)	平均	户数占比(%)	土地占比(%)	人均	户数占比(%)	土地占比(%)	人均	户数占比(%)	土地占比(%)	人均
湖北省三个村	2233	1.42	5.74	39.00	8.03	6.67	12.34	2.12	25.90	27.20	1.27	49.49	18.45	0.52
河南三个村	725	1.78	2.90	36.80	21.28	6.07	21.20	5.15	24.80	30.60	1.81	66.20	10.70	0.32
江西非苏区一个村	237	2.47	7.20	33.10	13.37	10.90	28.00	4.94	31.40	26.90	1.90	32.90	5.35	0.40
江西苏区一个村	212	2.98	3.30	44.10	21.90	6.13	17.40	4.54	22.17	19.00	2.48	40.56	11.30	0.89
湖南滨湖区四个保	1440	3.31	2.98	9.50	12.27	2.11	7.21	7.43	16.90	22.40	3.76	34.30	3.41	0.33
湖南丘陵区六个保	2854	5.83	3.12	33.20	53.50	3.52	18.50	19.00	13.80	24.32	8.15	35.98	8.06	1.30
湖南山区四个保	3257	0.77	3.50	27.80	6.55	8.00	12.30	2.41	19.60	26.70	1.01	43.30	15.06	0.27
广东一个村	161	0.92	2.50	26.30	5.90	8.00	16.3	1.75	38.50	23.70	0.52	46.00	5.70	0.11

说明:1.湖北三村系麻城罗大弯,当阳县慈化区一保,黄陂县新义村。2.河南三村系潢川县、罗弯地、伞坡兆寺、女兆楼。3.江西一村系上饶县一个村材料,江西非苏区一个村系南昌县一个村。4.湖南滨湖区四个保系湘阴县和丰乡四个保,湖南丘陵地区六个保系长沙县黎托乡,湖南山区四个保系邵阳县三个保并益阳一个保材料。5.广东一村系龙川县左跋村材料。

---

① 中南军政委员会土地改革委员会:《中南区五省农村阶级关系与特殊土地问题资料》(1950 年 5 月 20 日),湖北省档案馆,档案号 ZVB-61。

表3-13　土地集中程度一般地区典型村各阶级(层)占有情况统计表

百分比 地区	阶级(层) 全村		地主			富农			中农			贫农		
	户数	平均	户数(%)	土地(%)	平均	户数(%)	土地(%)	人均	户数(%)	土地(%)	人均	户数(%)	土地(%)	人均
湖北三个村	1512	1.287	3.13	21.40	8.49	3.50	21.30	4.57	20.80	27.80	1.67	63.20	22.00	0.44
河南三个村	639	1.125	3.28	21.10	9.05	3.91	13.40	6.61	32.90	37.20	2.30	60.00	28.30	1.11
江西非苏区四个村	950	1.90	4.73	25.60	7.75	3.68	13.20	5.00	27.80	37.20	2.15	46.20	14.00	0.62
江西苏区五个村	1831	1.79	1.85	13.46	8.98	2.51	6.84	3.24	21.80	33.62	2.50	69.00	26.46	0.72
广东一个村	275	0.64	2.54	26.04	2.45	5.45	20.89	1.24	25.09	25.96	0.56	57.09	26.93	0.36
湘西一乡	787	—	4.32	25.60	—	6.09	18.00	—	47.00	45.80	—	26.60	10.30	—

说明:1.湖北三个村系汉阳三区第一行政村,黄陂县方梅区石桥村,浠水县连桥村。2.河南三个村系洛阳塚头村,西平桂李村,陕县胡村。3.江西非苏区四个村系宜春新坊村、丰城桥东乡、南昌胡办、袁州潘家坊。4.江西苏区五个村系兴口王屋村、兴国长造村、兴国唐石村、铅山紫溪、横丰姚家乡。5.广东一村系龙川水背村。6.湘西一乡系沅陵县信平乡。

表3-14　土地比较分散地区典型村各阶级(层)占有情况统计表

百分比 地区	阶级(层) 全村		地主			富农			中农			贫农		
	户数	平均	户数(%)	土地(%)	平均	户数(%)	土地(%)	人均	户数(%)	土地(%)	人均	户数(%)	土地(%)	人均
湖北三个村	804	2.07	2.74	9.65	5.64	3.98	10.80	4.86	36.60	46.00	2.53	41.80	18.10	0.91
河南三个村	533	2.86	3.94	13.60	8.50	3.74	11.80	5.18	32.80	41.80	3.49	59.40	32.60	1.72
江西非苏区十个乡	23901	1.84	2.76	10.05	5.23	3.73	13.40	3.60	35.30	44.03	2.04	52.50	26.10	1.04
江西苏区一个乡	657	2.51	3.04	13.80	9.55	3.65	10.40	5.40	19.02	30.70	3.47	63.60	40.40	1.66

说明:1.湖北三个村系沔阳县小河口村、武昌县黄土坡村、石山村。2.河南三村系宝丰县孙官营、洛阳孙村、商丘王歧山庄。3.江西非苏区十个乡系高安县三个区十个乡材料。4.江西苏区一个乡系弋阳复兴乡材料。

从上述三个统计表可以看出,按地区来比较,河南的大部、湖北的沿江地区以及湖南、江西的部分地区,富农经济比重较大,有些村的富农甚至比地主土地还多,有的甚至占到全村土地的百分之二十以上;在土地集中程度越高的地区,富农户数和土地所占比重越大,人均占有土地也越多;地主的户数和土地占有比例与富农成正比例增长,而中贫农则成反比例。

根据以上中南区军政委员会的统计材料,我们可以对富农在中南区不同省份和地区的人口比重及土地占有,见表3-15:

表3-15　中南区不同省份和地区的人口比重及土地占有统计表

地区		富农人口占比 (%)	土地占比 (%)	富农每人平均土地 占全村每人平均土地 占比(%)
各省综合材料	湖北九村	6.04	11.54	191
	湖北二十八村	4.91	11.95	242
	湖北二十五个村	7.67	17.50	228
	河南三十二个村	5.49	11.40	204
	江西十二个村	5.14	11.20	217
	江西苏区七个村	3.97	8.37	210
	江西非苏区五个村	6.95	17.02	245
土地集中区	湖南滨湖区四个保	3.21	7.21	223
	湖南丘陵六个保	5.68	18.50	326
	湖南山区四个保	3.92	12.30	321
	广东龙川一村	8.48	16.30	194
	湖北三村	7.74	12.34	159
	河南三村	7.39	21.20	286
	江西非苏区一村	14.05	28.00	199
	江西苏区一村	7.5	17.40	232
土地一般区	湖北三村	4.55	12.30	270
	河南三村	6.61	13.40	203
	江西非苏区四个村	5.06	13.20	262
	江西苏区五个村	3.31	6.84	206
	湘西一村	7.00	17.60	252

续表

地区		富农人口占比 （%）	土地占比 （%）	富农每人平均土地 占全村每人平均土地 占比（%）
土 地 分 散 区	湖北三个村	4.60	10.50	236
	河南三个村	6.52	11.80	181
	江西非苏区十个乡	6.70	13.40	200
	江西苏区一个乡	4.70	10.40	217

通过对富农在各省不同类型地区的人口与土地的统计材料，我们可以做出这样的概略分析：富农在中南区农村，一般占人口5%左右，占有土地15%左右；富农占有的土地以富农每人平均数来看，一般是相当于当地每人平均数的250%左右，个别的也有不及200%者，有些地区则超过300%以上；按地区来比较，则河南的大部、湖北的沿江地区、江西的老苏区、湖南的湘南地区，富农经济比重较大，有些村的富农，比地主土地为多，有的甚至占到全村土地的20%以上。

动不动富农经济对中南地区土地改革影响有多大？中南军政委员会对此做了以下两点分析总结：

一是根据各省典型材料普通推算来看，不动富农，一般贫农分得土地约占全村平均水平70%至80%，在土地集中地区，则可到85%至95%。基本上可以满足贫困农民的土地要求。

二是在局部地区则有特殊的情况，一种是富农占地太多，甚至超过地主（如湖南有的乡富农占有土地每人平均超过全村平均数三四倍以上），而地主公田却不多，如不动富农出租土地，贫农得地后要少二个月至四个月的粮食。另一种是有些乡村中根本就没有地主（如江西苏区），公田也不太多，如不动富农出租土地，则不能解决贫困农民最低生活问题，在这些地区则应有一部分村庄要动富农出租土地一部分。

表 3-16　动不动富农出租土地计算表①

地区		不动富农相当全村每人平均土地占比(%)	相当富农留中农水平贫农可分得土地占比(%)	合产粮谷（斤）	贫雇农需谷（斤）	动出租相当全村每人平均土地占比(%)	动出租相当富农留中农可分得土地占比(%)	可得谷（斤）
各省综合情况	湖北九个村	87.00	92.50	287.80	511.35	92.50	98.50	412.50
	湖北二十八个村	82.40	88.90	525.30	511.35	88.70	95.70	565.50
	湖北二十五个村	71.10	83.50	372.30	—	—	—	—
	河南三十二个村	83.10	91.50	711.00	538.00	88.00	96.90	753.00
	江西十二个村	83.30	91.30	510.00	550.00	—	—	—
	江西苏区七个村	84.00	95.50	519.00	550.00	—	—	—
	江西非苏区五个村	80.10	81.70	483.00	550.00	—	—	—
土地集中地区	湖南滨湖区四个村	126.50	95.50	1335.80	700.00	132.00	99.60	1392.00
	湖南丘陵区六个村	83.70	83.50	1432.70	600.00	—	—	—
	湖南山区四个村	93.50	91.02	229.00	500.00	—	—	—
	湖北三个村	87.90	91.10	375.00	588.00	94.00	98.40	403.00
	河南三个村	76.40	76.90	444.00	792.00	92.00	92.30	—
	江西苏区一保	84.30	69.10	624.00	550.00	—	—	652.00
	江西非苏区一村	100.20	91.40	897.00	550.00	—	—	—
土地集中一般地区	湖北三村	80.70	90.20	311.70	511.35	88.40	98.80	341.00
	河南三个村	83.80	89.10	534.00	538.00	36.60	92.00	552.00
	江西苏区五个村	81.06	96.60	435.00	550.00	—	—	—
	江西非苏区四个村	80.10	86.40	456.00	550.00	—	—	—
	湘西一个村	80.00	—	—	—	87.00	—	—
土地分散地区	湖北三个村	74.90	89.60	346.00	462.00	78.10	93.00	365.00
	河南三个村	78.40	92.14	395.00	507.00	83.99	90.80	425.00
	江西非苏区十个乡	79.40	87.50	—	—	—	—	—
	江西苏区一个乡	80.05	89.45	440.00	550.00	81.98	91.20	445.00

---

① 中南军政委员会土地改革委员会：《中南区五省农村阶级关系与特殊土地问题资料》（1950 年 5 月 20 日），湖北省档案馆，档案号 ZVB-61。

（2）政策的讨论与执行

中南区的土地改革准备是比较早的。1950 年 3 月，中南军政委员会即提出准备土改的任务，接着各省市相继开展了清匪反霸、减租退押运动和生产救灾运动。6 月，新的土地改革法颁布后，各省又先后根据各地实际情况，结合上述运动进行检查总结，并制定了各地土地改革的实施办法，部署具体工作。

1950 年 9 月 16 日至 27 日，中南军政委员会研究和部署了中南地区的土地改革，讨论并通过了《中南军政委员会关于土地改革法实施办法的若干规定》。邓子恢在最后一天的闭幕式上作了总结报告。他在关于土地改革的论述中指出："现在我们要实行土地改革，发展农业生产，基本方法就是使第一种贫农的佃耕方式从封建租佃制度下解放出来，变为第二种中农的佃耕方式，并坚决保护中农，以发挥其生产积极性，其次是保存富农经济的雇工经营方式，维持其生产，并以此鼓励中农和即将上升为中农的贫农，努力生产，敢于发家致富。"而之所以既要保存富农经济，并鼓励中农、贫农以此为榜样而敢于发家致富，却不赞成选择富农经济允许其大力发展，只是"维持其生产"，邓子恢接着阐述了其理由："富农经济，在理论上是比之中农自耕方式要进步些，是旧资本主义国家，由地主经济过渡到资本主义农场经济的一种必经方式。中国富农经济要发展，也只有经过土改消灭了封建制度以后才有可能。但既然要经过土改，那我们就不会采取以发展富农经济为主的方针，而应采取发展中农经济为主的方针。因为农民作为一个雇农在人家土地上生产，决不如作为一个自耕农在自己土地上生产来得积极，来得有劲。"[①]在这段话中，邓子恢肯定富农经济在理论上的进步性的同时，着重指出了其不适合中国的国情，不可能受到中国农民的欢迎，因此，也不是中国土地改革发展的取向。

中南地区的土地改革，从 1950 年秋开始到 1952 年冬结束，分三期完成了约 1.3 亿人口地区的土地改革。中南地区的土地改革开始不久曾出现"和平

---

① 邓子恢：《在中南军政委员会第二次会议闭幕会上的总结报告》，《长江日报》1950 年 9 月 28 日。

土改"的倾向。这种倾向的主要表现是不去发动群众,官办土改,结果导致土改不彻底。为了纠正这种倾向,邓子恢指出,必须放手发动群众,而不要顾虑太多,束缚群众手脚。由此,中南区许多地方对富农的政策较之其他地区更为严厉。

从整个中南地区的土地改革情况看,中南区对富农占有土地变动较多。据中南军政委员会对中南区 6 省 97 县 100 个乡的调查统计,富农占有耕地比重由土改前的 7.18%下降到土改后的 4.57%,人均占有数量由 4.52 亩下降到 2.83 亩,下降 1.69 亩,相当于没收了富农 36%的土地。另外,富农被错划为地主打击的,约有富农户数的 10%。[①] 因此,富农被打击的情况应当更为严重。

2. 华东区

新土地法颁布时,华东地区的农村情况是比较复杂的。其一,存在着新区和老区的明显区别:山东、苏北和皖北的一部分作为革命老区大部分已完成了土地改革,但还存在很多问题;而苏南、安徽大部分、浙江、福建等省作为刚解放不久的新区面临着巩固政权和土改的严重任务。其二,地区间经济发展水平差距较大。在商品经济较发达的沿海和平原地区,地主、富农经营工商业和工商业家兼出租土地的人较多,不少工人、职员、自由职业者保有并出租一部分土地,有永佃权者较普遍,公田较多,个别地方大佃农使用土地数量较大。在商品经济较落后的内地和山区,地主、富农兼营工商业的人较少,土地占有集中,使用分散,大佃农很少。虽然存在地区差别,但从全区来看,封建地主的土地所有制仍居主导地位,农村土地制度不合理。地主占有农村人口的 4%,却占有 40%—50%的土地。其中,刚解放不久的新区土地集中程度较高,而经过土改的老区土地集中程度相对较低。

---

① 中国社会科学院、中央档案馆:《中华人民共和国经济档案资料选编:农村经济体制卷(1949—1952)》,社会科学文献出版社 1992 年版,第 448 页。

新土地改革法颁布前,华东区进行了较早的土改准备。1950 年 2 月 28 日,中央人民政府发布指示,要求各新解放区在 1950 年秋后进行土地改革,华东进入了土地改革的直接准备时期。各省区在结合清匪反霸、减租、生产救灾等群众运动的基础上,着手改造乡村基层政权,训练土改干部及进行农村土地关系的调查研究工作。

1950 年 3 月 14 日到 19 日,华东局就华东地区土地改革准备工作问题召开会议。在这次会议上饶漱石对新解放区土地改革过程中如何对待富农问题进行了分析。他认为,过去在土地改革的过程中,存在一种现象,就是单讲照顾雇农、贫农,不讲照顾富农,对富农的土地一样没收分配。但是,基于新的发展形式和要求,现在我们顾虑的不是从地主富农出发,而是从群众出发,权衡利弊问题。在如何对待这一问题上,在干部中间还存在一些不当的认识与做法。他指出,现在干部很多是解放后参加工作的小资产阶级知识分子,没有工作经验容易过左。基层组织很可能被坏分子掌握。老区来的干部有些同志也容易犯老区"五四土改""平分土地"时期的狭隘经验主义,打击面过宽。如其跑得快,出了乱子再拉回来,还不如慢一点。[①]

1950 年 5 月 1 日,就征询富农政策问题,毛泽东给邓子恢和饶漱石发电报征询意见。邓子恢在中共七届三中全会上,对这一问题进一步进行了分析,认为对富农的出租土地还是应当有条件的动一动,如果采取全部不动的政策和方式,那么会在土改中遇到困难。饶漱石在发言中仍然不同意在不动富农土地财产后加一个尾巴。他依据华东地区存在的情况,认为不动富农的出租土地,这样的话,在土地占有上贫雇农占全村平均数的 60% 到 70%,如果动,也不过只占 70% 到 75%。基于这种现实情况,他认为发展工业才是解决贫雇

---

① 欧阳惠林:《经历与往事——欧阳惠林回忆录》,中共党史出版社 2000 年版,第 447—448 页。

农问题的基本方法,不能过多地在土地分配上打主意。① 饶漱石认为应该不动富农,而且不同意毛泽东暂时不动富农出租土地的提法,主张对富农的一切土地(包括自耕和出租的土地)和财产全部保留,现在和将来一段时间都不要动。这在理论政策上可以消除农民怕发家致富,害怕再次土改的心理。

在1950年6月8日的中共七届三中全会上,邓子恢坚持对富农的出租土地还是要有条件的动一动,全部不动,在土改中有困难。

新的土地法制定颁布之后,在1950年7月中旬召开的华东军政委员会第二次全体会议对土地改革问题进行了深入讨论。7月14日,饶漱石在会上作了《为完成华东土地改革而奋斗》的报告,关于富农的论述中指出:"关于今天需要保存富农经济的理由,毛主席在中共中央三中全会的报告以及刘副主席在人民政协第二次全国委员会议的报告中均有详细的说明。……华东其他地区,对富农出租的小量土地,应依据土地改革法第六条第二项之规定处理;但在某些特殊地区,经省以上人民政府的批准,得征收其出租土地的一部或全部。"②

1950年11月26日,华东军政委员会颁布了《华东土地改革实施办法的规定》,其中关于富农政策的规定强调:执行对待富农的政策除了应严格遵照土地改革法第六条规定办理外,还应做到:第一,在征收新区半地主式富农的出租土地时,如其自耕和雇人耕种的土地少于当地每人平均土地者,应予保留连同其自耕土地在内相当于当地每人平均土地数的土地。第二,在业已分配土地的老区,对过去富农分配土地时多留的土地及其他财产,应一般地不再变动。对解放后上升的新富农的土地及其他财产,应坚决的保护。③ 从中可以

---

① 薄一波:《若干重大决策与事件的回顾》上卷,中共中央党校出版社1991年版,第129页。

② 饶漱石:《为完成华东土地改革而奋斗》(1950年7月),浙江省档案馆,档案号J123-18-2。

③ 华东军政委员会:《华东土地改革实施办法的规定》(1950年11月),浙江省档案馆,案卷号J007-2-2。

看出,饶漱石和华东局对于执行保存富农经济的政策是非常明确而坚决的。

华东各地较好地执行了中共中央和华东局确定的对待富农的政策。如1951年1月7日,在苏南行署土地改革委员会第一次扩大会议上,有人提出征收富农的出租土地,作为苏南区党委书记的陈丕显坚决反对这一提议。在关于富农问题的政策执行上,他强调要增强执行的坚决性,并认为土地改革法对待特殊土地情况才能征收富农出租土地,苏南不能一般地接受征收富农出租土地。另外,不能发动富农献田。① 后来陈丕显在其回忆录中写到,苏南土改时"没有征收富农的出租土地,对富农自耕和雇人耕种的土地,及其他财产均予保留"。② 虽然,苏南地区的土改也不排除个别地方曾征收了富农的部分或全部出租土地,但就整体形势和政策执行情况来看,苏南地区保存富农政策执行较好。

华东土地改革的基本方针政策的确立主要基于两个重要文件,一个是饶漱石的《为完成华东土地改革而奋斗》的报告,一个是在其后颁布的《华东土地改革实施办法的规定》。华东地区基于中共中央确定的方针政策和本区域的具体情况,确立了对待富农的政策措施,尤其是鲜明体现了保存富农经济的原则精神。

华东地区的土改进程呈现出阶段性特征,分别为典型试验阶段、局部推开阶段和全面展开阶段。第一阶段,从1950年7月到9月,这一阶段的特点是小心谨慎、创造典型,即各省、区先进行新区土改的典型实验。在这一阶段,各地共进行了13个乡的典型试验。各省对典型试验工作的领导都很谨慎,在执行路线、掌握政策方面比较稳妥。表现在对富农政策方面,各试验乡都坚持保护富农经济的政策,并对富农进行了"跟谁走"的教育,教育他们应离开地主,

---

① 中共苏南区委员会农村工作委员会:《苏南土地改革文献》,1952年,内部印行,第548页。

② 中共江苏省委党史工作办公室:《陈丕显在苏南》,中共党史出版社2006年版,第269页。

靠近农民。但由于这一阶段缺乏经验，各地对典型乡的领导还存在或多或少的盲目性。涉及对富农政策，如无锡坊前乡土改中，起初没有强调消灭封建制度而强调保存富农经济，于是光找富农、商人开会，引起贫雇农不满，富农说风凉话，致使试点走了弯路。

第二阶段，从1950年10月到11月中旬，特点是典型突破、逐步推跳，即各省、区在取得若干乡直接经验的基础上，逐步有阵地的向外展开。在这一阶段，在"小心谨慎、稳步前进"方针指导下，各省、区在取得若干乡土地改革直接经验的基础上，采用"带""推""跳"三结合的方法向外展开。所谓"带"，就是以一两个乡为基点，以一个区为范围，抽调一批有经验的农民干部和工作队员，按照全面部署、重点配备的原则，展开全区的进攻。所谓"推"和"跳"，就是在一个区完成土改后，即以一个县为范围，以完成土改区为基点，用类似"带"的方法向四周外围区"推"进以完成一个县的土改，或抽出一批有经验的干部和农民积极分子，向外县"跳"，配合当地干部和农民，打开土地改革突破口，从而形成外县土地改革点面结合、全面展开的局面。在这一阶段，多数地区掌握政策是比较好的，形成"雇贫农得地开心，中农有利称心，富农不动定心，地主劳动回心"的局面。但也存在一些缺点和错误，表现在发动群众不充分，镇压地主破坏活动不及时，对富农政策过宽，侵犯中农利益等。因此，在农民中间存在一种不满情绪，认为"人民政府宽大无边"，"地是地气是气"，"翻身、翻身，只翻了半个身"。①

第三阶段，从1950年11月下旬到1952年5月。这一阶段的特点是点面结合、全面展开，即加速全面完成土改。在这一阶段，根据1950年11月22日中共中央关于加速进行土改的指示，华东局发出关于提早完成土改的决定，要求全区各地，除皖北重灾区和福建部分地区外，争取比原计划提前一年完成土改。根据华东的实际和抗美援朝斗争的需要，华东局提出了"放手发动群众，

---

① 杜润生：《中国的土地改革》，当代中国出版社1996年版，第351页。

大胆展开运动"的指导方针。这一阶段,由于各地十分重视放手发动群众,发挥群众斗争和政权支持相结合的威力,一度出现乱打乱杀、进城抓捕逃亡地主的现象,地主受冲击较大。富农则想方设法与地主摆脱关系,竭力想靠近贫雇农和中农。

华东地区的土地改革,从初步准备到颁发土地证,经历了两年多的时间,由于有计划、有步骤、有秩序的稳步前进,基本上避免了北方土改时曾普遍出现过的乱划阶级、对地富扫地出门、侵犯工商业和中农利益等现象。例如,华东的苏南区,大部分地区除了征收少数富农多余的出租土地外,一般没有征收其他富农的出租土地,对富农自耕与雇人耕种的土地及其他财产,均予严格保留。尽管土地改革征收了富农少量的出租土地,但土改后富农每人占有的土地一般为当地平均数的 2 倍左右。据苏南农委对苏南 21 个县的 27 个典型乡和 23 个典型村的调查统计,土改前富农人均占有土地 5.04 亩,土改后,人均占有土地 2.51 亩,其中富农人均占有土地 4.76 亩,为当地人均土地数的189.64%,土改后相比土改前仅减少 5.56%。[1] 另据苏南农委对丹阳、江宁、溧水、扬中、常熟、吴江、太仓等 7 个县的统计,土改后,这 7 个县人均占有土地数是 2.20 亩,其中富农人均占有土地 4.13 亩,比土改前仅减少 2.4%。[2] 虽然,相比土改前,富农的出租土地略有减少,但富农每人平均占有的土地仍达到当地每人平均土地数的两倍左右,约为贫雇农的三倍。苏南地区不仅是华东地区执行保存富农经济政策典型代表,而且也是当时整个新区土改执行这一政策最好的地区之一。

华东区对富农阶层的占有耕地触动相对较小。据华东区军政委员会土改后的统计,富农占有耕地比重(不包括半地主式富农)由土改前的 5.85% 下降

---

[1]　中共苏南区党委农村工作委员会:《苏南区 21 个县的 27 个典型乡和 23 个典型村土改前后各阶层每人平均占有土地情况表》,江苏省档案馆,档案号 300-永久-158。

[2]　中共苏南区委员会农村工作委员会:《苏南土地改革文献》,1952 年,内部印行,第793 页。

到土改后的 4.08%，人均占有数量从 4.64 亩下降到 3.82 亩，下降 0.82 亩，相当于没收了富农 17.67% 的土地。① 具体到华东区各地情况，略有差异。

3. 执行差异解析

作为新解放区的华东、中南、西北、西南四个大区，都是在新的土地法颁布之后开始了全面的土地改革，在时间限度上用两年时间完成了这一历史任务。作为历次土改中规模最大的一次，土改中对保存富农经济政策执行却存在着较大的差异。华东、西北地区执行情况较好，而中南、西南执行情况相对较差。究其原因，在于客观地区条件的差异，在于各地领导人主观思想的不同。

（1）地区情况差异

中南区和华东区保存富农经济执行情况的差异，首先在于地区客观情况的差异，这是制定和执行政策的基本出发点。

中南地区在进行土改之前，其区域内的土地关系较为复杂。按照土地的集散程度，可以划分为三种类型，即土地集中地区、土地集中程度一般区和土地分散区。"富农在中南区的土地占有和分布状况是极不均衡的。富农在中南区一般占人口的百分之五左右，占有土地的百分之十五左右，如从其占有土地的每人平均数来看，一般相当于每人平均数的二倍到三倍，有的则到三倍以上。按地区来比较，则河南的大部、湖北的沿江地区以及湖南、江西的部分地区，富农经济比重较大，有些村的富农，比地主土地为多，有的甚至占到全村土地的百分之二十以上。"②

不动富农的土地，能不能满足广大贫苦农民的土地要求呢？中南区根据调查得出了答案。一方面，就土地集中地区而言，对于富农出租地不进行分配

---

① 华东军政委员会土地改革委员会：《华东区土地改革成果统计》（1952 年 12 月），转引自何东：《中国共产党土地改革史》，中国国际广播出版社 1993 年版，第 402—403 页。
② 新华书店中南总分店编辑部：《中南各省农村情况调查》，新华书店中南总分店 1950 年版，第 11 页。

也能满足贫雇农的土地需求。另一方面,就土地集中一般地区和分散地区而言,就造成了土地需求与土地供给之间的矛盾,因此,不征收富农出租土地就不能满足贫雇农的土地要求。①"因此在这种地区,经过省人民政府以上机关的批准,征收富农出租土地的一部或全部是完全正确的。"②邓子恢在1950年4月25日致电毛泽东的5条理由中,专门根据中南地区情况阐明富农出租土地应拿出来进行分配。并且特别指出:对富农出租土地现在不动,过一两年再动,中农也会产生"割韭菜"的疑虑。③

华东区与中南区在现实状况上也存在诸多差异性。进行土改时,在对苏南、浙、皖、闽235县6市1722个乡进行调查统计时发现,在这些地区,占农户总数5%的地主、富农,据有33%的耕地,其中富农占总户数的2.25%,占有7.21%的土地。④新土地法颁布时,华东地区的农村情况是比较复杂的,存在着新区和老区的明显区别,地区间经济发展水平差距较大。

从土地占有情况来看,华东的一般地区在复杂性上与中南地区不同。因此,基于这种客观现实,坚持一般不动富农的土地的政策,从整体上也可以基本满足贫雇农对土地的要求。因为"根据华东的情况,不动富农出租土地,贫雇农所得土地占全村平均数的60%到70%,如果动,也不过只占70%到75%"⑤。对此饶漱石在给毛泽东的电报中作了明确而详细的阐述:1950年5月3日,饶漱石代表华东局给毛泽东回复电报,赞成不动富农的出租土地,因为这对贫雇农所得土地的数量影响不大,而且有利于团结不至于陷入领导上

---

① 中南军政委员会土地改革委员会:《中南区五省农村阶级关系与特殊土地问题资料》(1950年5月20日),湖北省档案馆,档案号ZVB-61。

② 张根生:《从中南区农村情况看土地改革法》,《人民日报》1950年9月6日。

③ 中共中央文献研究室:《建国以来重要文献选编》第1册,中央文献出版社1992年版,第206—209页。

④ 华东军政委员会土地改革委员会:《华东土地改革成果统计》(1952年12月),转引自何东:《中国共产党土地改革史》,中国国际广播出版社1993年版,第402页。

⑤ 薄一波:《若干重大决策与事件的回顾》上卷,中共中央党校出版社1991年版,第129页。

的被动。①

因此，华东与中南两个地区之间的客观发展情况的差异性，是造成两个地区执行差异的关键原因。

（2）领导人思想认识不同

地区的主政者之间主张和认识的不同，是中南和华东的政策执行差异性的另一个重要原因。中南局的邓子恢和华东局的饶漱石作为两区的主要领导人，对采取保存富农经济政策的方式认识不一样。

邓子恢原则上赞同保存富农经济政策，但认为要根据地区情况有所变通。新中国成立初期，在毛泽东和中共中央征询各地对保存富农经济政策的意见过程中，邓子恢先后三次电报中央，表明自己对土改保存富农经济的意见。邓子恢在 1950 年 3 月份的两次电报中，都明确提出了对富农的出租土地和租佃土地要进行分配的主张。4 月份的电报，邓子恢除了继续坚持前两份电报的主张外，还详述了自己意见的 5 条理由②，其中前三条理由都是从中南区的土地占有状况出发，认为不动富农的出租土地，就不能满足贫雇农的土地要求，后两条则从政治上中立富农、防止中农有"割韭菜"疑虑的角度阐述必须动富农的土地。就这一个关系土地改革进程的重要问题进行反复研讨的过程中，虽然毛泽东一贯坚持不动富农为好，但邓子恢仍然坚持在特定区域要动富农的土地。尤其是在党的七届三中全会上，邓子恢认为要依据现实情况对富农的出租地进行分配，并且他进一步强调如果全部不动，在土改中有困难。

与邓子恢的意见不同，饶漱石则主张坚决保护富农经济。在 1950 年 5 月 3 日，饶漱石代表华东局给毛泽东的回复电报中，表明了自己不动富农出租土地的主张。尤其是他认为，宣传暂时不动会使中农等产生"割韭菜"的疑虑，

---

① 中国社会科学院、中央档案馆：《中华人民共和国经济档案资料选编：农村经济体制卷（1949—1952）》，社会科学文献出版社 1992 年版，第 72 页。

② 中共中央文献研究室：《建国以来重要文献选编》第 1 册，中央文献出版社 1992 年版，第 206—209 页。

对发展生产不利。① 可见,饶漱石不但赞成不动富农出租地的主张与政策,而且也不赞成毛泽东的暂时不动富农出租土地的提法,是提倡一贯地保留富农经济。在 1950 年 6 月 8 日的中共七届三中全会上,饶漱石在发言中仍然不同意在不动富农土地财产后加一个尾巴,并根据华东情况再次阐明了自己的理由。②

　　1950 年通过的新土地改革法从整体上来讲,基本是按照邓子恢和中南局的方案来进行设计与制定的,但土地政策在党内存在分歧,尤其是邓子恢和饶漱石对保存富农经济的态度有较大差异。邓子恢和中南局认为应当以贫雇农的土地要求为尺度,来决定是否应当在一定程度上分配富农的出租土地。饶漱石和华东局则认为坚决不动为好,即使"同意基本按中南局提出的方案写。因为那样写,还是比较灵活的,可以根据实际情况,并不是一定要动富农的出租土地"。③ 党内的这种分歧不只停留在思想认识层面,而且影响到土地政策的现实执行,这也成为中南与华东之间土地政策执行差异性的重要原因。

　　保存富农经济政策在各大区执行情况的差异对当时和以后都产生了重要的影响。华东区由于执行政策效果相对较好,土地改革后经济的恢复和发展较中南区更为迅速。就华东区整体发展而言,江浙一带较好地保留了富农经济,在一定程度上为后来商品经济在这一区域实现迅速发展奠定了基础。

三、农业社会主义改造时期按劳分配方式的初步实践

　　1953 年至 1956 年的农业社会主义改造时期,农村个人收入分配方式经

---

　　① 中国社会科学院、中央档案馆:《中华人民共和国经济档案资料选编:农村经济体制卷(1949—1952)》,社会科学文献出版社 1992 年版,第 72 页。
　　② 薄一波:《若干重大决策与事件的回顾》上卷,中共中央党校出版社 1991 年版,第 129 页。
　　③ 薄一波:《若干重大决策与事件的回顾》上卷,中共中央党校出版社 1991 年版,第 128 页。

历了由按劳分配到趋向平等平均的变化过程。初级社时期，农村社员根据所拥有的生产资料和劳动情况进行分配，鉴于劳动所占比重较大，体现出按劳分配的特征。高级社时期，土地等生产资料收归集体，只是根据劳动进行分配，但在实践中演变成"一刀切"的平均主义倾向，挫伤了劳动者积极性，严重阻碍了农业生产的发展。

（一）新中国成立后农村以按劳分配为主体的分配政策的调整

土地改革完成后，为解决农民缺少生产资料和资金的情况，政府开始提倡战争年代实行的农业互助合作组织。1951 年 9 月中共中央通过《关于农业生产互助合作的决议（草案）》，《决议》指出：农民在土地改革基础上具有两种生产积极性，即个体经济的积极性和互助合作的积极性。要克服农民在分散经营中所发生的困难，就必须在保护农民个体积极性的同时，提倡"组织起来"，按照自愿和互利的原则，发展农民互助合作的积极性。[①]

我国农村的互助合作运动经历了互助组、初级社和高级社三个阶段。互助组阶段，可以分为"临时互助组"和"常年互助组"两种形式，分配政策是以土地私有权为基础，农民在交上国家规定的赋税后，对自己土地上的收获产品具有独立收益权。在一些农村的常年互助组里，分配方式一般通过工分和工票形式计算入组农民的生产工具和劳动力等生产资料应该获得的劳动报酬。由此可见，互助组阶段，由于生产资料归个人所有，收入分配还不具有社会主义性质，农民的收益来源于自己的劳动所得，不存在剥削性，也有利于调动个体农民的生产积极性。

相比互助组阶段，初级社阶段的农村收入分配政策具有了半社会主义性质。在初级社阶段，虽然土地和农具等主要生产资料归农民个人所有，但实行了所有权和经营权分离，由初级社统一经营社员的生产资料。农村的分配政

---

① 中共中央文献研究室：《建国以来重要文献选编》第 2 册，中央文献出版社 1992 年版，第509 页。

策是按照土地和其他生产资料作为股份,并按照劳动量多少提供报酬。因此,初级社阶段的分配收益,除了公共提成(公积金、公益金等)留存外,初级社农民的收入分配形式可以分为土地报酬和劳动报酬两大部分。其中,公共提成是维持合作社集体开支和运行的基础。土地报酬的实质是地租,是对家庭传统经营的继承,是土地所有者因土地和其他生产资料占有而产生的收入分配形式。土改完成后,分配形式发生了转化,其基本依据是农民占有土地和生产资料的差别进行分配,"占有土地多的社员,就会凭借土地所有权,获得要素收入"①。其中,劳动报酬是合作社对各种劳动成果作了扣除之后,根据每个劳动者提供的劳动数量进行的分配形式。初级社阶段,土地和其他生产资料的分配总额在 20% 左右,劳动分配占的份额较大,标准实行"工分制",通过计算社员劳动数量、强度等的多少折合成可比较的标准进行分配。

初级社阶段,对社员分配政策以劳动收入为主,还包括"土地分红"和其他利息补偿等。如 1952 年 7 月,河北省委在农业生产合作社检查总结中提到,贯彻奖励劳动、照顾劳动所得、奖励投资的政策,绝大多数的社,等价分红制度正走向合作化。首先在分红问题上由于农民传统的土地观念太浓厚,一般在分红规定上土地多于劳动。如定县八十七个社中"地六劳四"的十六社,固定地租(相当于实产量的百分之七十左右)的二十一社,"地七劳三""地五五劳四五""地五劳四资一"以及个别社按人分红共二十六社,只有两个社是"劳六地四"二十个社"劳地各半"。经大力贯彻劳动创造一切教育,以及动员和讨论,认识了只有劳动才能创造价值因而分红比例得到大部改进。目前按收入的扣除投资、公积金后"地劳各半"分红地户负担农业税的六十一个社,"地六劳四"还有十五个社,按人分红的已转为互助组,劳力分红部分大大提高了。②

---

① 苏少之:《中国经济通史》第 10 卷上,湖南人民出版社 2002 年版,第 369 页。
② 中共河北省委:《农业生产合作社检查总结》(1952 年 7 月),河北省保定市档案馆,档案号 2-25-14。

1953 年 10 月,在全国第三次互助合作会议召开并颁布《关于发展农业生产合作社的决议》后,国家开始对分配政策进行调整。1953 年底中央通过《关于发展农业生产合作社的决议》,《决议》中对分配政策进行了如是规定:"必须随着生产的增长、劳动效率的发挥和群众的觉悟,逐步而稳妥地提高劳动报酬的比例。"①次年,许多地方开始执行这一决议,对土地报酬在分配中的比例进行调低,并且逐步提高劳动报酬在分配中的比重。如河北省委农村工作部在 1953 年 12 月农业生产合作社总结报告中指出:"农业生产合作社收益分配,有两种形式,即比例分红制和死租制。我省一般以劳五地五、劳五五地四五,或者六地四分红为多(但在土地多劳力少的地区,土地分配比例应适当低些,山区土地少,亦可适当高些)。比例分红办法群众容易接受。有的地区,土地采用可死租制(这种方法必须规定出遭灾后减租或免税办法),无论哪种方法,在具体执行时必须根据不同情况和不同条件,有领导的由民主讨论决定不能机械套用。在逐年提高产量的情况下,必须逐渐提高劳力报酬,同时适当降低土地报酬。也有在定产以内比例分红,超产部分完全归劳力所得的办法。"②

华北区的山西省是贯彻按劳分配为主、按劳分配与按土地分配相结合的典型。在农业生产合作社的整个分配过程中,山西省除仍应坚持从农副业总收入内除去生产费用和管理费用、公积金和公益金以后,按劳动、土地分配比例进行分配的程序外,对于粮食的分配,还与统购统销统一起来考虑。这就既完成了统购任务,又要贯彻多劳多留的政策,并保障社员生活实际需要。山西省委坚持"以劳为主,兼顾土地"的总的分配原则,又应使农业生产合作社的粮食分配符合党在农村的粮食政策。具体做法,采取由社集体售粮并预留来

---

① 中共中央文献研究室:《建国以来重要文献选编》第 4 册,中央文献出版社 1993 年版,第 672—673 页。

② 中共保定地委:《华北局关于新区土改的决定》(1949 年 10 月 10 日),河北省保定市档案馆,档案号 2-25-14。

年种籽、饲料投资以后,以社员生活的实际需要为主,照顾劳动力和土地多而所分配的粮食也较多的办法。按人口分配的部分(加自留地收获)保障了社员生活的最低需要,又按劳动日分配一部分使劳动好的人能多分一些粮食,这就刺激了社员的生产积极性。但为了照顾土地较多的社员,按劳动分配的部分为按劳动、土地分配比例进行分配。为便于掌握起见,山西省委规定各地可根据当地具体情况,大致计算出一个按人口和按劳动、土地分配粮食的比例,比如按人分七成,按劳动土地分三成或者按人分八成,按劳动土地分二成。①

高级社是在党的领导下建立的以生产资料集体所有制为基础的集体经济组织。1955 年 10 月中国共产党第七届中央委员会第六次全体会议(扩大)通过的《关于农业合作化问题的决议》,对劳动力和土地报酬分配政策又做了较大调整,规定:"土地报酬一般地应该低于劳动报酬,过高是不对的。"②同时,也强调了由于劳动力与土地之间的差异性造成的分配问题,要求确保适当的收入。再次,《决议》一方面强调了劳动报酬,另一方面提出了要照顾缺乏劳动力的社员收入的要求。到 1955 年底,全国 63 万个合作社中,已经有 7467 个初级社取消了劳动报酬。全国的初级社中,经过一定的发展和调整,占 9.4%的耕地面积已经不再获得土地报酬。其中,建立合作社时间较长的吉林省占 33.5%,山西省占 23.8%。③ 1956 年 6 月第一届全国人大代表大会第三次会议通过《高级农业生产合作社示范章程》,规定:"农业生产合作社按照社会主义的原则,把社员私有的主要生产资料转为合作社集体所有,组织集体劳动,实行'各尽所能,按劳取酬',不分男女老少,同工同酬。"④

---

① 中共山西省委农村工作部:《关于农业生产合作社夏收预分中做好小麦分配的意见》(1955 年 6 月 15 日),山西省档案馆,档案号 C29-1-41。

② 中共中央文献研究室:《建国以来重要文献选编》第 7 册,中央文献出版社 1993 年版,第 292 页。

③ 莫日达:《我国农业合作化的发展》,统计出版社 1957 年版,第 126 页。

④ 中共中央文献研究室:《建国以来重要文献选编》第 8 册,中央文献出版社 1994 年版,第 404 页。

　　发展到高级社阶段,由于土地所有制的根本转变,我国历史中长期存在的土地私有权以及收益被完全取消,生产资料的占有形式实现了根本性转移,成为集体所有,在农村合作社内部也确立了工分制的分配方式。在公社生产队内部,根据社员的劳动能力(年龄、体力和劳动技能)、劳动态度(政治觉悟和重视集体程度)、劳动表现(出勤和完成农活多少)和劳动绩效(农产量)来确立工分。1955年3月,中共中央在《关于在农业生产合作社扩大合并和升级有关生产资料的若干问题的处理办法的规定》中强调,"过去的地主分子和已经放弃剥削的富农分子(包括新富农在内)入社的时候,他们入社的土地,在初级合作社内,按照家庭人口的多少,在当地每人占有土地平均数以内的部分可以取得土地报酬,多余的土地不给土地报酬;在高级社内,他们的土地当然转为合作社公有,一律取消土地报酬"[1]。这种形式的"按劳分配"既包括以家庭为单位的工分分配,也包括社员个人的基本口粮收入。这时的合作社分配政策是在做了各种必要扣除后,把剩余的产品分为"工分粮"和"基本口粮"两部分。在这两部分比例中,"基本口粮"处于优先地位,因为规定指出:"合作社在分配粮食的时候,口粮部分要按照当地的口粮标准,按人口多少分给社员。除了口粮以外的部分,可以按照各个社员所做劳动日的多少进行分配。"[2]高级社阶段的分配政策已经完全属于社会主义性质。高级社阶段的生产资料属于集体所有,按劳分配成为社员间分配收益的普遍原则。但是,高级社阶段的按劳分配存在着严重的平均主义倾向,由于分配方式中的工分制和按劳动日计算劳动报酬虽然简单但计算难度很大,造成实际分配中的平均化倾向。

　　实现农业合作化后农村各阶级、阶层经济情况变化较大。总体来看,贫下中农收入显著增加,地主、富农收入则相应减少。如根据1956年北京郊区农

---

　　[1]　中国社会科学院、中央档案馆:《中华人民共和国经济档案资料选编:农业卷(1953—1957)》,社会科学文献出版社1998年版,第212页。

　　[2]　高化民:《农业合作化运动始末》,中国青年出版社1998年版,第315页。

业合作化后的各阶级、阶层经济收入分配增减情况,郊区总共 427 个农业社 121969 户新社员中,贫农 49075 户中,24292 户(占 49.5%)收入比入社前增加,7263 户(占 14.8%)收入相比入社前不增不减,17517 户(占 35.7%)收入比入社前减少;中农 58671 户中,30618 户(占 52.2%)收入比入社前增加,7510 户(占 12.8%)相比入社前不增不减,20543 户(占 35%)比入社前收入减少;富农 5282 户中,1449 户(占 30.4%)收入比入社前增加,813 户(占 15.4%)收入相比入社前不增不减,3020 户(占 57.2%)比入社前收入减少;4551 户地主中,1383 户(占 30.4%)比入社前收入增加,659 户(14.5%)比入社前收入不增不减,2509 户(占 55.1%)比入社前收入减少;4390 户其他社员(主要是半农户)中,比入社前收入增加的有 2202 户(占 50.2%),不增不减的 400 户(占 9.1%),减少收入的 1788 户(占 40.7%)。①

(二) 农业合作化后各阶级、阶层的思想动态

农业合作化开始后,由于各阶级、阶层所处的经济状况不同,尤其是随着农村入社后把全部生产资料划归集体所有和完全按劳取酬,不同阶级、阶层对农业合作社态度也不尽相同,在一个阶层内部也有差异。总体上,大部分人是坚决拥护和基本拥护社会主义和农业合作社的,少部分人由于触动了自己的经济利益,对社会主义存在不满和反对情绪。

在农业合作化过程中,各阶层的政治态度表现不一。绝大多数贫农和下中农对农业合作社比较拥护,但拥护的社员里面,也可以分为三类:第一类社员是一贯拥护党的领导,拥护社会主义,愿意走合作化道路,拥护政府各项政策;第二类社员是拥护党的领导,基本上愿意走合作化道路,但对合作社和统购统销等有较大的意见;第三类社员是仇视社会主义,对党和政府的政策不满,对合作社有破坏性言论和对抗情绪。有一部分富裕中农反对合作社,乘机

---

① 北京市委农村工作部:《北京郊区农业合作化后的阶级情况》(1957 年 8 月 30 日),北京市档案馆,档案号 1-14-381。

对合作社、社会主义大肆诬蔑,有的公开煽动群众反对党和政府,挑拨工农关系,反对合作化,打击干部和积极分子。一般地主、富农分子表现是俯首帖耳,埋头干活,不多言多语,不暴露思想。但也有一部分地主富农分子人前一面,人后一面,当着干部毕恭毕敬,背后拨弄是非,谩骂合作社。有的还在伺机进行破坏活动。在右派分子向党、向社会主义猖狂进攻时,虽然一般地主、富农分子都在观察和保持缄默,但有一些地主富农分子则认为"时机已到",乘机反攻、倒算,有的地主分子向贫农要房子,要土改前的旧债,有的则企图煽动群众反对党和政府。有的富农分子企图要回他们入社生产资料的折价款。残余的反革命分子也在活动……。由于政治思想薄弱,在农业合作化以后,一些农民中还滋长了铺张浪费现象,有些人认为入了社,反正社里不能叫我饿着,因而在生活上大手大脚,有的大吃大喝,缺乏精打细算、勤俭持家精神,有的甚至用贷款来改善生活。①

　　新中国成立后至 1956 年底社会主义改造完成,中国实行的分配政策是以按劳分配为主导、其他多种分配方式相结合的分配制度,这一分配政策的调整具有重大历史意义。首先,这种分配制度是对旧中国原有分配政策的根本否定。几千年来,广大人民群众遭受剥削阶级的盘剥之苦,辛苦的劳动却不能换来温饱的满足和社会地位的尊重。以按劳分配为主体的分配政策的确立,满足了广大人民群众的基本要求,极大提高了他们的生产积极性。其次,带有平均主义色彩的按劳分配为主体的分配政策也是当时历史条件下的必然选择。新中国成立初期,中国仍是一个人口众多、经济落后的国家,为了满足人民的最基本的生活需要,必须实行带有平均主义色彩的按劳分配制度。再次,以按劳分配为主体的分配政策消除了人们的"搭便车"现象。社会中的每一个人要想获得劳动报酬必须参加劳动。这种政策的实施激励人们努力从事生产活动。最后,以按劳分配为主导、其他多种分配方式相结合的分配政策,在新中

---

　　① 北京市委农村工作部:《北京郊区农业合作化后的阶级情况》(1957 年 8 月 30 日),北京市档案馆,档案号 1–14–381。

国成立初期的恶劣环境中,极大调动了人们的生产积极性,为当时国民经济的恢复和发展,为建立社会主义制度作出了重大贡献。但是,由于这一时期的分配政策带有严重的平均主义色彩,农业社内部的按劳分配原则没有得到很好的贯彻,随着生产的发展弊端也将日益显现。

随着 1956 年社会主义改造在中国的全面完成,公有制经济确立起来,改变了人们原有的经济关系和经济地位,使得中国过渡时期的"混杂型"收入分配方式退出历史舞台,"单一型"按劳分配制度成为传统计划经济下唯一的分配方案。

第四章　新中国社会主义十年建设时期农村现代化分配制度的曲折探索

　　社会主义十年建设时期是我国农村曲折发展的十年。前期"大跃进"和人民公社化运动使我国农业发展遭到挫折,实际分配上的平均主义盛行,后期农业发展在调整中恢复,按劳分配制度得到一定程度的贯彻。新中国在1956年完成社会主义改造,标志着我国在单一的公有制基础上建立起高度集中的计划经济体制,社会主义基本经济制度正式确立。随着"大跃进"和人民公社化运动的展开,在农村实行工资制和供给制相结合的制度,实际执行中是平均主义的"大锅饭"盛行,试验地河北徐水和山东范县集中体现了人民公社浓厚的平均主义和军事共产主义色彩。面对国民经济严重困难,20世纪60年代初国家分配政策上的调整体现了实行按劳分配制度的必要性,但很快又滑向平均主义的惯性,浙江、山西等地的分配调整情况体现了这一时期政策的反复性。

一、社会主义十年建设前期人民公社相对平均的分配制度

　　1956年社会主义改造完成前后,新中国主要领导人毛泽东同志对社会主

义分配制度在中国如何实施,经历了一个思想认识的转变过程。1956 年初,面对着社会主义改造即将取得胜利的形势,毛泽东在《论十大关系》的报告中提出国家、集体和个人利益三结合的物质利益原则,并强调与按劳分配原则进行紧密结合。他强调按劳分配在不同的领域也要具体分析,如不能"简单地拿农民每人每年平均所得和工人每人每年平均所得相比较,说一个低了,一个高了,这是不适当的。工人的劳动生产率比农民高得多,而农民的生活费用比城市工人又省得多,所以不能说工人特别得到国家的优待"。①在社会主义改造完全取得胜利后,他又在《关于正确处理人民内部矛盾的问题》的讲话中强调适当处理国家、集体和个人三者之间的矛盾。可见,这一时期毛泽东重视社会主义分配上的差别,强调按照按劳分配的原则,反对绝对的平均平等。从 1958 年开始,毛泽东的分配思想开始转变。由于对"资产阶级法权"思想的认识发生偏差,他提出反对"资产阶级思想的残余",反对分配政策上的区别和激励机制,实质上倾向于平均主义的分配方式,这就脱离了我国当时的实际经济社会发展水平。作为国家政策的实际决策者,毛泽东对我国社会主义分配制度的认识变化,对十年建设时期的分配政策产生了深刻影响。

(一)人民公社前期分配政策上浓厚的平均主义色彩

1957 年底国家"一五"计划顺利完成,既激发了全国人民建设社会主义国家的热情,也无形中助长了急躁冒进的倾向。1957 年 9 月中共八届三中全会召开,大会通过了《1956 年到 1967 年全国农业发展纲要(修正草案)》(即"农业四十条"),提出巩固已有的农业生产合作社。大会还对 1956 年周恩来、陈云提出的反冒进方针提出批评,并把无产阶级与资产阶级、社会主义道路与资本主义道路之间的矛盾确立为中国社会的主要矛盾,这就改变了中共八大一次会议关于我国主要矛盾的论断。1957 年 11 月 13 日,《人民日报》号召"在

---

① 《毛泽东文集》第七卷,人民出版社 1999 年版,第 222 页。

生产战线上来一个大跃进"，这成为发动全国"大跃进"的序曲。接着，1958年1月1日，《人民日报》在元旦社论中提出了生产上的跃进计划，即中国在钢铁和其他主要工业产品产量方面赶上英国要用15年左右时间，此后赶上美国再用20年至30年时间，最终实现中国从社会主义到共产主义的过渡。在"超英赶美"的号召下，农业上也开展了轰轰烈烈的"大跃进"和人民公社化运动。

人民公社是随着1958年的"大跃进"运动在全国农村普遍建立的，其分配制度经历了"从按劳分配到'按需分配'，在实践中碰壁后逐步向按劳分配复归而又不失徘徊的变迁过程"①。1958年初，随着"大跃进"运动在全国的迅速开展，首先在农村掀起大规模农田水利建设热潮，以改变高级社不适应大办农田水利的现状。这一时期，由于一大批农田水利工程动工，需要集中众多劳动力作战，在地域上也超出了社、乡界线，适应当时形势的公共食堂应运而生。如此时被作为共产主义试点的河北省徐水县集中全县力量，组织了一支十万多人的劳动大军，实行统一调配，开展劳动力大协作。为此，徐水县委提出要划分战区，按军事编制在工地组织劳动队，成立大食堂，实现所谓"行动军事化，作风战斗化"的"全民军事化"。

在1958年3月召开的成都会议上，中共中央通过了《关于把小型的农业合作社适当地合并为大社的意见》，《意见》经4月中央政治局会议批准正式下达各地，千户以上的大社在全国开始试办。在各地迅速掀起的小社并大社运动中，以辽宁省和广东省最快和最具代表性。如5月中下旬，辽宁省就将9272个小型社合并为1461个大社，一般2000户左右一社，最大的社规模达到18000多户。其他省份，如河南将38286个社合并成2700个大社，北京郊区农村将1680个小社合并成218个大社。② 全国绝大部分省份都在短短几

---

① 吴志军：《一九五八年：变动中的人民公社分配制度——以徐水共产主义试点为中心》，《中共党史研究》2006年第4期。

② 薄一波：《若干重大决策与事件的回顾》下卷，中共中央党校出版社1993年版，第730页。

个月完成了小社并大社工作。

5月在北京召开的八大二次会议把"大跃进"运动推向高潮。在这次会议上，中共中央提出了社会主义建设总路线，即"鼓足干劲、力争上游、多快好省地建设社会主义"，这实际上在经济发展中忽视了我国生产力发展水平，夸大了人们主观能动性的作用。这时的河北省徐水县也紧随全国"大跃进"的步伐。在4月17日《人民日报》刊登的《中共河北省委关于徐水县委组织农业生产大跃进领导经验的总结》和5月农业出版社出版的《徐水县组织农业生产大跃进的典型经验》，都对徐水经验给予高度评价，徐水县开始成为全国"大跃进"典型和共产主义试点地区。1958年7月1日，徐水县委召开紧急会议要求全县开展共产主义大协作。7日，徐水县委就要求全县实行组织军事化、行动战斗化和生活集体化，并就公共食堂建立等问题进行群众性的鸣放大辩论，并把这定义为"共产主义的因素在全县萌芽"①。

8月4日，毛泽东视察徐水县，在听完汇报后称赞"组织军事化、行动战斗化、生活集体化"，反复强调："还是人民公社好"②，这就极大地推动了徐水县和全国人民公社化运动的展开。当晚，徐水县大寺各庄宣布成立"东方红八四人民公社"，一切财产归集体所有，社员全体实行工资制。8月5日，徐水县委书记张国忠在《向共产主义进军》的讲话中提出，建设共产主义就要有共产主义思想，"共产就是大车、牲口全部归公。……除了生活用品和存款是自己的，其余都是公有的，这就叫共产。共产共产，越共越好，一共就富了"。8月6日，中央农村工作部到徐水传达了搞共产主义试点的指示，很快徐水全县248个合作社宣布全部转为人民公社。这一时期，徐水县委制定了《关于加速社会主义建设向共产主义迈进的规划草案》，提出"1959年基本完成社会主义

---

① 中共徐水县委会：《关于改革劳动组织和家务劳动普遍实行劳动大协作的指示》(1958年7月7日)，河北省徐水县档案馆，档案号114-15。

② 中共徐水县委会：《伟大领袖毛主席视察徐水县八四大队时的重要指示》(1958年8月)，河北省徐水县档案馆，档案号112-14。

建设,并开始向共产主义过渡,到 1963 年即进入伟大的共产主义社会"的奋斗目标。为实现这个目标,徐水县委提出"今冬实现灌溉机械和加工机械化,明年实现耕作机械化,农村初步电气化;1963 年实现高度机械化和电气化"。"1959 年,30 岁以下的文盲都消灭,到 1963 年,达到高小以上文化程度;再过 5 年,30 岁以下的人都达到高等专科以上的文化程度,成为专家"。"1959 年每人平均占有粮食 2000 斤,食油 20 斤,肉类 50 斤。1963 年每人平均主要生活资料初步实现各取所需"。[1] 在此后的几个月时间内,先后有 40 多个国家和国内 3000 多个单位组织人员来徐水参观学习。[2]

8 月 7 日,作为第一个人民公社章程,河南省遂平县《嵖岈山卫星人民公社试行简章（草稿）》产生,章程明确规定了人民公社的分配制度试行工资制加粮食供给制。对于公社社员的粮食分配,嵖岈山人民公社章程规定,"在粮食生产高度发展、全体社员一致同意的条件下,实行粮食供给制。全体社员,不论家中劳动力多少,都可以按照国家规定的粮食供应标准,按家庭人口得到免费的粮食供应"。[3] 这一分配制度出现后,很快得到毛泽东的鼓励。毛泽东强调了人民公社"一大二公"的特点,认为公社实行粮食供给制是对资产阶级法权的破坏。嵖岈山人民公社的分配制度在得到毛泽东鼓励后,很快被《红旗》杂志转发,一时间成为全国其他地方社员分配方式的学习范本。

8 月 17 日中央北戴河会议审议通过《关于在农村建立人民公社的决议》,客观上推动了全国迅速掀起人民公社化运动。毛泽东认为人民公社的特点就是"一大二公",建立和推广人民公社目的是要运用人民公社形式摸索一条过渡到共产主义的具体路径,破坏资产阶级法权。[4] 这一时期,另一个被作为共

---

① 何立波:《徐水县"大跃进"始末》,《党史纵览》2008 年第 6 期。

② 薄一波:《若干重大决策与事件的回顾》下卷,中共中央党校出版社 1993 年版,第 751 页。

③ 中共中央文献研究室:《建国以来重要文献选编》第 11 册,中央文献出版社 1995 年版,第 394 页。

④ 房维中:《中华人民共和国经济大事记》,中国社会科学出版社 1984 年版,第 225 页。

产主义试点的山东范县在 1958 年 8 月初成立第一个公共食堂,到这个月中旬就实现了全县农民生活食堂化,吃饭不要钱。随着 8 月 26 日范县龙王庄人民公社作为全县第一个人民公社成立,29 日在全县就建立了 10 个人民公社,到 9 月 14 日又合并成一个大公社——范县人民公社。因为实行了县社合一,县委书记和县长分任公社党委书记和公社社长。中央北戴河会议后,经过短短三个月时间内全国 99% 农户都加入合作社。

　　人民公社在全国的迅速成立,被认为是适应当时中国生产力水平和快速发展形势的。当时党的主要领导人毛泽东同志非常赞同和支持人民公社化运动,还把我国当时的情况与汉末贫下中农进行对比,把人民公社吃饭不要钱现象当作社会主义作风。① 正如徐水县在《关于实现全民食堂化的简要总结》中提到的,这种办法不但解放了农村生产力,因妇女投入田间生产解决了劳动力不足的问题,而且削弱了家庭的私有观念,克服了吃过头粮现象,使落后分子的积极性也被调动起来。②

　　虽然,按劳分配制度是人民公社制度实行的初衷,但现实实践中很快就发生了变化。1958 年 8 月中共中央通过的《关于在农村建立人民公社的决议》,强调不急于改变现有"三包一奖"或"以产定工"等按劳动日计酬的制度,等条件成熟可改工资制,现有人民公社的分配制度"无论工资制或按劳动日计酬,也还都是'按劳取酬',并不是'各取所需'"③。但在现实实践中,由于人民公社被认为是社会主义向共产主义过渡的组织形式,实际没有贯彻社会主义的按劳分配制度,而实行的是所谓共产主义的"按需分配"体制,即供给制加工资制。由于我国当时生产力发展水平不高,在实行供给制后,每个地方限于经费紧张,可用于发工资的经费非常有限,所以能用于发工资的按劳

---

　　① 郭德宏、孟庆和:《人民公社化的经验与教训》,《党史研究与教学》1992 年第 5 期。

　　② 中共徐水县委会:《关于实现全民食堂化的简要总结》(1958 年 9 月),河北省徐水县档案馆,档案号 1-1-121。

　　③ 中共中央文献研究室:《建国以来重要文献选编》第 11 册,中央文献出版社 1995 年版,第 450 页。

分配部分所占比例一般介于 20% 至 30% 之间。到 1958 年底,随着"大跃进"和人民公社化运动快速进展,各地财力紧张,供给制逐渐成为分配的唯一形式。

人民公社的供给制在各地的具体实践中可以分为粮食供给制、伙食供给制和基本生活供给制三种。粮食供给制,即按照国家规定的粮食供应标准,免费供给全社人员的口粮;伙食供给制,即由公社包干供给全社人员的伙食,在公社食堂里吃饭(包括饭、菜、油、盐和烧柴等)不要钱;基本生活供给制,即根据社内经济条件和社员消费水平,供给全社人员的基本生活需要,如吃饭、穿衣、住房、生育、教育、看病和婚丧等费用。据统计,到 1958 年 10 月底,山东、河南、河北、辽宁、安徽五个省 5254 个人民公社中,842 个社实行粮食供给制,2151 个社实行伙食供给制,590 个社实行基本生活资料供给制,103 个社实行全供给制。①

人民公社的供给制计划把所有社员的衣食住行都包下来,实行平均分配,被中央主要领导人设想为向共产主义过渡的桥梁。全国各地也是积极贯彻这一精神。如当时的山东范县县委书记在庆祝范县人民公社成立大会上的讲话中就指出,公社采用过渡性质的分配方法,即从总收入中首先完成国家征购任务,扣除公共积累后,余下部分采用社员基本生活供给制(即各取所需)和基本工资制(即按劳取酬)的办法向社员进行分配。② 范县县委根据生产的发展,确定在 1958 年实行基本工资制和生活供给制的基础上,1959 年适当提高社员的生活水平,1960 年基本实行"各尽所能,各取所需"的共产主义分配制度。其供给标准是:口粮每年每人七百斤(其中麦子六百斤),植物油五十斤,肉二百五十斤(包括猪、羊、牛、鸡、鱼等)……到那时:人人进入新乐园,吃喝

---

① 薄一波:《若干重大决策与事件的回顾》下卷,中共中央党校出版社 1993 年版,第750 页。

② 中共范县县委:《全县人民都来欢度范县人民公社的诞生——中共范县县委书记史伟星同志在庆贺范县人民公社成立大会上的广播词》(1958 年 10 月 28 日),河南省范县档案馆,档案号 011-1-86。

穿用不要钱;鸡鸭鱼肉味道鲜,顿顿可吃四个盘;天天可以吃水果,各样衣服穿不完;人人都说天堂好,天堂步入新乐园。① 范县不顾 1957 年平均亩产只有 215 斤的现实情况,提出雄心勃勃的十年农业发展规划,要求 1958 年粮食产量达到 600 斤,三年达到千斤。为了完成生产目标,全县设立生产跃进指挥部,按照部队营连排编制成立 10 个野战兵团,坚持"阵地战"和"运动战"相结合,实行大兵团作战。②

公共食堂是人民公社实行供给制的载体。在人民公社公共食堂刚成立时,还采用以前的按人定量方法。但是,随着"大跃进"运动中浮夸风盛行,严重错估了粮食产量,"放卫星"现象盛行。在 6 月 8 日河南省遂平县首先放出亩产 2105 斤的小麦卫星后,青海塞什克农场发出小麦最高亩产 8585 斤的"卫星",广西环江县放出亩产水稻最高 130434 斤的"卫星"。③ 范县县委也在总结报告中提到:1958 年获得了空前未有的大丰收,小麦产量比去年增加了 52%,放了千斤以上的"卫星"27 个;早秋玉米、谷子"元帅"升帐,平均亩产 5 千斤以上,晚秋丰收已成定局;统计全县 728059 亩粮食作物平均可达 5375 斤,2 万 7 千亩花生亩产可达 3131 斤,61145 亩棉花平均可达 113 斤(皮棉)④。"人有多大胆,地有多大产"成为向许多地方鼓劲的豪言壮语。随着高产"卫星"的放出,许多地方喊出了"敞开肚皮吃饭"的口号,实行吃饭不定量的方法,有的地方还摆起"流水席",造成了公共食堂的巨大浪费。如山东菏泽马岭岗公社食堂,实行吃饭不限量一个月,社员仅有 340 人的小队就吃掉

---

①　中共范县县委:《范县人民公社关于加速建成社会主义并到 1960 年过渡到共产主义的规划》(1959 年 9 月 1 日),河南省范县档案馆,档案号 011-1-99。

②　中共范县县委:《中共范县县委是怎样领导生产大跃进的》(1958 年 10 月 28 日),河南省范县档案馆,档案号 011-1-90。

③　薄一波:《若干重大决策与事件的回顾》下卷,中共中央党校出版社 1993 年版,第 686 页。

④　中共范县县委:《中共范县县委是怎样领导生产大跃进的》(1958 年 10 月 28 日),河南省范县档案馆,档案号 011-1-90。

粮食1万多斤,平均每人一天3斤多。① 可见,实际执行中,人民公社实行的供给制严重超出了当时我国生产力发展水平和人民群众的觉悟程度,不仅造成了各地物资供应紧张,对社员的生产积极性也带来极大损伤。

随着人民公社化运动的全面开展,1958年秋全国开始刮起"共产风",主要是在农村生产生活资料实行"一平、二调、三收款"。"一平"主要指公社内部的平均主义,在生产队与生产队之间、生产队内部社员之间搞平均,公社统一经营、统一盈亏和统一分配,扩大供给制在收益分配上的比重,实行办公共食堂和吃饭不要钱。"二调"指无偿调拨社员和生产队的人力、财力和物力。"三收款"是指银行收回农村贷款,公社用社员的物资和现金办公共食堂和托儿所等。"一平、二调、三收款"在山东范县和河北徐水县就表现得非常严重。据山东范县1958年的统计,全县共平调社员粮食229万余斤,劳动日720万个,土地102417亩,房屋52180间,大牲畜1164头,全县"一平、二调、三收款"共折合人民币3700元,平均每人59元。② 据部分统计,1958年徐水县建立人民公社后,全县共平调集体和个人财产1246万元,包括土地40487亩,粮食118580斤,劳动力1105629个,各种机器283台,大车906辆,农机具42726件,家具38748件,砖瓦80000块,房屋22347间,树木410000株,大牲畜257头,猪3391口,羊980只。③

随着人民公社化运动的全面展开,各地开始改变原有分配政策。1958年8月,徐水县委下发《关于人民公社实行工资制的草案》,确定实行劳动工资加奖励的办法,这一政策虽然在实践中没有真正体现"多劳多得",但其中按劳分配性质较为突出。1958年9月,河北徐水县委也在《关于人民公社实行供给制的实行草案》中开始改变原有的分配制度,指出徐水县当前生产力的发

---

① 《山东省农业合作化史》编辑委员会:《山东省农业合作化史料集》下册,山东人民出版社1989年版,第143页。
② 岳鸿胤、秦相启:《大跃进年代的范县共产主义神话》,《党史博览》2000年第5期。
③ 孙志杰:《记徐水"共产主义"》,《纵横》2001年第9期。

展而引起生产关系的改变,生产水平的提高以及广大工农群众共产主义思想觉悟提高的新形势,已不适应于继续采取记工分红、工资制等按劳取酬的分配制度,而需要采取一种向共产主义"各尽所能,各取所需"过渡的分配制度,这已成为群众的迫切要求。经过人们的酝酿讨论,我们已经找到了全民实行供给制的分配办法。实行这种供给制的基本特点是打破了按劳取酬的分配原则,而是人人各尽自己的能力参加公社劳动,每个人的吃饭、穿衣及主要生活必需品的需要,由公社有限度地、按着工农商学兵大体平等的标准计划供应。[1] 但是,限于当时生产力水平,徐水县实行的供给制分配也只是最低标准的基本生活供给制。

(二)人民公社前期分配政策上的初步纠偏和再度转向

随着"共产风"盛行,原有的工资制与供给制相结合分配制度开始改变,其中的供给制比例不断提高,造成了各地公社财政越来越困难。如河北徐水县由全县核算负责供给制,到 1958 年 9 月干部就停发了薪金,改发降低了标准的津贴。但即使这样,当月领工资或津贴晚的干部也未领到一分钱,只能和干部家属一起到公共食堂免费就餐,而公共食堂也只维持了 3 个多月就关门了。当时徐水不足 2000 万元的全县财政收入远不足以支撑供给制的物资供应,只好挪用 700 万元县财政资金,全县财政面临崩溃。[2] 河南遂平县第一个月就把县财政的钱全花光了,只好采用了以无息活期储蓄存折代替货币的方案。[3]

在发现人民公社分配政策弊端后,中央也开始对"左"倾错误进行初步纠正。1958 年 11 月,中央领导人开始认识到"大跃进"和人民公社化运动中的

---

① 中共徐水县委会:《关于人民公社实行供给制的试行草案》,《徐水报》1958 年 9 月 23 日。

② 赵云山、赵本荣:《徐水县共产主义试点始末》,《党史通讯》1987 年第 6 期。

③ 康健:《辉煌的幻灭——人民公社警示录》,中国社会出版社 1998 年版,第 345 页。

"左"倾错误，毛泽东在第一次郑州会议上明确指出了人民公社急于过渡到共产主义的错误，批驳了产品调拨的错误，肯定了实行商品生产的主张。他对徐水县的做法进行了批评，认为徐水的全民所有制不能称是建成社会主义，说他们是"急急忙忙往前闯"，浮夸风的许多做法不实事求是。在 12 月八届六中全会上通过的《关于人民公社若干问题的决议》，毛泽东仍然肯定了按劳分配制度和商品生产与交换，明确规定了社员的生活资料在公社化后仍为社员所有。

中央纠偏后，各地原有分配政策难以为继，也积极贯彻中央精神进行调整。1959 年 1 月山西省委通过的《关于整顿和巩固人民公社的决议》中，虽然仍然承认人民公社实行的工资制和供给制相结合的分配制度，是具有共产主义萌芽的，但是肯定其基本性质仍然是社会主义的"各尽所能、按劳分配"。为了促进社员劳动积极性，也为了使社员生活中的复杂需要比较容易解决，《决议》规定按劳分配的工资部分，在比较长的时间内必须占有重要地位，在一定期间占主要地位。《决议》规定人民公社的基本核算单位，必须积极努力逐年增加社员所得的工资部分，并且在若干年内，必须使社员的工资部分比供给部分增加得更快些。[①] 这时的河北省徐水县委也开始总结前期工作中的错误，分析政策错误的原因在于四个方面，一是混淆了全民所有制和集体所有制两种性质根本不同的所有制，二是没有根据生产力发展水平就实行了供给制，三是对一县一社财政统得过死，四是取消了资本家的定息。[②] 12 月底，徐水县委认真总结前期经验教训，向河北省委递交检查报告，标志着徐水仅持续了四个月的"共产主义试点"的终结。

1959 年 2 月召开的第二次郑州会议上，毛泽东提出整顿人民公社的方针。新方针规定了人民公社实行"统一领导、队为基础；分级管理，权力下放；

---

① 中共山西省委：《关于整顿和巩固人民公社的决议》(1959 年 1 月)，山西省档案馆，档案号 c54-2011-110。

② 张国忠：《对前期工作中发生缺点错误的检讨》(1958 年 12 月)，河北省徐水县档案馆，档案号 1-1-110。

三级核算,各计盈亏;分配计划,由社决定;适当积累,合理调剂;物资劳动,等价交换;按劳分配,承认差别"①。1959 年 3 月,中共中央上海政治局扩大会议和八届七中全会通过了《关于人民公社的十八个问题》,肯定了"定工吃饭"和"基本伙食工分"办法,正式取消了"敞开肚皮吃饭"的口号。根据中央指示,1959 年 3 月河北省委发出《关于农村人民公社管理体制及若干问题的规定》,不但调整了全省人民公社的管理体制总方针,而且重新规定了工资制和供给制相结合的分配制度,明确分配给社员的消费总额中,"1958 年度工资部分所占比例一般不能少于 50%,收入多的生产队应该超过 50%。1959 年消费总额中的工资部分,一般应该占 60%以上"。② 此时,山东范县由于过度浮夸和征购过头粮,农民吃饭问题逐步暴露出来,也不得不进行调整。中共范县县委《关于 1959 年收益分配工作的意见》指出,基本核算单位向社员的分配应实行工资制与供给制相结合的分配制度,必须坚决贯彻执行中央和省委指示的工资部分占 60%—70%,供给部分占 30%—40%的规定,根据供给制部分的多少,分别实行"伙食供给制","粮食供给制"和"部分粮食供给制"。③

　　1959 年 5 月后,中央陆续发出一系列调整措施,包括恢复社员自留地,允许饲养家禽,鼓励社员利用零散土地种粮食和树木等。如根据浙江省农村工作部的统计,1959 年的春季大生产的准备工作虽然没有 1958 年做得好,"后来由于贯彻执行中央郑州会议指示,实行权力下放,纠正'一平二调',调动了积极性,下半年生产搞得尚好,因此总收入仍比 1958 年增加 4%"④。这一时期,中央和各地虽然在政策制定和调整上否定了按需分配制度,但仍肯定供给

---

　　① 中国社会科学院、中央档案馆编:《中华人民共和国经济档案资料选编·农业卷(1958—1965)》,中国物价出版社 2011 年版,第 3 页。

　　② 中共河北省委:《关于农村人民公社管理体制及若干问题的规定》(1959 年 3 月 16 日),河北省徐水县档案馆,档案号 1-1-115。

　　③ 中共范县县委:《中共范县县委关于 1959 年收益分配工作的意见》(1959 年 9 月 1 日),河南省范县档案馆,档案号 011-1-115。

　　④ 浙江省农村工作部:《本部关于农村人民公社 1957—1960 年收益分配情况统计》(1961 年 7 月 12 日),浙江省档案馆,档案号 J007-12-44。

制和工资制相结合的分配制度,只是适当增加了按劳分配在整个分配中所占的比重。但是,由于主要中央领导人对"左"倾错误严重性认识不足,对"政社合一"、分配上的供给制和生活集体化等弊端没有根本触动。

庐山会议使相对好转的纠偏形势再度转向。1959 年 7 月至 8 月,中共中央为纠正"大跃进"和人民公社化运动中的"左"倾错误,在庐山召开政治局扩大会议和八届八中全会,集中总结"大跃进"和"人民公社化"运动中经验教训。但是,由于会议中间突然展开了对彭德怀"万言书"的批判,会议主题转入反对右倾机会主义,进一步扩大了原本存在的"左"倾错误。1959 年 10 月,中共中央批转《关于庐山会议以来农村形势的报告》,会议指出:"今年 5,6,7 月间,农村曾出现了一股右倾的邪风、歪风,搞什么'生产小队基本所有制''包产到户',利用'小私有''小自由',大搞私人副业,破坏集体经济,以及吹掉部分供给制,吹散公共食堂等,实际上是猖狂地反对社会主义道路的逆流。"①这就从政治上进一步肯定了人民公社的按需分配制度。庐山会议后,原本存在的"共产风"再度泛滥,不但继续进行"大跃进"和人民公社化运动,而且对出现的包工包产到户责任制进行批判,使得浮夸风等再次刮起,引起农村大饥荒,严重破坏了农业生产。

(三)"包产到户"的三次兴起和衰落

20 世纪 50 年代末至 60 年代初,面对着"大跃进"和人民公社化运动带来的经济体制弊端,中国农村一些地方创造了包产到户的生产责任制形式,经过三次兴起实践,又经过三次被批判和衰落,但这些探索为以后寻找中国农业发展道路积累了宝贵经验。

"包产到户"现象在 1956 年农业合作化发展到高级社阶段第一次兴起。随着农业合作化运动不断加快,到 1956 年 6 月高级社已成为农村合作经济的

---

① 当代中国农业合作化编辑室:《建国以来农业合作化史料汇编》,中共党史出版社 1982年版,第 572 页。

主要形式。但这时农村分配上平均主义倾向愈发严重,农业生产出现了"走起来一长串,做起来一大串,出工一窝蜂,干活大呼隆"的显著弊端,影响了广大社员的生产积极性,随之而来的就是实行包工包产等形式的包产到户现象在一些地方出现。包产到户现象在四川江津地区出现得最早,到浙江温州、江苏盐城、安徽芜湖、广东中山和河北一些地区都出现过,其中最为典型的是浙江温州的永嘉县。1956 年春,永嘉县借鉴初级社经验,在三溪区燎原合作社进行试验,把基本核算单位放到队,实现"包产、包工分、包肥、包农具",把劳动责任与个人挂钩,促进了社员劳动积极性和生产发展。这一行为得到时任中央农村工作部部长邓子恢的支持,他特别指出:"包工包产势在必行,高级社没有包工包产不行,无论如何不行,我想南方北方都要搞包工包产"①。1956 年 9 月,永嘉县委召开千人大会,推广燎原社经验,提出在山区和平原进行多点试验。据统计,到 1957 年夏,全温州地区一千多个社,17.8 万户社员实行了包产到户。② 然而,随着 1957 年 5 月全国范围内反右倾运动的开展,农村也开展了社会主义教育运动和"两条道路"的大辩论,包产到户被批判成走资本主义道路的典型,是社会主义与资本主义两条道路、无产阶级与资产阶级两个阶级斗争的表现。这样,全国一些采取包产到户的地区被迫纠正这一举措,第一次包产到户的兴起被打压。

　　1959 年包产到户再次兴起,经过反右整风运动的批判,这种现象再次被叫停和禁止。随着 1958 年全国发起"大跃进"和人民公社化运动,在中国农村和城市以高指标、瞎指挥、浮夸风和共产风为特征的"左"倾错误在全国泛滥,这不但严重破坏了农村生产力,还极大地挫伤了农民生产积极性。从 1958 年 11 月至 1959 年 3 月,中央先后四次在郑州、武昌、上海召开会议,以纠正一系列"左"倾错误,在农村重点整顿人民公社的生产和分配制度。在贯彻中央会议精神和指示的过程中,江苏、甘肃、湖北和河南一些地方,为纠正生产

---

①　《邓子恢文集》,人民出版社 1996 年版,第 445 页。
②　杜润生:《中国农村改革决策纪事》,中央文献出版社 1999 年版,第 38 页。

的混乱和分配上的平均主义,又重新建立起生产责任制,再次兴起包产到户。如河南新乡推行"包工到户、定产到田、个人负责,超产奖励",洛阳地区推行"包工包产到户,以产定工,产工一致,全奖全罚,三年不变"的方法,这就极大调动了农民的生产积极性,推动了生产的迅速恢复和发展。① 但是,随着1959年庐山会议开展对彭德怀的错误批评和接下来的"反右倾"斗争,包产到户被定性为"极端落后、倒退、反动的做法""右倾机会主义分子在农村复辟资本主义的纲领"②,再次受到批判打压。

1961年至1962年"包产到户"现象第三次出现和被否定。1959年发动的"反右倾"斗争不仅使党内民主受到破坏,而且经济上打断了纠"左"进程,使得农村中的"浮夸风、共产风、强迫命令风、瞎指挥风、干部生活特殊化风"进一步泛滥,农村经济出现严重困难。随着1960年11月中共中央《关于农村人民公社当前政策问题的紧急指示信》发出,在四川、安徽、镇江、山西、甘肃、山东、河南、广西、湖南等许多地方再次出现包产到户现象,而且比前两次范围和规模更大。根据1961年浙江省委农村工作部调查,包产到户一般从包工到户开始,有的发展成土地落户,根据对嵊县统计,"全县十九个公社,一千八百六十一个生产大队:土地落户的有六十八个生产大队,占百分之三点六;包产到户的有一百三十四个生产大队,占百分之七点二;包工到户的有一百个生产大队,占百分之五点三。儒岙公社的情况更严重。全社六十个大队,五百五十三个生产队,包产到户的大队占百分之七十八,包产到户生产队占百分之六十五。另据丽水、泰顺两个县了解,共有二百八十一个生产队包产到户,占这两个县生产大队总数的百分之二十"。③ 无论是包产到户还是包工到户、土地落户,做法上形式不一。有的生产队是按劳动底分包到户的,有的生产队是按口

① 国家农业委员会办公厅:《农业集体化重要文件汇编》上,中共中央党校出版社1981年版,第254—256页。
② 人民日报评论员:《揭穿"包产到户"的真面目》,《人民日报》1959年11月2日。
③ 浙江省农村工作部:《中共浙江省委工作部文件关于包产到户问题的报告》(1961年7月12日),浙江省档案馆,档案号J007-13-27。

粮以人定量标准包到户的,还有的生产队是按劳动底分和以人定量相结合包到户的,个人的也有采取自报公议的办法包到户的。

1961 年 4 月,安徽全省在中央的同意下实行"包产到户"责任制,调动了农民的生产积极性,农村粮食取得较为明显的增产效果。根据安徽省 1961 年对 36 个县的典型调查,实行包产到户责任制的 36 个生产队,平均粮食生产比上一年增产 38.9%,而没有实行的另外 36 个条件大体相同的生产队,平均亩产只比上一年增产 12%。① 当然,这一时期"包产到户"现象之所以由开始被禁止到被中央默许试验存在,主要原因在于人民公社化运动后的客观发展形势所迫。"大跃进"运动后的连续几年,粮食产量连续下降、社员收入减少,引起很多社员不满,不少基层干部也对所有制的快速调整信心不足。"大部分群众的情绪是:'包产到户','土地到户'知道不对,但是,比生产搞不好,饿肚子的味不好受。因此,公开反对包产到户的是少数,公开主张包产到户的也是少数,立中间,随大流的占绝大多数。"②

随着国民经济形势的初步恢复,政策再次发生变化。1962 年 9 月,毛泽东在中共八届十中全会上,把包产到户批判成"复辟资本主义单干风",再次强调阶级斗争。这样,包产到户在各地再次被禁止,但它作为社会主义集体所有制农业的一次成功实践所取得的尝试性贡献不可磨灭,为改革开放后家庭联产承包责任制提供了有益的经验和启示。

(四) 各阶层对人民公社前期实行供给制的反映

对于人民公社在分配制度上主要实行供给制,人们的思想反映不一,实行初期大多数表示拥护,中后期不同意见逐渐增多。如对徐水县关于全民实行

---

① 中国社会科学院、中央档案馆编:《中华人民共和国经济档案资料选编·农业卷(1958—1965)》,中国物价出版社 2011 年版,第 8 页。

② 浙江省农村工作部:《中共浙江省委工作部文件关于包产到户问题的报告》(1961 年 7 月 12 日),浙江省档案馆,档案号 J007-13-27。

供给制情况的考察,基本的方面是异口同声地拥护供给制,尤其是原来收入较少、人口较多的人们简直是欣喜若狂,万分感激党的领导,他们将供给制说成是"真正的思想解放"。连同原来收入较多人口较少的人在内也都说供给制办法好,大家共同的呼声是:这种人人有吃、有穿、有用(指日用品)的办法,过去是连想也不敢想的,以后自己再不用挂念家中老小的生活了,可以专心一意地去搞生产。很多人表示要以今后自己更积极的劳动来回报党对他们生活的关怀。工人、农民、一般职员、直至各单位的负责干部基本上都对供给制草案规定的待遇标准表示满意。① 但是,由于实行供给制削弱了群众的生产积极性,也有部分人消极对待甚至反对。以富裕中农为代表的私有观念、个人主义、本位主义、资本主义思想在部分党员干部群众中程度不同的存在。主要表现在:有的人私有制观念严重,主要表现在躲避劳动,对供给制不满,不爱护公共财产,不愿搞大协作,偷社的东西;有的人不愿吃食堂,私藏粮食财产;有的机关干部、教职员工作不积极,对供给制不满意;有的地方地富反坏造谣破坏现象仍有发生。一些地方人口外流现象突出,徐水钢铁厂一个连80多人一天离去30人,全县1958年至1962年人口外流3万多人,每年平均月6000多人。②

全国其他地方也存在类似情况。分配制度变化作为一场重大变革,实行供给制和工资制相结合必然会引起一场尖锐的、复杂的思想斗争。经济地位不同、政治觉悟不同的人各有不同的看法。根据广东番禺人民公社的调查,90%以上的贫农和下中农都热烈拥护这种分配制度。但少部分劳动力强、生活较富裕的上中农却表示不满,他们说:"实行半供给制,是劳动力强的吃亏,劳动力弱的揩油""辛辛苦苦,给别人养孩子"等等。这种思想集中表现在评工资的问题上,部分上中农坚持以劳动力强弱,技术高低作为评工资等级的主

① 《省、地、县委工作组关于徐水县全民实行供给制情况的考察和我们的意见的报告》(1958年9月30日),河北省徐水县档案馆,档案号1-1-122。

② 《思想动态参考资料》第1期,河北省徐水县档案馆,档案号1-1-118。

要条件,反对以共产主义觉悟高低、劳动态度好坏作为主要条件。有的说:"劳动力强能肩挑重担,共产主义觉悟高的不能肩挑重担"等等。当这种错误论调受到批判时,有些人便产生了消极对抗的情绪,产生了拿多少工资做多少工作的"按酬付劳"思想。[①]

二、社会主义十年建设后期人民公社分配制度的纠错调整

面对着"大跃进"和人民公社运动前期相对平均主义分配制度造成的危害,中共中央在 20 世纪 60 年代初开始进行纠错调整,虽未从根本上触动原有的分配制度,但促进了我国农村生产的恢复和发展,调动了农民参加生产的积极性。

(一) 20 世纪 60 年代初人民公社分配制度的纠错调整过程

1961 年至 1965 年,全国人民公社分配制度进行纠错改革,农业生产也在调整中得到恢复发展。1960 年 9 月 30 日,中共中央在批转《关于 1961 年国民经济计划控制数字的报告》中,正式提出安排国民经济发展的"八字方针",即"调整、巩固、充实、提高"。随之,中共中央在农业农村领域相应进行了一系列调整。1960 年 11 月,中共中央发出《关于农村人民公社当前政策问题的紧急指示信》,强调"三级所有,队为基础,是现阶段人民公社的根本制度","一平二调"要彻底清理,加强生产队基本所有制,坚持按劳分配原则等。随后,1961 年 1 月中共中央召开的八届九中全会制定了"调整、巩固、充实、提高"的八字国民经济调整方针,终止了人民公社由基本队所有制向基本社所有制的过渡。1961 年 3 月,中共中央召开的广州会议制定了《农村人民公社

---

① 广东人民出版社编辑:《关于人民公社分配问题的调查》,广东人民出版社 1958 年版,第 21 页。

条例（草案）》，规定："在生产队办不办食堂，完全由社员讨论决定。""社员的口粮，无论办不办食堂，都应该分配到户，由社员自己支配。"①《农村人民公社条例（草案）》规定了公社协作遵循自愿互利和等价交换原则，个人的一切生产生活资料永远归社员所有，严格评工记分和按劳分配，同时继续保留供给制和公共食堂制度。

表 4-1　社会主义十年建设前期农村有关分配制度变革的代表性事件

时间	事件	变革内容
1958 年	《中共中央关于在农村建立人民公社问题的决议》	批评以"按劳分配"为基础的工资制，赞赏供给制
1959 年	《关于人民公社管理体制的若干规定（草案）》	实行"三级所有，队为基础"的三级经济核算体制
1960 年	要求全国普遍推广公共食堂	全国农村有 80% 的人到共同食堂吃饭，力争达到 90%，供给制增加
1961 年	《农村人民公社条例（草案）》	重新确立"三级所有，队为基础"的核算体系，取消供给制，严格实行评工记分和按工分分配，恢复社员自留地

这一时期，中共中央领导人毛泽东、刘少奇、周恩来、邓小平、彭真等在全党大兴农村调查之风，各地群众也纷纷反映了对人民公社实行供给制的不满。如毛泽东组织了 3 个组进行调查研究，他亲自乘车南下各地听取汇报和了解情况，认识到社队规模过大和小队重要性问题，主张"把小队改成生产队，把生产队改成大队，明升暗降。原来的小队变成生产单位和消费单位"。他提出下放基本核算单位到小队来解决生产队存在的平均主义问题。② 邓小平和彭真通过在北京郊区进行调查后发现："干部群众普遍主张取消这种供给制，而主张只对五保户和困难户补助部分实行供给"，因为"现在实行的三七开供

---

① 中国社会科学院、中央档案馆编：《中华人民共和国经济档案资料选编·农业卷（1958—1965）》，中国物价出版社 2011 年版，第 4 页。

② 逄先知、金冲及编：《毛泽东传（1949—1976）》下，中央文献出版社 2003 年版，第 1121—1132 页。

给制办法,带有平均主义性质,害处很多。它不仅使劳动力多、劳动力好的人吃亏,也不能适当解决五保户和困难户的问题"。调查的结论是,只有改变现有三七开的供给制,才能更好贯彻按劳分配原则,提高社员生产积极性。①

　　根据中央领导人在各地的调研情况,1961 年 5 月至 6 月,中共中央北京工作会议,讨论通过了修改后的《农村人民公社工作条例(修正草案)》,取消了条例草案中供给制的提法,规定"生产队必须认真实行按劳分配制度,多劳多得,避免社员和社员之间在分配上的平均主义。"②条例规定实行严格评工记分和按劳动工分分配,至此否定了存在近三年的工资制与供给制相结合的分配制度。《农村人民公社工作条例(修正草案)》的颁布,虽然没有彻底解决当时生产和生活分配中的平均主义问题,没有真正执行按劳分配制度,但毕竟从政策上废除了供给制,解散了公共食堂,对于调动社员的生产积极性,恢复和发展农村生产有重要促进作用。

　　1962 年 2 月,中共中央根据前期的调查和各地试点,发出《关于改变农村人民公社基本核算单位问题的指示》,通过把基本核算单位由生产大队下放到生产队,标志着重新确立了"三级所有,队为基础"的新体制和公共食堂解散,这就从政策上解决了生产和分配中长期存在的平均主义问题。中央指示发出后,各地也积极贯彻执行,如浙江省委农村工作部根据党的政策和群众路线方法,审慎处理好年终分配问题。1962 年 1 月,浙江省委农村工作部在批转关于年终分配工作的报告中,规定基本核算单位无论以生产队还是大队统一分配,口粮无论实行按劳分配加照顾方法还是其他方法,"都要由社员民主讨论决定,多数社员要坚持原定的办法分配,干部不得乱加干涉,多数社员要采用新的办法进行分配,干部也不得加以阻挡。干部的责任是宣传党的政策,

　　① 中共中央文献研究室:《建国以来重要文献选编》第 14 册,中央文献出版社 1997 年版,第 326—327 页。
　　② 国家农业委员会办公厅:《农业集体化重要文件汇编(1958—1981)》,中共中央党校出版社 1981 年版,第 484 页。

调查研究,根据群众的意见,提出几种不同方案,让社员去择其善者而用之,决不能由少数人包办代替"①。1962 年 5 月,浙江省粮食会议秘书处在《关于农村口粮分配问题的意见》中,分析了 1957 年以来实行的以人定量办法的局限性,1961 年以来采用的"基本口粮和按劳分配相结合"的办法对调动农民生产积极性发挥了显著作用。但是,鉴于目前按劳分配比例较小和调动社员积极性的有限性,主张"为了更有利于调动群众的积极性,经过大多数社员同意,按劳分配部分可以适当大一些"。② 1962 年 9 月,中共八届十中全会召开,通过了《农村人民公社工作条例(修正草案)》(简称《农业六十条》),进一步明确了调整后的人民公社体制,分配制度上"可以采取基本口粮和按劳动工分分配粮食相结合的办法,可以采取按劳动工分分配加照顾的方法,也可以采取其他适当的办法"。③ 其中,第一种分配方法成为全国大部分地区采取的办法,这也适应了当时全国农业生产力水平较低的状况。

(二) 20 世纪 60 年代初人民公社分配制度的纠错调整效果情况

随着国民经济的调整,农村重新确立了以工分制为主要内容的"按劳分配"制度,再次调动起农民的生产积极性。但是,此时确立的工分制是为经济恢复而进行的被动调整,实际分配中的平均主义色彩仍然浓厚,对农民生产积极性的恢复也相对有限。如华北区的山西省,对 1962 年农村人民公社收益分配主要采取了三种办法:第一种办法采取按人分配为主,辅之以按劳动日分配和适当照顾困难户的办法,其中按人口分口粮的占 70%至 80%,按劳分配占20%至 30%;第二种办法采取基本口粮与按劳分配两者相结合,即在基本口粮

---

① 中共浙江省委农村工作部:《省委农村工作部批转本部分配处关于年终分配工作的情况和意见的报告》(1962 年 1 月 5 日),浙江省档案馆,档案号 J116-016-230-013。

② 浙江省粮食会议秘书处:《关于农村口粮分配问题的意见》(1962 年 5 月 17 日),浙江省档案馆,档案号 J116-016-230-024。

③ 中共中央文献研究室:《建国以来重要文献选编》第 15 册,中央文献出版社 1997 年版,第 632 页。

不变的前提下其余部分采取按劳分配;第三种办法采取按劳分配加照顾。采取这三种办法的基本核算单位比例,第一种最多,占70%左右;第二种占25%左右;第三种最少,占5%左右。对于采取这三种分配方法优劣的比较,山西省农村工作部认为第一种办法最好,既保证了多数社员必需的口粮水平,又适当体现了多劳多吃的精神。第三种办法缺点最多,会造成劳动力多的户不好好参加集体生产,出现铺张浪费、投机倒把和放高利贷现象。[①] 1963年,山西省委制定的农村人民公社的口粮分配办法,一般按照人八劳二的比例分配,这样可以保证多数人的必要口粮,防止资本主义倾向产生。[②]

这期间,按劳分配空间被逐渐压缩,口粮制几乎占了农民收入的全部比重。从1962年至1968年浙北陈家场粮食分配情况表[③]可以看出,除了1962年至1963年粮食按劳分配比重在一半左右,其他年份都在25%左右,到1968年按劳分配比例被缩减到2.6%,其他绝大部分都是按需分配,平均主义色彩浓厚。这就无形中打击了农民的生产积极性,为人民公社制度的最终解体埋下伏笔。

表4-2 1962年至1968年浙北陈家场粮食分配情况表

年份	分粮合计	按需(口)分配	占比(%)	按劳分配	占比(%)
1962	91787	43205	47.1	43672	47.5
1963	88373	30768	34.8	48242	54.6
1964	89060	60972	68.5	21483	24.1
1965	102115	66162	64.8	26908	26.4
1966	105878	68998	65.2	22454	21.2
1967	96075	63607	66.2	25824	26.9
1968	109035	101390	92.9	2831	2.6

① 中共山西省委农村工作部:《关于1962年农村人民公社收益分配情况的简报》(1963年5月30日),山西省档案馆,档案号c29-111-24。

② 中共山西省委:《关于做好农村人民公社收益分配工作的指示》(1963年8月19日),山西省档案馆,档案号c54-2015-85。

③ 张乐天:《告别理想——人民公社制度研究》,上海人民出版社2005年版,第79页。

综上可见,社会主义十年建设时期我国农村分配制度经历了一个曲折变动的历史过程。1958 年兴起的"大跃进"和人民公社化运动使得分配制度脱离按劳分配的轨道,实行平均主义倾向严重的"供给制","大锅饭"现象在各地普遍存在,给我国农村经济发展带来巨大损失。为应对严重经济困难,我国一度恢复了全面供给制,通过平均分配保证基本口粮供应。中共中央在 20 世纪 60 年代初对国民经济进行调整纠偏,巩固了以生产大队为基础的三级所有制,实行生产队独立核算、自负盈亏,个人收入分配实行严格的评工记分和按工分分配的办法,一度调动了群众的生产积极性,促进了国民经济的恢复。20 世纪 60 年代中后期,伴随着"左"倾思想的再度兴起,按劳分配被作为资产阶级法权再度被否定,国民经济进入严重衰退期,农民的收入分配水平处于停滞甚至后退状态。

在社会主义公有制为主体的经济制度中应当贯彻按劳分配制度,但怎样执行这一制度确是较为困难的问题。新中国成立不久建立起来的人民公社,是在落后的小农经济基础上成立的一种初级性质的集体经济组织,其中,农业劳动力起着主导作用。在生产队集体劳动中,通过合理的激励机制调动劳动者积极性成为新中国成立初期农业发展的关键因素。但是,在当时生产队统一经营的制度安排下,贯彻马克思主义经典作家的按劳分配理论在实践中很难走得通。在人民公社存在 20 多年时间内,虽然干部群众也积极探索了评工记分、定额记工和"包产到户"等多种分配形式,但由于受到政治运动和传统思想的干扰和约束,难免滑向日益平均分配和侵蚀劳动者积极性的局面。可见,采取适合国民经济发展阶段的现代化分配制度对国家生产发展和农民生活水平提高至关重要。

第五章　新中国成立后农村分配制度探索
　　历程的鲜明特点及主要影响因素

　　新中国成立后,农村分配制度几经变动和反复,具有鲜明的时代特点。新中国成立后现代化发展模式从赶超战略转向超前发展战略,农村分配制度在按劳分配与平均主义之间徘徊,但总体趋向平等平均。新中国成立后农村分配制度变动与反复的主要影响因素包括中央领导人主观认识上受到传统平均主义和革命年代经验影响,对中国社会发展阶段、人民公社模式、穷与富等认识方面存在误区,客观形势上服从国际形势发展和国内工业化战略需要。

一、新中国成立后农村分配制度
探索历程的鲜明特点

　　纵观新中国成立后分配制度的历史变迁,笔者认为它的变动呈现出在按劳分配与平均主义之间徘徊,但总体上趋向平等平均的特点,具体表现在社会主义改造前后两个不同时期的两个不同领域,即农村工分制与企业工资制的确立标志着按劳分配制度正式形成,但却夹杂平均主义;按劳分配制度的实施在国营企业与农村分别遇到工资制与供给制的结合或供给制等平均主义分配方式的冲击。

(一)按劳分配制度的形成夹杂平均主义

早在《新民主主义论》中,毛泽东在分析中国革命的未来发展前景时就指出,中国革命的特点是分为两个步骤,即"第一步,改变这个殖民地、半殖民地、半封建的社会形态,使之变成一个独立的民主主义的社会。第二步,使革命向前发展,建立一个社会主义的社会。"①新中国成立,使中国进入了新民主主义社会,但新民主主义社会并非一个独立的社会形态,它处于向社会主义社会过渡的历史时期,因此,这一时期分配制度的变动也必然呈现由混合收入分配制度逐步过渡到按劳分配制度的历史趋势。值得注意的是,尽管按劳分配制度最终得以确立,但其中却夹杂着较为严重的平均主义思想和实践倾向。

农业合作社与工分制的实施完成了农村分配制度的改造,但平均主义却十分严重。在过渡时期,新中国成立初期主要通过合作社的形式逐步对农村分配制度进行改造,并最终确立了按劳分配制度。起初,在农民自愿并保留土地私有权的前提下,实行土地入股分红,这显然具有按土地资本分配的色彩;另一方面,入股合作社的农民也根据其在集体中的劳动数量获得相应报酬,这又是按劳分配的体现。后来,随着高级农业合作社的建立,农民的所有土地和生产工具统一归合作社所有,农民不再享有土地私有权,农村集体所有制得以建立。在农村集体经济组织生产队中,农民则依工分获取报酬,工分制的实施使得农村按劳分配制度正式确立。需要指出的是,尽管工分制从理论上看确实符合按劳分配的基本原则,但在实践过程中却趋向一种平均主义。这是因为,国家对生产队生产的农产品实行计划调节与统购统销,且通常价格很低,这就使得作为农民唯一收入来源的生产队的收入趋向平均,再具体到每个农民的收入,差别则几乎不存在,平均主义十分严重。

工资制的实施标志着按劳分配制度在企业的确立,但平均主义同样严重。

① 《毛泽东选集》第二卷,人民出版社1991年版,第666页。

新中国成立之初,鉴于当时的经济状况,在私营企业中实行"公私兼顾、劳资两利"政策,但又特别指出:"人民政府应按照各地各业情况规定最低工资。"①此后,以全国各大行政区为单位进行工资制度改革,建立"工资分"制度,即依据工人实际需要,将"工资分"折合为生活必需品等实物发放。同时,借鉴苏联工资制度经验,在国有企业中实行"八级工资制",进行按劳分配制度的初步试验。1956 年,国务院召开全国工资会议,并通过了《关于工资改革的决定》,从六个方面对工资制进行了改革和完善,分别是取消工资分制度和物价津贴制度、改进工人的工资等级制度、改进企业职员和技术人员的工资制度、推广和改进计件工资制、改进企业奖励工资制度、改进津贴制度②。通过在全国范围内实行基本统一的工资标准,按劳分配制度在企业基本确立。需要补充的是,尽管该《决定》已经注意到以往工资制度中的平均主义现象并力图加以克服,并且采取了适当拉开工人工资差距、加强企业奖励等措施,但依然存在着严重的平均主义倾向,这是因为工资等级、标准的制定权并没有下放给企业,依旧牢牢掌握在国家手中;同一行业、部门的工资标准全国基本一致,并无多大差距;且不论企业效益如何,工人只按工资级别拿工资。这样,以工资制为标准的企业按劳分配制度,一方面确实能够激励工人积极性,但一方面显然又具有产生怠工的制度漏洞,并且从总体来看,势必会导致平均主义的不良后果。

工资制和工分制在新中国成立初期的一段时间曾经起过积极作用,但长期的实践表明,工资制和工分制是造成分配上平均主义的重要因素。由于这种分配制度完全忽略了实际劳动态度和工作质量,多劳动不能多得,干多干少一个样,因此对人民群众的劳动积极性造成很大的伤害。

---

① 中共中央文献研究室:《建国以来重要文献选编》第 1 册,中央文献出版社 1993 年版,第 8 页。

② 中共中央文献研究室:《建国以来重要文献选编》第 8 册,中央文献出版社 1994 年版,第 374—375 页。

（二）按劳分配制度的实施遭遇平均主义

1956 年社会主义三大改造基本完成,生产资料公有制与按劳分配制度基本确立。但是,在社会主义改造至 1966 年的历史时期,按劳分配制度始终受到平均主义的冲击。特别是 1958 年在全国范围内掀起的"大跃进"和人民公社化运动,使得农村的按劳分配制度几乎废置,平均主义的供给制对生产力造成了极大破坏。与此同时,国营企业与机关单位也推行供给制与工资制结合的工资制度,按劳分配制度在各领域均遭遇更为激进的平均主义。尽管国家后来对平均主义在农村与企业的蔓延进行了矫治,但分配制度从总体来看,更加鲜明地表现出趋向平均主义的特点。

"大跃进"和人民公社化运动时期的平均主义对农村按劳分配制度造成极大冲击。客观地讲,1956 年前后中共中央对分配制度中的平均主义倾向和后果是有着清醒认识的。毛泽东同志在《论十大关系》中就谈到应该妥善处理国家、生产单位和生产者的关系。对于企业,毛泽东认为不能管得过死,应该在统一性与独立性之间达到均衡;对于农民,不能跟苏联一样不顾农民利益,他作出形象的比喻说"你要母鸡多生蛋,又不给它米吃,又要马儿跑得好,又要马儿不吃草。世界上哪有这样的道理!"[①]这充分表明党中央特别是毛泽东明白按劳分配制度的经济激励作用。但随着 1958 年"大跃进"和人民公社化运动的兴起,农村按劳分配制度逐渐被具有明显平均主义的分配制度所代替。在人民公社化运动之初,农村按劳分配制度并没有受到大的影响,1958 年 8 月 29 日,中共中央下发《关于在农村建立人民公社问题的决议》中,认为人民公社建成以后,"不必忙于改变原有的分配制度,以免对生产发生不利的影响"。[②] 9 月,《人民公社化运动简报》第 4 期认为人民公社化运动已进

---

① 《毛泽东文集》第七卷,人民出版社 1999 年版,第 30 页。
② 中共中央文献研究室:《建国以来重要文献选编》第 11 册,中央文献出版社 1995 年版,第 450 页。

入高潮,在分配制度上,则应实现工资制与供给制的结合。10月25日,《人民日报》发表社论《办好公共食堂》,认为公共食堂问题"实际上已经成了全体社员劳动果实的分配问题的一个方面"①。正是从公共食堂开始,人民公社开始实行普遍的供给制,这就使得农村此前的按劳分配制度遭到近乎毁灭性的打击。

全面的供给制需以生产力的巨大发展为前提,而当时中国的生产力水平很低,全面供给制很快便夭折了。但此后,公共食堂在全国范围内的数量却不断扩大。直到1961年6月,中央在《农村人民公社条例(草案)》中才提出"在生产队办不办食堂,完全由社员讨论决定"②,且即使要办,也实行自己管理、自负开销,财务与生产队分开。对于分配制度,则取消了工资部分与供给部分三七开的规定,提出无论是包产收入还是包产以外的收入,一律按劳动工分进行分配。这样,以往已经确立的按劳分配制度在农村重新确立,但其自身依然没有摆脱平均主义的牢笼,农村按劳分配制度依旧向平均主义方向倾斜。

国营企业的工资制改革将企业按劳分配制度拉回到平均主义状态。1958年8月,中央政治局在北戴河召开扩大会议,会上毛泽东提出要破除资产阶级法权。而后,张春桥发表《破除资产阶级法权的思想》一文,认为此前将供给制改为工资制是所谓的"倒退",它会助长资产阶级风气和思想的生长,并且必须对计件工资和企业奖励制度进行批判,并否定工资制。另一方面,当时已有不少的人民公社实行"吃饭不要钱"的供给制,供给制在人民公社的大范围实施眼看就要成为事实。正是受到思想舆论与人民公社供给制实施情况两方面的影响,11月,中央劳动部下发了关于工资制改革的通知,决定在部分地区实行半供给制半工资制。这显然造成了按劳分配制度的真正倒退,更趋向平

---

① 中共中央文献研究室:《建国以来重要文献选编》第11册,中央文献出版社1995年版,第518页。

② 中共中央文献研究室:《建国以来重要文献选编》第14册,中央文献出版社1997年版,第401页。

均主义了。不过,半供给制半工资制寿命并不长,没有多久便在大部分企业中宣告破产。在社会主义改造至"文化大革命"前的时期内,尽管中央力求克服工资制实行过程中的平均主义,并实行了诸如"确定五项工资政策原则、恢复计件工资和奖励制度、调整工资和部分工资区差别、试行工龄津贴、试行'一条龙'工资标准"①等措施,但终究难以根除企业在实施按劳分配制度中的平均主义倾向。

二、新中国成立后农村分配制度变动的主要影响因素

新中国成立后农村分配制度屡经变动反复,原因是错综复杂的,应当进行客观全面系统的分析。新中国成立后按劳分配制度的确立是对社会主义生产关系的巨大变革,它在一定程度上提升了农民和工人的生产积极性,解放了农村和工业领域的生产力。但我们也应该看到,按劳分配制度在其形成过程与确立以后的很长一段时期内,始终带着十分浓厚的平均主义色彩,不同程度地阻碍了生产力的发展。因此,深入剖析新中国成立后分配制度变动的原因,作为后世之借鉴显得十分重要。

(一)受传统平均主义思想与革命年代经验的影响

传统平均主义思想是影响新中国成立后分配制度具体形式的选择。在中国长达数千年的传统社会中,平均主义思想几乎贯穿始终,在社会变革抑或转型时期,这一思想往往又与政治斗争相结合,深刻地影响国家历史发展进程。春秋时期,就有"不患寡而患不均,不患贫而患不安"的说法。在后来的历史进程中,平均主义思想往往构成革命的宣传口号或施政方针。明末李自成以

---

① 祝晏君:《工资收入分配》,中国劳动社会保障出版社 2001 年版,第 23 页。

"均田免粮"作为政治口号发动农民起义,康有为所畅想的大同社会亦带有平均主义的烙印。1959 年,毛泽东曾批评党员干部在人民公社中的平均主义倾向,认为他们"否认各个生产队和各个个人的收入应当有所差别"①,毛泽东进一步指出,否认这种差别就是否认多劳多得的按劳分配原则。1961 年,他再次重申平均主义问题,指出"大队内部生产队与生产队之间的平均主义问题,生产队(过去小队)内部人与人之间的平均主义问题,是两个极端严重的大问题"②。然而,尽管毛泽东反对一种绝对的平均主义,但他似乎从来都未反对过总体意义上的平均主义,因为显而易见的是,人民公社化运动本身就是产生平均主义的温床,仅仅从局部反对绝对平均主义,根本无法从理论与实践上摆脱人民公社的平均主义倾向。

新中国成立后按劳分配制度的具体实现形式之所以会在供给制与工资制之间徘徊,并最终滑向平均主义,也与革命年代的分配经验密切相关。在土地革命时期,为了改变以往旧军阀等级森严的经济分配制度,调动士兵作战积极性,中共在分配领域实行了带有明显供给制性质的分配政策,供给的主要范围由粮食逐渐扩展至生活日用品、医疗救助等方面。在这种大体平均的分配制度下,"什么人都是一样苦,从军长到伙夫,除粮食外一律吃五分钱的伙食。发零用钱,两角就一律两角,四角就一律四角。因此士兵也不怨恨什么人"。③可见,这种大体平均的分配制度既能够使官兵的基本生活需要得到保障,又能极大地激发士兵的积极性,营造良好的军队作风。在抗日战争时期,供给制得到进一步规范和完善,中央分别对政府工作人员的供给标准、干部待遇(包括吃饭方面的大、中、小灶划分和老弱病伤干部的保健等)以及军队供给原则、任务等方面做了制度化的规定。尽管不同人员之间存在待遇方面的差别,但

---

① 中共中央文献研究室:《建国以来重要文献选编》第 12 册,中央文献出版社 1996 年版,第 129 页。
② 中共中央文献研究室:《建国以来重要文献选编》第 14 册,中央文献出版社 1997 年版,第 215 页。
③ 《毛泽东选集》第一卷,人民出版社 1991 年版,第 65 页。

在物质资源十分有限的情况下,这种供给制仍指向大体的平均。在解放战争时期,由于物质资源一度紧张,中央对此前干部的分灶和保健制、对个人的粮食供应标准进行了调整,到新中国成立前夕,则确立了实物供应与经费支持相结合的供给制度。

新中国成立之初,中国共产党基于当时国家总体的经济状况以及革命时期供给制发挥巨大作用的历史经验,在全国范围内仍主要实行供给制。但随着三大改造的完成和社会主义制度的确立,按劳分配制度的实施成为必然趋势,该选择怎样的分配形式呢?早在延安时期,党的财经人员就开始认为工资制是实现社会主义"按劳分配"最合理的形式,且若想贯彻按劳分配原则,就必须打破供给制。[①] 但毛泽东则有些讨厌工资制,他认为实行工资制固然是新中国成立后的必然选择,但工资制却会产生新的等级制,而新的等级制与旧社会相比其实没什么分别。不仅如此,毛泽东似乎对以拉开人们收入分配上的差距来加强物质激励的做法也存疑。在"大跃进"时期,他讲到"我们的党是连续打了20多年仗的党,长期实行供给制。"且"一直到解放初期,大体是过着平均主义的生活,工作都很努力,打仗都很勇敢,完全不是靠什么物质刺激,而是靠革命精神的鼓舞"。[②] 可见,毛泽东始终是将革命年代的供给制视为按劳分配的最佳选择,而实行工资制则是不得已而为之,明白了这点,也就明白了为什么新中国成立后的分配制度会一度恢复供给制而走向平均主义了。

(二)对马克思主义按劳分配理论的理解和运用存在偏差

按劳分配制度直接的理论来源是1875年马克思的《哥达纲领批判》。在这篇文章中,马克思认为作为共产主义社会第一阶段的社会主义社会,在分配

---

① 杨奎松:《从供给制到职务等级工资制——新中国建立前后党政人员收入分配制度的演变》,《历史研究》2007年第4期。

② 曲庆彪:《超越乌托邦——毛泽东的社会主义观》,北京出版社1996年版,第263页。

领域应当实行按劳分配制度,并就按劳分配制度实施的历史条件、具体形式、形成依据和性质做了或者详尽或者大致的说明。新中国成立初期按劳分配制度遭遇的频繁变动,与我们党对按劳分配理论的理解和运用存在偏差密切相关。

新中国成立初期,中国共产党的经济政策一度忽视生产力发展水平,对生产资料公有制和按劳分配制度的变革过急过快。马克思在《哥达纲领批判》中为按劳分配制度的实施设立了三个必要的历史条件:生产资料公有制、统一的计划经济体制、生产力高于资本主义社会但又未达到共产主义的水平。新中国成立初期,我们党并非没有认识到这点,毛泽东就曾认为新民主主义社会的过渡时期应该持续相当长的时间,这段时期的主要任务就是发展社会生产力,为社会主义社会的建立奠定基础。然而,在社会主义制度确立之后,我国的主要任务逐渐偏离发展生产力这个中心,因为当时对中国社会主要矛盾的判断是资产阶级和无产阶级的矛盾。在人民公社化期间,中央经济政策一度不顾生产力发展水平的实际,片面提升生产资料公有化的纯度,进一步扩大统一实行计划经济的范围,将工资制改为供给制与工资制相结合,甚至一度实行全面的供给制,从而期望为向共产主义过渡做好准备。不难看出,我们党正确理解了生产资料公有制和计划经济是贯彻按劳分配的主要依据,但却忽视了中国社会主义社会生产力很不发达这一现实,对按劳分配领域内实行的变革已经超出了当时的生产力水平,这势必导致平均主义的泛滥。

毛泽东在不同时期对按劳分配制度的具体形式理解不同,曾一度脱离中国社会发展实际。关于按劳分配制度的具体实施形式,马克思当年并没有做出详细的说明,他只是说通过劳动证书的形式进行分配。因此,新中国成立后在选择按劳分配制度时,结合当时生产力的实际状况与苏联的分配经验,将工资制作为按劳分配制度的具体实现方式。但在人民公社化期间,毛泽东则一度认为应当逐步取消工资制而恢复新中国成立前的供给制,因为供给制是建设社会主义并向共产主义过渡的最好形式。当公共食堂在全国范围内大量涌现,各生产社不仅没能提高生产效率,反而面临严重的经济负担时,毛泽东意识到供给制的实行已不可能,于是他在 1962 年对刘少奇《在扩大的中央工作会议上的报告》稿的修改中强调,"按劳分配和等价交换这样两个原则,是在建设社会主义阶段内人们决不能不严格地遵守的马克思列宁主义的两个基本原则"①。不过,虽然实行工资制符合当时中国生产力的发展水平,但毛泽东直到晚年始终对供给制念念不忘,因为供给制能避免出现新的等级和贫富差距过大的后果。

毛泽东对按劳分配的性质,特别是"资产阶级法权"的理解存在误区。马克思认为,社会主义社会要实行按劳分配,其原因在于在劳动还是谋生的手段而非生活的第一需要,因此,"这里通行的是调节商品交换(就它是等价的交换而言)的同一原则。……即一种形式的一定量劳动同另一种形式的同量劳动相交换。"②但是,由于按劳分配只是按照同一尺度,即劳动进行分配,它只能做到形式的平等,而不能达到实质的平等,因此,还不能超出资产阶级权利的狭隘眼界。毛泽东在理解按劳分配的性质时,一度认为其就是资产阶级的表现。他在多次谈话中认为,按劳分配、工资制是不得已而实行的资产阶级法权。例如,在其晚年,他讲到,"列宁说建设没有资本家的资产阶级国家,为了保障资产阶级法权。我们自己就是建设了这样一个国家,跟旧社会差不多,分等级,有八级工资,按劳分配,等价交换。要拿钱买米、买煤、买油、买菜。八级工资,不管你人少人多"。③ 可见,毛泽东之所以反感按劳分配和工资制,就是因为在他的认识中,它们是资产阶级法权,必须时时加以改造,或者通过无产阶级专政加以限制。正是基于这样的认识,毛泽东更倾向于体现"平等"的供给制,而这种"平等"的实质则更多地指向平均主义。

---

① 中共中央文献研究室:《建国以来毛泽东文稿》第 10 册,中央文献出版社 1996 年版,第 8 页。

② 《马克思恩格斯选集》第 3 卷,人民出版社 2012 年版,第 363 页。

③ 中共中央文献研究室编:《毛泽东年谱(1949—1976)》第六卷,中央文献出版社 2013 年版,第 640 页。

（三）对人民公社模式和贫富问题的认识存在误区

新中国成立初期中央对人民公社定位存在误区。关于人民公社模式的定位，中央主要领导人认为它是实现两个过渡的最好形式，即"第一，成为我国农村由集体所有制过渡到全民所有制的最好的形式；第二，成为我国由社会主义社会过渡到共产主义社会的最好的形式"[①]。也就是说，人民公社具有经济与政治上的双重功能，经济上生产资料所有制和分配制度的变革同时意味着共产主义社会的临近，正是基于这样的认识，分配方式才会趋向平均主义。另外，在贫富问题上，毛泽东追求的是一种平均发展、同步富裕的理想状态，即他既追求共同富裕又害怕产生收入差距过大的后果，权衡利弊，他更不愿看到贫富差距，从而更容易滑向平均主义。

社会主义改造完成后，生产资料所有制的变化必然带来分配方式的变化。人民公社是走向共产主义的"金桥"，为了建好这座"金桥"，就必须对所有制进行变革。人民公社兴起之初，毛泽东曾说："人民公社建成以后，不要忙于改集体所有制为全民所有制，在目前还是以采用集体所有制为好，这可以避免在改变所有制的过程中发生不必要的麻烦。"[②]然而，此后不久全国农村就兴起"共产风"，农村急于向单一的公有制，即全民所有制过渡。与此同时，在分配方式上也由原来的工资制向工资制与供给制相结合转变，不仅如此，公共食堂的建立也拉开序幕。毛泽东注意到了所有制方面的问题，在1959年2月的郑州会议上，他批判了公社中的平均主义倾向，强调坚持按劳分配原则的必要性，但这并没有对"吃饭不要钱"的供给制产生任何影响。他在不久后的谈话中就说道："对供给制你们有什么意见？有的地方提出搞半吃饭不要钱，也有

---

① 中共中央文献研究室：《建国以来重要文献选编》第11册，中央文献出版社1995年版，第601页。

② 中共中央文献研究室：《建国以来毛泽东文稿》第7册，中央文献出版社1992年版，第360页。

的提出老人小孩不要钱，青壮年要钱。吃饭不要钱这个办法不能变，变了贫农、下中农不赞成。"①直到 1961 年，中央通过对供给制和公共食堂的调查才发现问题已非常严重，于是公共食堂被取消，供给制被否定，按劳分配制度才得以重新确立。

如上所述，正是由于人们将人民公社视为由社会主义过渡到共产主义的最好形式，因此必然诉诸对生产资料所有制的变革，从而也对分配方式进行相应的变革。不过，当中央主要领导人毛泽东注意到所有制方面存在的平均主义倾向并加以遏制时，为什么供给制与工资制相结合的分配方式却没有改变呢？我们认为，这是因为这种分配方式在一定程度上能够更好地激发人民建设共产主义的热情，提升人民建设共产主义的觉悟，从而为集体所有制向全民所有制的过渡创造条件。即坚持供给制，实际是想反作用于所有制的公有化程度的提高，其根本目的，依然是向共产主义的快速过渡，其努力的方向，依然是建立在对人民公社模式的认可基础之上。

新中国成立初期平均发展、同步富裕的贫富观念必然导致平均主义、共同贫穷。客观地讲，党的主要领导者毛泽东同志一心致力于社会发展，特别是希望农民富裕起来。他在 1955 年《关于农业合作化和资本主义工商业改造的关系问题》一文中，提出："要巩固工农联盟，我们就得领导农民走社会主义道路，使农民群众共同富裕起来，穷的要富裕，所有农民都要富裕，并且富裕的程度要大大地超过现在的富裕农民。"②然而，在实现共同富裕的过程中，是否可以通过一定的激励机制，适当地拉开人们之间的收入呢？毛泽东对此的回答是肯定的，但他又特别担心人们之间的收入差距过大，于是，他通过在个人分配方式中加入供给制，在集体中建公共食堂、搞无偿调拨等方式严控收入差距

---

① 中共中央文献研究室：《建国以来毛泽东文稿》第 8 册，中央文献出版社 1993 年版，第 139 页。

② 中共中央文献研究室：《建国以来重要文献选编》第 7 册，中央文献出版社 1993 年版，第 308 页。

过大的产生。但如此一来,则使得按劳分配原则受到损害,人民生产积极性受到挫伤,防止收入差距过大的初衷也造成平均主义的泛滥。实际上,毛泽东虽然追求共同富裕,但走的却是一条均贫富的平均主义的发展道路,在防止收入差距过大和实现生产发展之间,他更不愿意看到他所认为的与旧社会无异的不平等现象的出现。显而易见的是,毛泽东在贫富问题上的平均主义倾向虽具有主观合理性,但却违背了生产关系一定要适应生产力的历史规律,这注定是失败的。正如邓小平这样评价说:"平均发展是不可能的。过去搞平均主义,吃'大锅饭',实际上是共同落后,共同贫穷,我们就是吃了这个亏。"[1]

(四) 实行工业化战略的需要

新中国成立之初,国家面临着严峻的国内国际形势,必须尽快建立独立的工业体系,实现我国由农业国向工业国的转变。然而,该如何获取发展工业所需的资本与原料?毛泽东认为农业是发展工业的主要支撑,他说"社会主义工业化是不能离开农业合作化而孤立地去进行的"[2],"为了完成国家工业化和农业技术改造所需要的大量资金,其中有一个相当大的部分是要从农业方面积累起来的。"[3]正是基于这样的判断,中央决定发动人民公社化运动,既可以提升农村生产水平,又能获得工业发展所需的材料。在分配领域,中央则主要采取一种平均主义的高积累、低消费的制度安排,以期为工业化提供更多的物质供应。所以说,平均主义的分配制度是通过人民公社这一组织形式以及计划经济体制的实施服务于工业化战略的。

人民公社为供给制的推行提供了主要的组织载体,从而尽可能地降低了农民生活支出,加速了新中国成立后的工业积累。在人民公社建立之前,我国

---

① 《邓小平文选》第三卷,人民出版社 1993 年版,第 155 页。

② 中共中央文献研究室:《建国以来重要文献选编》第 7 册,中央文献出版社 1993 年版,第 72 页。

③ 中共中央文献研究室:《建国以来重要文献选编》第 7 册,中央文献出版社 1993 年版,第 74 页。

已经确立了以工资制为主要形式的按劳分配制度,在这种制度下,不论是农民还是工人都有可能存有收入剩余,特别对于中国这样一个农民占绝大多数的国家来说,农民剩余的总量应相当可观。那么,在解决农民温饱、保证农民基本生存的情况下,怎样获取更多的原始积累呢? 人民公社的建立为通过分配领域实现高积累低消费的目标提供了组织载体。人民公社既是农村进行生产活动的经济性集体组织,又是基层政权组织,它"既能囤积过剩的农业劳动力资源将农民稳定在土地之上,又能使之根据国家计划及时间安排农业(首先是粮食)生产活动,以保证农产品供给与国家需求相结合。"①也就是说,人民公社既可以实现有计划的统一生产,也可以实现有计划的统一销售。为了保证农民把全部精力投入到生产当中而不为生计担忧,国家通过兴建公共食堂解决农民吃饭问题,通过供给制为农民提供生活的基本需要,这样既能最大限度地减少农民获得的可支配收入,又能保障农民生活和生产的有序进行,从而也就最大限度地获得工业发展所需的原始资本和生产资料。因此,不论是工资制与供给制相结合还是单纯供给制的分配制度,其主要的组织载体正是人民公社,因为人民公社具有统一生产、统一分配、统一销售的显著特点。尽管后来中央对人民公社进行了改革,废除了"一大二公"而改为"三级所有,队为基础"新体制,在分配领域也取消了供给制,恢复按劳分配制度,但分配领域的平均主义倾向并未彻底改变,这依然是由"工占农利""以农养工"的国家宏观战略所决定的。

新中国成立初期,高度集中的计划经济体制通过强制干预分配方式,压低了农民收入水平,相应提高了工业积累。随着新中国的建立,我国开始实行并逐步确立了统一的计划经济体制,这既是由生产资料公有制所决定的,也与当时国家的工业化战略密不可分。无论是新中国成立后的工业发展状况,还是苏联工业化经验的借鉴,都要求国家通过统一的计划体制与行政命令集中全

---

① 陈吉元等:《中国农村社会经济变迁(1949—1989)》,山西经济出版社1993年版,第575页。

国的人力、物力、财力发展工业。在分配领域,计划经济体制也以其特有的行政权力加以干预。以人民公社为例,以公共食堂为代表的供给制在全国范围普遍推广,正是中央通过行政权力加以推进的。这种在计划经济体制下独有的高度集中的行政权力,可以通过对分配制度的强制性规定,调节农民与国家收入积累方面的比例。国家在保证农民基本生活需要的前提下,将农民劳动应得的收入加以压缩,实际上,国家通过行政干预的方式控制了农民收入的来源,且最大限度地实现了农业对工业的支持。新中国成立后农民这种收入分配被限定在极低的仅能满足基本生活需要的水平上,如此一来,导致这种分配方式在政策执行中不得不趋向平均主义。

当然,新中国成立后农村分配制度之所以变动,首先决定于当时生产资料所有制变更这一客观因素,还受到领导人主观认识存在误区和实行工业化战略的客观需要的影响。新中国成立后实行的这种相对平等平均的分配方式,既满足了人民基本生活需要和保障了社会稳定,也以最快的速度完成了工业化的原始资本积累。不过,以今天的眼光来看,这种分配方式超出了当时的生产力水平,也损害了农民的生产积极性,其弊病也是值得深刻反思的。

第六章　新中国成立后农村分配
制度探索的基本经验

新中国成立后实施的按劳分配制度是我国分配历史上的一场深刻的制度变迁,具有重大的历史意义。中国成立后农村分配制度的探索历程积累了丰富的经验教训,也为改革开放后中国特色分配理论的创新奠定了基础。新中国成立后农村分配制度探索的基本经验包括主观认识上必须分清现代化发展阶段,实践上坚持统筹兼顾和协调发展,特别重视生产效率与社会公平的关系,防止平均主义和收入差距扩大两种倾向。新中国成立后分配制度探索积累的经验,也为改革开放后中国特色社会主义分配理论创新奠定了基础,改革开放后重新确立了按劳分配为主体的分配政策,推动了我国社会主义市场经济的快速发展。

一、现代化视阈下新中国按劳
分配制度实施的历史评价①

新中国成立后形成、确立和发展按劳分配制度是一个长期探索的历史过

---

① 国内学术界自新中国成立之后就对按劳分配理论争论不断。纵观学术界对按劳分配理论的研究,主要争论点集中表现在以下几个方面:一是关于按劳分配的内涵。武绍春认为,按劳

程,在按劳分配形成和发展过程中受多种因素的影响,在具体的实施过程中也产生了不同的社会历史影响。从总体上看,按劳分配制度的形成和确立符合社会主义原则,对我国社会发展有重大历史意义。但由于社会历史发展的局限性也存在着一些弊端,阻碍了中国社会的发展。

（一）新中国实行按劳分配制度的重大意义

1. 按劳分配制度是在我国分配历史上的一场深刻的制度变迁

新中国成立后按劳分配制度的确立是我国分配历史上的一场深刻的制度变迁。在历史上,中国经历了很长时间的封建社会时期,封建社会的统治阶级利用在政治上的绝对权力极力谋求他们在经济上的绝对优势,从而对广大人

分配就是以付出的实际劳动为尺度获得相应收入,这就是按劳分配的核心与实质。郭彦森认为,按劳分配就是按社会总劳动日中生产者的个人劳动时间为尺度对生活资料的分配,它应遵循等量劳动获得等量报酬和多劳多得两个原则。杜光认为,根据马克思当时所设想的按劳分配原则,在社会主义社会中,劳动产品的分配应当以每个劳动者所作出的实际贡献为尺度来进行。二是按劳分配制度实行的必然性问题。大部分经济学者认为,按劳分配只有在商品经济条件下,通过市场机制才能使社会必要劳动真正成为分配尺度。个人消费品实行按劳分配并不以商品经济的消亡为前提。也有人认为,马克思按劳分配构想以产品经济为载体,在商品经济条件下分配规律实现的范围和方式发生了变化,形成了按劳分配的新特点。社会主义初级阶段的按劳分配具有主体性、不完全性和不纯粹性特点。国外学术界对马克思按劳分配思想研究主要从按劳分配的尺度、按劳分配与商品生产的关系、按劳分配的实现形式等方面侧重实践层面分析。一些原苏东学者提出社会主义工资制度、奖金和津贴等政策,加强商品生产等观点。如1962年苏联经济学教授利别尔曼提出"利别尔曼建议",建议通过实行将禁止来加强对劳动者刺激,解决苏联社会经济发展缓慢问题。奖金制也成为当时的按劳分配实现原则之一。当代西方学者也对马克思的收入分配理论进行研究,美国宾夕法尼亚大学胡萨米(Z.I.Husami)教授将社会主义的按劳分配概括为"与劳动贡献一致的物质原则"和"平等权利或平等对待的规范原则",并认为按劳分配所体现出的社会正义比资本主义具有很大进步。加拿大卡尔加里大学哲学系教授尼尔森1989年出版的《马克思主义与道德观念:道德、意识形态与历史唯物主义》一书中分析了马克思的分配理论,认为马克思关于等量劳动相交换原则,及其所包含的平等与不平等关系的论述中明显地包含着对劳动的价值判断,这是马克思运用唯物史观而进行的价值判断,属于社会科学的范畴。美国圣地亚哥大学哲学系教授佩弗在其1990年出版的《马克思主义、道德与社会正义》一书中,对马克思所设想的按劳分配原则进行了总结:每个人都有劳动的义务,劳动是获取报酬的唯一方式,这种报酬只能是"消费手段",劳动时间是衡量酬劳的唯一尺度,此外,还要保障丧失劳动能力者的基本生活。

民群众残酷剥削。封建社会的分配制度与封建社会的社会性质有着密切的关系,因而在这样的社会中产生的是一种"不劳而获"的分配制度。广大的受压迫和剥削的人民群众希望可以彻底地取消这种极端不公平的分配,进而希望实现真正的人人平等,"他们热切否定几千年传承下来的'不劳而获'的分配制度,重新建立一种能充分反映他们的尊严和地位,并使他们获得最大利益的社会制度安排。"①

按劳分配制度是新中国成立后按照马克思关于未来社会分配的设想,以及直接受到苏联分配实践影响下建立的适合于中国的分配制度,真正做到了在经济上能够保证人民当家作主的新的分配制度。在我国,通过广大人民群众都可以接受的以劳动作为分配方式标准的分配制度的贯彻实施,使得按劳分配真正成为社会的一场历史性的深刻变革,是对中国旧社会中存在的"不劳而获"分配方式的真正彻底的变革,因此是一场特殊历史条件下深刻的制度变迁,具有重大历史意义。

2. 按劳分配制度是新中国在当时历史条件下唯一正确的选择

按劳分配制度是新中国成立初期历史条件下不得不作出的唯一正确的选择。新中国刚刚成立的时候,国民党反动当局给留下的是一个濒于崩溃边缘的国民经济,经济基础极其薄弱,人民群众还存在大量挨饿的社会现实。我国实行的按劳分配制度,是符合马克思主义经典作家在落后国家成功进行社会主义革命之后如何向社会主义过渡中的理论预设,是当时情况下的现实要求,也是在一定程度上向苏联"老大哥"社会主义分配制度学习的结果。在当时的社会历史条件下,中国选择实行多劳多得、少劳少得的按劳分配方式,具有重要历史意义。这对于在刚刚经历长期的外来入侵和国内战争,在经济、文化相对滞后的我国来说,调动最广泛的积极性来参与劳动,在最快时间里使得生

---

① 高志仁:《新中国个人收入分配制度变迁研究》,湖南师范大学出版社 2009 年版,第53 页。

产力得到最大的解放,发展社会主义的经济文化,尽可能满足人民群众的多方面的物质文化需要,巩固才刚刚建立起来的国家,都具有十分必要的意义。

3.按劳分配制度在一定程度上消除了人们不劳而获的错误思想

新中国成立后实行的按劳分配制度强调"不劳动者不得食"的分配原则,在这种原则下劳动者必须根据自己的劳动来获取相应的报酬,避免有些投机分子对按劳分配的理解产生偏差。新中国成立初期,还没有达到马克思主义经典作家所设想的未来社会主义社会产生的社会历史条件,资本主义经济没有充分发展甚至发展的程度远远不足以支撑社会主义的建成和发展。因此,分配的具体形式在最大程度上肯定要结合各国家、各地区实际情况进行调整。马克思主义经典作家在分配上没有固化于具体的社会主义分配形式,也不可能强调分配上的平均化。新中国成立后的按劳分配中强调列宁曾经指出的在实现社会主义时"不劳动者不得食"①的分配原则,这样可以让一部分人打破社会主义可以一步实现平均主义的幻想,想通过不劳动的方式取得报酬这样一种不合理的分配,充分调动了人们从事生产劳动的积极性。

(二)新中国成立后实行按劳分配制度的弊端

新中国成立后,中国的按劳分配制度的确立受多种因素影响。中国的按劳分配制度实现的社会环境与马克思所设想的在生产力高水平条件下有相当大的差距,因此在我国这样落后国家建立社会主义制度、实行按劳分配的探索不可避免地要经历许多曲折,在具体的社会主义实践中出现高度集中、计划性和简单无差异等不足之处。

1.按劳分配存在着分配上的高度集中性

新中国成立后,国家基于按劳分配原则制定了统一的分配标准,但在分配

---

① 《列宁选集》第3卷,人民出版社1995年版,第252页。

的范围上管得过宽,分配权力过于集中。新中国成立后分配的最高权力基本上都集中在政府的手中,尤其是集中在中央一级的政府手中,很多基层单位基本上没有分配的具体权力,只能被动执行中央制定的分配方式。高度集中性尤其体现在城市的个人消费品上的集中分配,生产中的基本单位即企业在分配上只能听从中央的统一分配,绝对不能私自决定分配的方式和分配数量。这种个人消费品基本上由中央集中分配的做法正好与当时实行的高度集中的国民经济计划体制相配合,并被看作能够体现出社会主义的优越性。但是由于在分配中常常涉及非常小的分配单位,尤其中央政府部门不理解在实际的生产活动中关于质量和经济效益的问题,在生产劳动过程中每个工人的劳动所创造的具体经济效益的贡献的大小不易衡量,容易产生都吃“大锅饭”的平均主义倾向。在分配政策的具体制定上由中央政府具体制定,政府的政策允许在一个小范围的变动,全国很大范围内基本上不照顾各地的具体情况,不允许自行制定其他的分配办法,这种分配方式上的不合理很大程度上影响到企业的生产活动。

2. 按劳分配体现的是分配政策的低水平性

按劳分配水平较低的特点是新中国刚成立的历史条件下一个必然要经历的历史过程,也是分配上的明显不足之处。在较低的按劳分配水平下,不能合理拉开劳动者之间在个人收入上的差距,“必然出现个人消费品对劳动者的刺激作用削减的现象,使个人消费品不能成为调节社会生产的强有力的杠杆之一”[①]。这样就使得分配制度对于广大劳动者的刺激作用大大地减弱,使得按劳分配不能成为调节社会生产发展的特别有效力量。新中国成立初期,在分配制度上基本上照抄照搬了苏联“老大哥”的分配方式和分配制度。1956年我国确立社会主义制度之后,经济发展水平仍然落后,在这样的情况下我们

---

① 郭元晞:《社会主义个人消费品分配研究》,四川省社会科学院出版社 1986 年版,第57 页。

在实际的生活中却总是力图用单一的分配办法去适应复杂落后的经济状况。在之后相当长时间的实践中,我国不重视按劳分配低水平所带来的负面影响,使得按劳分配符合社会发展并促进社会发展的实际效果不断降低,人均平均工资在很长时间内处于较低的水平,相当大的一批劳动者取得的收入很低,生活的负担重、压力大,影响了生产的发展。

3. 按劳分配的平均主义倾向严重,逐步否认物质利益原则

在新中国按劳分配制度确立后,分配领域中的平均主义倾向严重。新中国成立初期分配方式受传统平均主义和苏联模式的影响特别明显,尤其是苏联所实行的分配方式对我国分配方式影响尤其重要。城市里的平均主义倾向,既表现在同一个企业的劳动者之间,也表现在不同企业的劳动者之间。农村的按劳分配平均主义是在同一个生产劳动组织内部。"'文化大革命'中,毛泽东从'无产阶级专政下继续革命'的理论高度批判了物质利益原则。"[1]由于对物质利益原则的否定,"文化大革命"时期按劳分配制度形同虚设,多劳多得、少劳少得没有得到切实的贯彻执行。这样,在大量企业和劳动者中就会出现企业依靠国家的"大锅饭"来维持正常运行,劳动者依靠企业的"大锅饭"来进行基本生活的社会现象。生产人员的劳动积极性和为社会主义发展做贡献的积极性受到压制,社会劳动中懒惰、逃避劳动的现象大量涌现,对于国家经济和社会发展产生了不良影响。

4. 按劳分配中的简单性和无差异性

新中国成立初期,我国在分配制度上基本上照抄照搬了苏联"老大哥"的分配方式和分配制度,在与计划经济相适应的情况下,简单、无差异的按劳分配成为国家主要分配形式。在新民主主义革命胜利和实现国民经济公有化

---

[1]　江建平:《我国经济转型中的分配思想演进》,中国财政经济出版社2006年版,第74页。

后,国内多种经济成分并存且各种矛盾交相存在,即使在 1956 年确立社会主义制度之后,我国的经济发展水平仍然落后。在这样的情况下,当时的中国在实际经济生活中却总是力图用单一的分配办法去适应复杂落后的经济状况。比如国内工资的调整,国家中央部门下发一个关于工资调整的具体政策文件,由省、市、县、乡等各级政府部门按照文件来统一步调的僵化执行,这就没有区分各个地区的具体实际情况。因为从理论上来说,实行按劳分配的原则,每一个劳动者所获得的个人消费品就应该有差别。但国家在实施按劳分配政策中,不进行简单和复杂、体力和脑力劳动的区分,似乎所有的工作不同的只是数量,没有质量的差异。有的劳动在量上虽然有一定的差别,但是在分配上也被当作完全等同的东西没有体现出来,这就不利于调动广大劳动者进行社会主义生产和建设的积极性,不利于生产的发展和人民普遍生活水平的提高。

总的来看,新中国成立后按劳分配制度的确立是对马克思主义经典作家分配理论的继承和具体实践。由于在具体实践过程中受到多种因素影响,在具体的实行过程中遭遇了一些挫折,对生产发展和群众生产积极性的发挥产生了一定不良影响。但是,新中国成立初期的按劳分配实践总体上经历了一个不断深入认识我国国情而不断调整的过程,总体上来看是适合我国当时生产力发展的要求的,对当时条件下进行社会主义建设提供了重要的历史条件,在发展社会主义的生产力和生产关系、巩固社会主义基本制度方面发挥了巨大的作用。

二、新中国农村分配制度探索的
历史经验和教训

新中国成立后在分配制度方面的探索历程充满曲折,留下了许多值得总结的历史经验和教训。新中国成立后按劳分配制度的确立在一定程度上促进了农村发展,也为我国工业化中心战略作出了极为重要的贡献。但是,由于新中国成立初期主观与客观的种种原因,使得新中国的分配制度脱离了当时具体国情,在实践当中也偏向国家集体的利益,其防止收入差距过大的愿望是好的,但又滑向平均主义。因此,结合新中国成立后分配制度变动的特点及成因,有必要从中汲取历史经验与教训。综合来看,新中国成立后分配制度应当在坚持马克思主义中国化的前提下明确现代化进程的不同发展阶段,这是我国确立符合实际的分配制度的总根据;在实践中坚持统筹兼顾,处理好个人、集体和国家的利益关系;处理好效率与公平的关系以及防止平均主义与收入差距过大。

(一)在坚持马克思主义中国化的前提下明确现代化进程的不同发展阶段

坚持马克思主义中国化,明确社会主义发展阶段是解决我国社会主义建设一切问题的总根据。能否将马克思主义与中国具体实践相结合,根据我国实际的情况去学习与运用马克思主义,既是我国取得革命胜利的根本原因,也是新中国成立初期我国社会主义建设遭遇曲折,分配制度趋向平均主义的根本原因。当社会主义制度在我国建立,要根据我国实际与马克思主义实现第二次结合,明确社会主义社会所处的历史阶段,这是中央制定方针政策的根本出发点和落脚点。只有精准定位社会主义现代化进程的不同阶段,才能对社会发展的主要矛盾有效把握,并针对主要矛盾确立社会主义社会的本质与根本任务。在确立社会主义社会本质与根本任务的基础上,才能坚持生产关系一定要符合生产力水平的基本规律,选择符合实际、能够促进生产力发展的分配制度。

新中国成立以后,毛泽东曾对我国社会主义社会所处的阶段有过探索,但这一探索最终因意识形态方面的"左"倾错误而以失败告终。1956 年,毛泽东认为我国虽然已经进入了社会主义,但社会主义社会还没有完全建立,《论十大关系》正是毛泽东总结新中国成立以来社会主义建设经验,试图探索符合我国实际的社会主义建设道路的成果。实际上,该文亦表明中央认为当时的社会主义中国正处于一个很不发达的历史阶段。然而,随着1958年人民公社化运动的兴起,人民建设社会主义热情普遍高涨,中央一度认为"共产主义在我国的实现,已经不是什么遥远将来的事情了,我们应该积极地运用人民公社的形式,摸索出一条过渡到共产主义的具体途径。"①可见,当时包括人民公社在内的社会主义建设的政策方针,已逐渐脱离我国社会主义初期生产力很不发达的实际情况,在分配领域自然会采取工资制与供给制相结合以及建立公共食堂等由社会主义向共产主义过渡的分配形式。此后,毛泽东1959年12月在《读苏联〈政治经济学教科书〉的谈话中》,提出"社会主义这个阶段,又可能分为两个阶段,第一个阶段是不发达的社会主义,第二个阶段是比较发达的社会主义。后一阶段可能比前一阶段需要更长的时间。经过后一阶段,到了物质产品、精神财富都极为丰富和人们的共产主义觉悟极大提高的时候,就可以进入共产主义社会了"。②但是,毛泽东并未将这一新的认识落实到社会主义建设的实践上来,最终由于意识形态领域的继续"左"倾,使得这一十分宝贵的认识石沉大海,社会主义中国的建设依然未能完全符合实际,分配领域依旧未能摆脱平均主义倾向。

社会主义初级阶段理论的确立是我们制定分配制度的根本依据。生产资料所有制或生产力发展水平是确立我国分配制度的直接依据,但这些直接依据又是以我国社会主义所处的历史阶段,即我国的基本国情为总根据的。因此,只有分清现代化进程的不同阶段,才能制定相应的分配政策。我国社会主义初级阶段理论的提出,为符合实际的分配制度的制定提供了最根本的依据。在1987年党的十三大召开之前,邓小平就曾指出:"中国社会主义是处在一个

---

① 中共中央文献研究室:《建国以来重要文献选编》第11册,中央文献出版社1995年版,第450页。

② 《毛泽东文集》第八卷,人民出版社1999年版,第116页。

什么阶段,就是处在初级阶段,是初级阶段的社会主义。社会主义本身是共产主义的初级阶段,而我们中国又处在社会主义的初级阶段,就是不发达的阶段。一切都要从这个实际出发,根据这个实际来制订规划。"①此后,正式提出了社会主义初级阶段理论,即我国已经是社会主义社会。我们必须坚持而不能离开社会主义。我国的社会主义还在初级阶段。我们必须从这个实际出发,而不能超越这个阶段。社会主义初级阶段就是当前我国的实际,就是我国最大的国情,只有从这个国情出发,我们才能走出一条适合中国的发展道路。在社会主义初级阶段理论的指导下,我国逐渐确立了以公有制为主体、多种所有制经济共同发展的基本经济制度和以按劳分配为主体,多种分配方式并存的分配制度。现有的分配制度在充分考虑社会主义初级阶段的具体国情基础上,能够很好地符合我国生产力发展水平的实际,既坚持了按劳分配的社会主义原则,又能激发人民的生产积极性,从而能够促进生产力的持续发展。

(二)坚持统筹兼顾,处理好国家、集体和个人的利益关系

分配制度的确立,必须处理好个人、集体和国家利益的关系。在生产资料公有制为主体的社会主义国家,个人、集体和国家的利益从根本上来说是一致的,因为随着压迫与剥削根源的资本主义私有制的废除,个人、集体和国家之间不再是对立的关系。但是,我们也要看到在分配领域,特别是新中国成立之后的一段时期内,农村人民公社所推行的分配制度并没有很好地保障农民个人利益的实现,当然主要原因在于当时必须实行以农养工的工业化战略。客观地讲,新中国成立后分配制度的选择确实更倾向于国家和集体利益,而较少地考虑到农民的个人利益,这在一定程度上挫伤了农民的生产积极性,也未能很好地满足农民个人利益的需要。可见,带有平均主义倾向的分配制度容易导致国家、集体和个人利益关系失衡,其所造成的负面效果十分严重。因此,

---

① 《邓小平文选》第三卷,人民出版社1993年版,第252页。

我们"不能只顾一头,必须兼顾国家、集体和个人三个方面"。① 实际上,社会主义国家的分配制度只有处理好国家、集体和个人的利益关系,统筹兼顾,才能在维护个人合法利益的情况下,更好地促进集体和国家利益的实现。

坚持并贯彻按劳分配原则,维护好个人的合法利益,是处理好国家、集体和个人利益关系的立足点。马克思认为,社会主义社会之所以要实行按劳分配制度,其原因在于在生产力不发达、社会产品供应有限的情况下,劳动还是谋生的手段而非生活的第一需要,因而必须实施符合等价交换原则的按劳分配制度②,实际上,按劳分配制度本身就意味着对个人利益的肯定。在发展还处于社会主义初级阶段的中国,我们同样应当坚持并贯彻按劳分配原则,这是因为个人"为国家创造财富多,个人的收入就应该多一些,集体福利就应该搞得好一些。不讲多劳多得,不重视物质利益,对少数先进分子可以,对广大群众不行,一段时间可以,长期不行。"③也就是说,维护个体利益的按劳分配原则,既是由生产关系一定要符合生产力发展水平的历史规律决定的,也是鉴于以往分配制度的平均主义倾向所导致不良后果的历史经验决定的,还是由实现最广大人民的根本利益这一党的宗旨和施政目标决定的。只有坚持并贯彻按劳分配原则,才能充分调动人民的生产积极性,保障人民群众个体利益的真正实现,从而使得国家、集体和个人的利益关系得以兼顾。因此,社会主义初级阶段,"我们一定要坚持按劳分配的社会主义原则。按劳分配就是按劳动的数量和质量进行分配。根据这个原则,评定职工工资级别时,主要是看他的劳动好坏、技术高低、贡献大小……总之,只能是按劳,不能是按政,也不能是按资格。"④

不能只谈个人利益,不谈集体与国家的利益;只谈物质利益,不谈精神激励。强调坚持按劳分配原则,是基于新中国成立后分配制度的平均主义倾向,

① 《毛泽东文集》第七卷,人民出版社 1999 年版,第 28 页。
② 《马克思恩格斯选集》第 3 卷,人民出版社 2012 年版,第 365 页。
③ 《邓小平文选》第二卷,人民出版社 1994 年版,第 146 页。
④ 《邓小平文选》第二卷,人民出版社 1994 年版,第 101 页。

但坚持按劳分配原则,强调对个人利益的尊重和保护,并非意味着只讲个人利益、眼前利益,只关注物质利益激励,不在乎精神激励。这是因为,尽管改革开放以来我们已经很好地坚持了按劳分配原则,较之以往也较好地维护了个人的利益,但也相应助长了一些人思想认识中的个人主义,对国家和集体利益的考虑很少,只强调物质利益的激励作用,忽视精神方面的激励,如此一来,亦不能实现个人、集体和国家利益的协调发展。关于这一点,毛泽东很早就给出了解决方向,他认为在物质利益上使劳动者关心生产成果虽是刺激生产的重要因素,但并非唯一的因素,精神激励也需要高度重视。另外,"物质利益也不能单讲个人利益、暂时利益、局部利益,还应当讲集体利益、长远利益、全局利益,应当讲个人利益服从集体利益,暂时利益服从长远利益,局部利益服从全局利益"。① 邓小平在新形势下强调分配领域内的物质利益原则,但他同时还认为社会主义物质文明和精神文明应该两手都要抓、两手都要硬,应该用两条腿走路。可见,我们不能只讲个人、暂时和局部的利益,还应重视集体、长远和全局的利益,不能只强调物质利益原则,也需要重视精神方面的激励,只有这样,才能在坚持按劳分配原则的基础上维护好个人利益,妥善地处理好国家、集体和个人利益三者之间的关系。

（三）正确处理好效率与公平的关系

社会主义的本质是通过解放生产力和发展生产力,最终实现共同富裕。解放生产力和发展生产力需要注重效率,而实现共同富裕则需要注重公平,可见,效率与公平问题是与社会主义的本质密切相关的,其重要性不言而喻。在资本主义社会,由于资本家占有生产资料,所以其不可能实现效率与公平的真正统一。在社会主义社会,生产资料公有制为效率与公平的真正统一提供了现实的基础,但这并不意味着效率与公平的关系问题就此解决。新中国成立

---

① 《毛泽东文集》第八卷,人民出版社1999年版,第133页。

初期,分配制度选择的出发点是希望实现生产力发展与社会公平关系的平衡,但在实施过程中由于其更加重视社会公平,所以不可避免地滑向了平均主义,结果既没有很好地促进生产力发展,也离共同富裕目标越来越远,甚至造成了共同贫穷,因此,在生产力不发达的社会主义初级阶段,更应该注重效率。同样,提倡效率并非意味着不要公平,如果只是注重发展生产力,社会财富为一部分人所有,不能使人民群众共享发展的成果,势必造成社会的不公平,这同样是与社会主义本质相违背的。

效率为公平创造物质基础,应大力提升生产效率。马克思认为,人类历史发展到社会主义阶段,"每一个生产者,在作了各项扣除以后,从社会领回的,正好是他给予社会的。他给予社会的,就是他个人的劳动量。……各个生产者的个人劳动时间就是社会劳动日中他所提供的部分,就是社会劳动日中他的一份。他从社会领得一张凭证,证明他提供了多少劳动(扣除他为公共基金而进行的劳动),他根据这张凭证从社会储存中领得一份耗费同等劳动量的消费资料。他以一种形式给予社会的劳动量,又以另一种形式领回来"①。这就明确指出了共产主义第一阶段即社会主义社会的个人消费品只能实行按劳分配。可见,真正公平的分配制度根本上取决于社会产品的极大丰富,只有到了那时,劳动才不是谋生的手段而是生活的第一需要,真正意义上的公平才能得以实现。社会主义初级阶段的中国,由于生产力还不发达,社会的主要矛盾仍是人民大众的物质文化需求同落后的社会生产之间的矛盾,因此,不断提高生产效率发展生产力,生产更多的物质文化产品,为公平分配的实现创造物质基础就是题中应有之义了。当前,需要我们进一步规范和完善社会主义市场经济体系,充分发挥市场在资源配置中的决定性作用,不断完善按劳分配为主体、多种分配方式并存的分配制度,综合运用法律和政策保障并提升劳动者的个人利益,不断激发劳动者的生产积极性。此外,在生产力不发达的社会主

---

① 《马克思恩格斯选集》第3卷,人民出版社2012年版,第363页。

义初级阶段,劳动者确实存在着劳动能力的差别,我们不可能忽视这样的差别而去寻求一种平均主义的分配方式,如此一来,不仅会造成劳动者积极性的挫伤,不利于生产力的发展,而且还是对劳动者个人劳动能力的不尊重,即对于能力较强的劳动者而言,要求分配趋向平均本身就是一种不公平。

公平是效率的保证,需高度重视公平问题。公平问题的处理是否妥当不仅关乎社会主义本质的实现,还关乎效率的实现程度。新中国初期的分配方式把个人收入限定在很低的水平上,虽未引发两极分化等严重的公平问题,但却违背了生产关系一定要适应生产力的规律,挫伤了生产者的积极性,造成了生产效率低下。改革开放后,社会主义市场经济所引发的收入差距拉大,使得社会矛盾激化的可能性增加,社会不稳定的因素加剧,影响效率的稳步提升。可见,公平是效率的保证,绝对的公平损害效率,绝对的不公平一样不利于和谐稳定的社会局面的形成,因而也就不利于调动各方积极性以提高效率。为此,就需要我们在提升效率的同时兼顾公平,不断提高居民收入在国民收入分配中的比重,劳动报酬在初次分配中的比重,在初次分配环节兼顾效率与公平,在再分配环节更加注重公平。总之,只有切实处理好效率与公平的关系问题,在效率与公平之间达致平衡,实现社会发展与分配公平的真正统一,才能保证我国社会持续健康发展,人民群众真正受益。

(四)防止平均主义与收入差距过大

我们要学会从平均主义的历史教训中汲取经验,防止其死灰复燃。对于平均主义,邓小平曾这样评价,"如果不管贡献大小、技术高低、能力强弱、劳动轻重,工资都是四五十块钱,表面上看来似乎大家是平等的,但实际上是不符合按劳分配原则的,这怎么能调动人们的积极性?"[1]因此,自改革开放以来,我国在分配领域始终严格贯彻按劳分配原则,保证个人合法的物质利益,

---

[1] 《邓小平文选》第二卷,人民出版社1994年版,第30—31页。

因而劳动者的生产积极性得以提升，社会生产力水平得到迅速发展，人民生活水平得以持续改善。但需要警惕的是，改革开放以来我国社会确实产生了比较严重的利益分化与阶层分化问题，于是有一部分人借题发挥，认为毛泽东时代人人收入均平、不存在利益差距的社会状态才是"正道"。他们否认改革开放的历史贡献，否定分配领域的效率优先，主张回到过去。尽管这一思潮并未就分配领域的具体问题发表意见，但总体而言显然具有否定现有基本经济制度和分配制度的意图倾向，因此，我们需要在思想文化领域予以重视，防止平均主义思想在现实社会中蔓延。

新时期必须下大力气解决收入差距过大问题。改革开放之初，邓小平强调坚持按劳分配原则，在生产发展的基础上兼顾公平，他认为"我们的政策是不使社会导致两极分化，就是说，不会导致富的越富，贫的越贫"①。随着改革进程的推进，邓小平一度改变了最初的看法，认为社会主义初级阶段两极分化现象会自然出现。事实上，收入差距过大问题已经成为当今中国最为严重的社会问题之一。国际上以基尼系数作为衡量一个国家居民收入差距的标准，超过 0.4 意味着收入差距问题已较为严重。从 2012 年到 2016 年，中国居民收入的基尼系数分别是 0.474、0.473、0.469、0.462 和 0.465，②尽管五年来我国基尼系数总体呈下降趋势，居民收入差距呈缩小趋势，但也高出国际通行标准不少，这反映出我国收入差距问题形势依然严峻。实际上，我们也能从现实直观的社会心态感受到这些，比如"仇富""仇官"等现象的存在。

解决收入差距过大的问题，应该把握好宏观和微观两大方面政策。从宏观层面而言，国家应统筹城乡发展、区域发展，不断加大城乡一体化建设步伐，实施区域发展战略，缩小城乡居民收入差距和不同区域居民收入差距；同时，应继续加大脱贫攻坚力度，重点解决贫困地区贫困人口的生存发展问题。从

---

① 《邓小平文选》第三卷，人民出版社 1993 年版，第 172 页。
② 国家统计局：《国家统计局局长就 2016 年全年国民经济运行情况答记者问》，2017 年 1 月 20 日，见 http://www.stats.gov.cn/tjsj/sjjd/201701/t20170120_1456268.html。

微观层面而言,我们也应当采取一系列具体的政策对过大的收入差距进行调节,重点解决住房、教育、医疗、养老等民生问题,综合运用财政和税收手段,规定最低工资标准,提高低收入者的收入,建立完善的社会养老保障体系和医疗体系等。然而,这些只是通过政策制定与制度安排进行的外部调整,并未涉及解决问题的根本。从理论上而言,解决收入差距问题或者说将收入差距控制在可接受的范围内,最根本的是要坚持公有制经济的主体地位,不断发展公有制经济,扩大公有制经济的覆盖范围。这是因为一定的分配方式是由一定的生产方式决定的,只有在生产资料公有制的条件下,才会消除产生收入差距过大的根源,正如邓小平指出的:"只要我国经济中公有制占主体地位,就可以避免两极分化"。① 也就是说,公有制经济占主体地位并不会消除收入差距,但却会将收入差距控制在严格的范围内,并会防止两极分化的产生。只有将国家的宏观战略与具体方针相结合,并适当持续地扩大公有制经济的范围,才能在坚持效率优先的情况下有效解决收入差距过大问题,也才能使改革开放的成果真正惠及全体人民。

总之,我们对新中国成立后分配制度的利弊得失应该辩证看待。尽管新中国成立初期,国家按劳分配制度的确立和实施存在平均主义的倾向,并引发了一些不良的后果,但却不能否定当时分配制度选择的历史必然性和其对我国工业化战略成功实施的巨大贡献。更为重要的是,它为改革开放后我国分配领域的制度安排提供了宝贵的历史经验。今天我国分配领域的制度革新,应当在充分汲取历史教训的基础上,在生产关系的变革一定要适合生产力发展状况的规律把握中,立足于分配领域出现的新问题给出有效的治理策略。特别是效率与公平的关系问题、收入差距过大等问题,也需要党和政府下大力气加以解决。只有不断解决新出现的问题,我们才能探索出更加符合我国实际的分配制度,也才能实现社会发展与人民利益的有效统一。

---

① 《邓小平文选》第三卷,人民出版社1993年版,第149页。

第七章　现代化视阈下推进中国农村分配制度改革的理论困境和现实思考

纵观新中国成立后农村分配制度变动的发展历程,我们可以从现代化发展视角总结很多值得借鉴的理论和实践经验。总结新中国成立后农村分配制度探索的理论困境,包括如何把外国经验与本国实际相结合,正确处理按劳分配与平均主义的关系,正确认识社会主义初级阶段的剥削现象,认识和处理好先富与共富的关系等。从我国现代化发展视角得出的现实思考,包括发展与完善中国特色社会主义农村分配制度的指导思想,把"富国"与"富民"相结合;健全农村产权保护法律制度,加强对农户土地承包经营权和农民财产权的保护;提高农业生产效率,构建有效的农村生产要素市场体系;健全农村社会保障体系,缩小城乡差距,通过建立公平合理的分配制度使全社会成员共享发展成果。

一、现代化视阈下推进中国农村分配制度改革的理论困境

任何一种问题的解决都要实现历史与现实、理论与实践的统一,我国农村分配制度的改革亦然。我们立足于新时期农村分配制度实践中存在的问题,

总结农村分配制度的历史经验,才能更好破解从现代化发展视阈下推进中国农村分配制度改革的理论困境。

(一) 处理好外国经验与本国实际相结合的关系

1. 要在充分汲取历史教训的基础上,准确研判农村分配制度的症结所在。处理好外国经验与本国实际相结合,首先需对我国农村分配制度改革的历史教训和现实问题作出准确判断。我国农村分配领域最大的历史教训莫过于新中国成立后"大跃进"和人民公社化运动所大力推行的平均主义分配制度,这种分配制度尽管对当时的国家工业化建设作出了一定贡献,但严重违背了生产关系一定要适应生产力发展状况的客观规律,使农民利益严重受损,农民的生产积极性也受到严重挫伤。正如邓小平这样评价:"平均发展是不可能的。过去搞平均主义,吃'大锅饭',实际上是共同落后,共同贫穷,我们就是吃了这个亏。"①在新的历史条件下推进我国农村分配制度改革,不得不谨记这一历史教训。长期以来,农民的增收问题一直是党和政府高度关切但难以很好解决的社会问题,其中农村分配制度合理与否直接关系农民的合法权益。在我国,农村分配制度问题长期呈现出十分复杂的特点。整体来看,农村分配制度与我国城乡二元体制密切相关,长期重城镇轻农村的发展模式使农村市场化程度严重不足,合理有序的农村市场体系尚未成型。在市场秩序不规范的情况下,资本、技术、管理、知识等生产要素很难在农村发挥积极作用。具体来看,随着大量农民进城务工,农村土地承包权与经营权的关系问题,即农民能否依法进行土地流转并获得合法收益成为农村分配制度改革的关键问题。除此之外,农村的金融政策、农产品价格机制等也是农村分配制度改革面临的问题。

2. 要取长补短,将各种分配制度改革方面的合理经验为我所用。贫富差

---

① 《邓小平文选》第三卷,人民出版社1993年版,第155页。

距和城乡差距问题是一个世界性难题,世界各国都在积极探索符合各自国情的分配制度,其一些方面的经验可以为我所用,但也要结合中国实际。就苏联而言,政府十分重视由非劳动收入引发的社会分配不公现象,通过各种措施保证社会主义按劳分配原则与社会公正原则。比如,为了防止利用非法出租住房、别墅和非法交易获得非劳动收入,规定了对其进行登记和监督的手续,不仅如此,苏联还采取一系列法律手段坚决防止和制止通过欺骗和虚报的非法手段获得非劳动收入。[①] 就美国而言,政府在分配制度的安排中设定了三个环节,在各个环节扮演着不同的角色。在初次分配中,美国政府基本上采取放任市场机制的办法,对收入分配不加干预;在二次分配中,政府的作用开始发挥;在第三次分配中,政府的态度表现得更加积极,政府引导社会力量广泛参与,积极引导发展慈善事业。[②] 可见,美国更加重视引导社会组织调节收入差距,而不太重视初次分配的政府干预作用。就日本而言,其实施了国民收入倍增计划,在此背景下又在农村掀起了"农村振兴运动",具体则分为两个阶段:第一阶段注重农业生产的发展,主要为提高农民收入水平;第二阶段则注重农村基础设施的综合建设,这一阶段旨在全面缩小城乡差距,提高农业产业和农村发展的现代化水平。[③] 对于我国而言,以投机倒把、贪污盗窃等非法手段谋取非劳动收入的现象还存在,苏联采取的一些合理做法可以借鉴,但需分清非劳动收入与按生产要素获得收入的界线,不能把合法的生产要素收入等同于非法收入。同时,由于市场化水平还不高,市场秩序还不规范,初次分配不能像美国一样完全放任市场决定,而应更加注重增加劳动报酬,但在引导社会慈善组织以缩小收入差距方面则可向美国学习。此外,我国也需从日本分配制

---

① 王庆海:《苏联在改革中如何消除社会分配不公的现象》,《苏联东欧问题》1990 年第 4 期。

② 陈雪峰、于哲:《美国收入分配机制运行经验及对中国的启示》,《河南大学学报(社会科学版)》2015 年第 2 期。

③ 孙敬水、黄秋虹:《日本调节收入分配差距的基本经验及启示》,《国际经贸探索》2013 年第 4 期。

度改革汲取经验,在维持经济发展稳定的前提下加速增加国民收入,特别是农民收入,并且在打破城乡二元结构,统筹城乡一体发展的前提下,加大对农村基础设施和农业机械化的财政支持力度,助力农村发展。

(二)正确处理按劳分配与平均主义的关系

1. 要认识到社会主义初级阶段平均主义倾向的分配制度弊大于利。新中国成立以来,受思想认识与现实问题的双重影响,我国在农村一度实行了平均主义色彩十分浓厚的分配制度。在思想认识方面,中国古代"不患寡而患不均,不患贫而患不安"的均贫富思想深刻影响着中央在农村分配形式的选择,加之在革命时期平均主义性质的供给制在夺取革命胜利中发挥的巨大作用,使中央深信平均主义倾向的农村分配制度也必将在新中国的建设发展中发挥积极意义,同时,囿于时代局限而对马克思主义分配理论的平均主义式的理解,使平均主义也得到了理论支撑。在客观现实层面,新中国成立初期,国家面临严峻的国内外形势,建立独立的国民工业体系、实现由农业国向工业国的转变成为当时国家发展的重点。为了最大限度地推进工业化战略的实施,我国在农村分配领域主要采取一种平均主义的高积累、低消费的制度安排,以期为工业化提供更多的原始积累。客观地讲,新中国成立后特别是人民公社化时期,农村平均主义倾向的分配制度对国家工业化战略的推进起到了关键作用,为我国建立独立的工业体系奠定了坚实基础,但也要看到,平均主义的农村分配制度从根本上超出了当时的生产力发展水平。

2. 要防止现实实践中的平均主义,坚持和发展按劳分配制度。尽管相对平均的农村分配制度在新中国成立后分配实践中产生较为严重的后果,且新时期以来我国在农村分配制度的安排中对其也竭力否定,但平均主义得以产生的社会基础和思想基础仍旧存在,因此需要我们在理论和实践上坚持和发展农村按劳分配制度。在社会主义初级阶段,生产力发展水平尚未达到物质和精神产品的充分供应,劳动还是谋生的手段而非生活的第一需要,因而必须实施劳动力等价交换原则的按劳分配制度,这是生产关系符合生产力实际的客观规律的必要遵循。同时,从我国农村生产力发展状况和农民思想觉悟来看,个人"为国家创造财富多,个人的收入就应该多一些,集体福利就应该搞得好一些。不讲多劳多得,不重视物质利益,对少数先进分子可以,对广大群众不行,一段时间可以,长期不行"①。也就是说,在农村坚持按劳分配制度是对农民合法权益的肯定与保障。为此,"我们一定要坚持按劳分配的社会主义原则"②,只有坚持贯彻这一原则,才能防止平均主义倾向死灰复燃,才能在保障农民合法权益的基础上调动其生产积极性。此外,市场化进程的深入推进,使农村以土地为核心的许多生产要素参与到市场的分配与使用中,农民获得收入的渠道与方式更加多样,这对传统意义上按照劳动生产贡献获得收入的按劳分配制度提出了新的问题。因此,在新的历史条件下深化按劳分配制度在农村的具体实现形式,成为不可回避的理论问题与实践问题。

(三)正确认识社会主义初级阶段的剥削现象

1. 要认识到剥削现象在社会主义初级阶段是一种客观存在。马克思在《关于自由贸易问题的演说》中认为:"不管商品相互交换的条件如何有利,只要雇佣劳动和资本的关系继续存在,就永远会有剥削阶级和被剥削阶级存在。那些自由贸易的信徒认为,只要更有效地运用资本,就可以消除工业资本家和雇佣劳动者之间的对立,他们这种妄想,真是令人难以理解。"③也就是说,在生产关系的层面上,资本主义私有制导致了劳动者的生产成果被非劳动者所占有,从而引发了剥削。对于农村来说,非公有制企业一旦涉及对农村资源,比如说土地的使用,或者是农民到非公有制企业进行务工,都不可避免地存在

---

① 《邓小平文选》第二卷,人民出版社 1994 年版,第 146 页。
② 《邓小平文选》第二卷,人民出版社 1994 年版,第 101 页。
③ 《马克思恩格斯选集》第 1 卷,人民出版社 2012 年版,第 373 页。

不同程度的剥削现象。生产方式决定分配方式,剥削产生于生产领域,对剥削现象的认识只能到所有制层面去加以探讨,分配方式对于剥削问题的解决不具有根本性的决定作用。在社会主义初级阶段,剥削问题集中体现为劳动与资本的关系问题,只有正确看待并处理好劳动与资本的关系问题,才能对我国当今的剥削现象有清醒的认识。

2. 要在阐明劳动与资本关系的基础上理性看待剥削问题。社会主义初级阶段市场经济的实行,使得市场在劳动力资源配置、工资形成中起决定性作用。这就意味着一方面劳动力成为商品,另一方面生产资料与货币成为资本。但是,社会主义市场经济体制下的劳动与资本的关系,与资本主义社会劳动与资本的关系有着本质区别。资本主义社会劳动与资本的关系是建立在生产资料私有制基础上的,它体现的是无产阶级与资产阶级、剥削与被剥削的对抗性的阶级关系,而社会主义社会劳动与资本的关系,更多体现为一种劳动与资本双方利益的诉求,从此意义上讲,社会主义内部尽管存在阶级差别,但却上升不到斗争的层面,因为这属于人民内部矛盾,是能够通过非暴力的方式加以解决的。处理好劳动与资本的关系问题,需要从理论与实践两个层面加以推进。在理论层面,一是需要在充分考察所有能够创造价值而非财富的经济活动的基础上,对马克思劳动价值论中具体的生产性"劳动"内涵进行拓展,将知识、管理等创造价值的劳动要素加入其中,深化劳动价值论对社会主义市场经济和分配问题的解释意义和指导意义。二是对"资本"可能带来的一切负面作用进行充分考察,从而正确地引导和限制"资本逻辑"追求利润最大化趋向。[①]对于分配领域而言,我们需要在理性看待剥削问题的前提下,完善相关法律法规以保证现有分配政策的真正执行,防止损害劳动者合法权益的超额剥削现象的发生。

---

① 叶险明:《驾驭"资本逻辑"的中国特色社会主义初论》,《天津社会科学》2014 年第3 期。

（四）认识和处理好先富与共富的关系

1. 要正视历史教训,避免陷入同步富裕的认识误区和发展误区。众所周知,共同富裕始终是党的长期奋斗目标,但对于实现这一目标的理性认识和道路选择,不同时期中共中央则有不同认识,选择的发展道路也不相同。新中国成立之初,受国内外现实环境、历史经验、理论认识以及意识形态等多方面的影响,中央选择了以同步富裕逐步实现共同富裕的发展模式。具体说来,就是在农村和企业中广泛实行带有严重平均主义倾向的分配制度,即通过将人民的收入控制在极低的水平以避免收入差距过大的现象产生。然而,同步富裕导致的不良后果十分严重,它使得广大人民特别是农民的生产积极性受到挫伤,农村生产力发展受到阻碍,农民生活水平迟迟得不到明显改善。实际上,党的主要领导人毛泽东虽然追求共同富裕,但走的却是一条均贫富的平均主义发展道路,他既希望以同步富裕的发展方式实现共同富裕,又想避免收入差距过大的不平等社会的产生,但这却违背了生产关系一定要适应生产力的历史规律。在生产力极不发达的社会主义初级阶段,走同步富裕的发展道路是对个人劳动能力客观差距的忽视,不利于激发个人的生产积极性,也无法保障个人应得的劳动收入,最终只会陷入共同贫穷的发展陷阱。因此,只有对新中国成立初期同步富裕的发展模式进行深刻反思并汲取历史教训,新时期我国农村的分配制度改革才能沿着正确的方向发展。

2. 要回应现实问题,把先富带动后富落到实处。基于社会主义初级阶段生产力不发达的客观实际与同步富裕发展模式的历史教训,邓小平在改革开放后主张走一条先富带动后富最终实现共同富裕的发展道路。他认为应当"让一部分人、一部分地区先富起来,大原则是共同富裕。一部分地区发展快一点,带动大部分地区,这是加速发展、达到共同富裕的捷径。"[1]事实证明,

---

[1] 《邓小平文选》第三卷,人民出版社 1993 年版,第 166 页。

先富的发展道路行之有效,它激发了人民的生产积极性,适应了生产力不发达的现状,并成就了今天中国的巨大发展。然而,先富只是实现共同富裕的手段而非目的,当一部分人、一部分地区富裕起来以后,先富带动后富则是一种义务,如果先富不能带动后富,产生社会两极分化,改革在相当程度上就是失败的。在当前社会贫富差距加大,改革成果并未使全体人民共享的情况下,能否妥善处理先富带动后富,直接关系到全面建成小康社会的如期实现。为此,我们一方面需要继续激发各生产要素在社会财富创造中的积极作用,把蛋糕进一步做大;另一方面则应把先富带动后富落到实处。从宏观层面而言,统筹区域发展实现东部带动西部、城市带动农村,不断加大对落后地区的财政支持力度,重点解决贫困地区贫困人口的生存发展问题。从微观层面而言,重点解决住房、就业、教育、医疗、养老等民生问题,保障普通民众的合法权益,并逐步提高社会中下层民众的收入。只有将先富带动后富落到实处,广大人民才能共享改革发展成果,共同富裕的发展目的也才能实现。

二、现代化视阈下推进中国农村分配制度改革的现实思考

新时期推进我国农村分配制度改革不仅需要把握农村分配制度改革的几个重要关系,还需要在既有问题的基础上思考推进农村分配制度改革的现实路径,围绕农村分配制度改革的四个方面,具体展开应对策略。

(一)完善中国特色社会主义农村分配制度的指导思想,把"富国"与"富民"相结合

1.客观认识我国"国富民不富"的现状。改革开放以来,我国经济持续快速发展,经济总量跃居世界第二。2016年,我国国内生产总值达

744127 亿元[①],相较于世界各国的生产总量,我国可谓"富国",甚至不少发达省份都"富可敌国",足见中国整体经济实力的强大。但"富国"不等于"富民",二者之间在逻辑上不可等同,在现实中则体现得更为明显,我们可以借用经济学中的相关数据来加以说明。在经济学中,人均国内生产总值,即"人均 GDP"是衡量一个国家或地区经济运行与发展状况的常用指标。同时,作为衡量一个国家或地区人民生活水平的具体标准,经济学中还有"人均可支配收入"这一指标。从理论上讲,"人均 GDP"与"人均可支配收入"存在差距是正常的,因为不可能将国家的总体财富平均分给每一个国民,但如果二者的差距过大,则能反映出"国富民不富"这一事实。"人均 GDP"与"人均可支配收入"的过大差距从总体上反映出我国人民并不富裕,对于农村居民而言,不仅达不到全国平均水平,与城镇居民的收入差距更大。这充分说明尽管我国在一定程度上实现了"富国",但却未能实现"富民"的同步,在一定程度上实现了富裕城镇居民,但还未能真正富裕农村居民,这需要党和政府给予高度重视。

2. 将人民心声和党的宗旨落到实处,在"富国"的同时实现"富民"。中国共产党自建立之日就把实现国家富强与人民安康作为根本价值遵循。新中国成立之初,国家为推进工业化战略的实施,采取农业支持工业的发展方式,广大农民为此作出了巨大贡献,但党中央一直认为应当不断提高农民的收入,改善农民的生活。毛泽东就认为:"领导农民走社会主义道路,使农民群众共同富裕起来,穷的要富裕,所有农民都要富裕,并且富裕的程度要大大地超过现在的富裕农民。"[②]改革开放以来,党中央始终高度重视人民福祉问题。邓小平认为"社会主义的本质,是解放生产力,发展生产力,消灭剥削,消除两

---

① 国家统计局:《中华人民共和国 2016 年国民经济和社会发展统计公报》,2017 年 2 月 28 日,见 http://www.stats.gov.cn/tjsj/zxfb/201702/t20170228_1467424.html。

② 中共中央文献研究室:《建国以来重要文献选编》第 7 册,中央文献出版社 1993 年版,第 308 页。

极分化,最终达到共同富裕"①,并将人民生活水平的改善与否作为衡量党和政府工作的主要标准之一。此后"三个代表"提出中国共产党代表最广大人民的根本利益,科学发展观确立了"以人为本"的核心。党的十八大以来,习近平总书记始终坚持人民至上的价值导向,将人民的心声与党的宗旨统一起来,指出:"我们的人民热爱生活,期盼有更好的教育、更稳定的工作、更满意的收入、更可靠的社会保障、更高水平的医疗卫生服务、更舒适的居住条件、更优美的环境,期盼孩子们能成长得更好、工作得更好、生活得更好。人民对美好生活的向往,就是我们的奋斗目标。"②习近平总书记也借中国古代先哲的"凡治国之道,必先富民"来表达"富民"在治国理政中的重要地位,五大发展理念中"共享"理念的提出,更表明我们党已将"富民"纳入国家长期发展战略。面对当前"国富民不富"的基本情况,应将人民至上的价值追求融入分配制度的改革当中,具体说来,就是将"国富"与"民富"相统一作为分配制度的指导思想并在分配制度的安排上有所侧重,只有这样,才能"着重保护劳动所得,努力实现劳动报酬增长和劳动生产率提高同步,提高劳动报酬在初次分配中的比重"③,才能逐步实现国富民富。

(二) 健全农村产权保护法律制度,加强对农户土地承包经营权和农民财产权的保护

1. 农村产权主体不明确是农民合法利益难以实现的根源。探讨农村产权问题,首先需要对产权的内涵与外延加以认识。产权的实质是一种所有权,它不仅表示占有,还包括由占有权所派生出来的使用权以及由使用权带来的现

---

①　《邓小平文选》第三卷,人民出版社1993年版,第373页。

②　中共中央宣传部:《习近平总书记系列重要讲话读本》,人民出版社2016年版,第212页。

③　中共中央文献研究室:《十八大以来重要文献选编》上,中央文献出版社2014年版,第537页。

实收益等。根据我国《物权法》第三十九条的规定，所有权人"对自己的不动产或者动产，依法享有占有、使用、收益和处分的权利"[1]。从法律上讲，农村产权指的则是农民对集体土地的所有权、承包权、经营权以及由此带来收益的占有权，其中，土地所有权在农村产权中居于核心地位，农村土地集体所有权是土地承包经营权的基础，其构成其他农村产权的前提。然而，现实的情况是农村对集体土地的所有权并未在现实中得以落实。我国《宪法》规定："农村和城市郊区的土地，除由法律规定属于国家所有的以外，属于集体所有；宅基地和自留地、自留山，也属于集体所有"[2]，但这里并未说明集体所有是以怎样的形式加以实现的，如此就在法律层面给土地所有权的主体转移留下了制度漏洞。由于没有明确的法律保证集体土地所有权真正掌握在农民手中，加之各级村委会作为基层自治组织没有资格作为法定的农村土地产权所有者，使得农村集体土地产权被不少地方政府以发展经济的名义加以征用或开发，集体土地所有制的法律规定流于形式，变得抽象。一旦农村集体土地所有权得不到落实，农户的承包权就难以保障，土地经营权也就活不起来，这会直接影响农村合理分配制度的安排，损害农民的合法权益。不仅如此，即便是农民获得了土地承包权，在现有的法律框架内也不能向金融机构抵押融资，这就限制了权能的发挥，也就是说，即便农民成为集体土地产权的主体，依旧不能享有借助市场获取合法收入的机会。

2. 逐步完善相关政策与法律，使农村产权及其权能落到实处，切实维护农民合法权益。深化农村土地产权制度改革，必须在坚持和完善最严格的耕地保护制度的前提下进行，这是因为任何时候，粮食安全问题都是国家稳定的头等大事，农村集体土地可以参与市场进程，但不能以减少耕地、降低粮食产量为代价，这是必须明确并加以强调的。同时，推进农村产权制度改革，也不意味着土地私有化，任何时候都要以农村土地农民集体所有为基础，这是农村最

---

[1] 《中华人民共和国物权法》，人民出版社2007年版，第10页。
[2] 《中华人民共和国宪法》，人民出版社2018年版，第12页。

大的制度。在此前提下,落实农村产权及其权能,需遵循落实集体所有权、稳定农户承包权、放活土地经营权的总体思路,做好各个关节的工作。落实农村产权意味着要坚持和稳定土地承包关系,只有坚持和稳定土地承包关系,才有可能实现农村全能的有效发挥。总体说来,中央在政策方面对农村产权的保护日趋完善,但这些政策还处于在部分地区的试点状态,尚未覆盖全国,因此未将政策以法律的形式固定下来,而当前亟待需要解决的是尽快将成熟的政策上升为法律,对《物权法》《土地法》《土地管理法》等直接涉及农村产权的核心法条进行修订。同时,法条的修订除了要以成熟的政策作为现实基础外,还要以彻底回答农村土地所有权、承包权、经营权三者关系的理论创新为理论基础,立法固然重要,但在缺乏充分的理论支持与实践经验的情况下,新的法条难免存在不足,因此需要审慎推进立法工作。

（三）提高农业生产效率,构建有效的农村生产要素市场体系

1. 适度规模经营与农村产业化并举,提高农业生产效率。目前我国农村每户经营土地只有7亩多[①],随着土地经营条件的改变,小规模的经营方式已经无法适应农业发展的新要求。在规模较小的土地范围内,现代农业技术的适用性大大减小,从而严重制约了农业生产率与生产效益的提高,因此,构建新型农业经营体系,采取适度规模经营成为推动农业发展的必然选择。适度规模经营不能采取一刀切的方针,而要具体问题具体分析。目前农民已经探索出诸如家庭农场、订单农业以及企业加农户等适度规模经营的方式,其中家庭农场的普遍率最高,需要通过一系列政策加强对家庭农场的服务支持力度,同时,对其他有利于提高生产效率的规模经营方式,也要予以支持、引导。因此,我国需完善相关政策和法律条文,鼓励和支持农民依法进行土地流转,并加大对土地合法流转的扶持和补偿。同时,随着农业适度规模经营的发展,其

---

① 李克强:《以改革创新为动力加快推进农业现代化》,《求是》2015年第4期。

对资金的需求也就越迫切,加大金融行业对农业发展的支持势在必行,应采取相应政策加大商业银行、农村信用社等金融机构对农业的贷款力度,保证农业适度规模经营的资金供应。

2. 以城乡发展一体化为基础,促进农村生产要素市场的完善与发展。2014年12月,李克强在《以改革创新为动力加快推进农业现代化》的讲话中指出:"要健全城乡发展一体化体制机制,促进城乡建设统一规划、基础设施互联互通、产业合理布局、要素平等交换。引导城市资金、技术、信息、人才、管理等现代生产要素向农业农村流动,更好地发挥工业化、信息化、城镇化对农业现代化的带动作用。"①可以说,由于农业并不充分享有城市产业发展所需的各类生产要素,因此推进城乡发展一体化对农村生产要素市场构建具有基础性意义。在农村,现阶段主要的生产要素包括土地、技术、资本等。就土地要素而言,其首先涉及土地产权问题,必须理清土地所有权、承包权与经营权之间的关系,完善政策法律以保障土地产权及权能的发挥,其次是形成合理的土地管理机制,在市场充分参与的情况下,就土地价格、征地补偿、收益分配等方面形成具体可行的管理规范体系,保障农民合法享有土地收益。就技术方面而言,农业现代化最鲜明的体现是农业技术现代化,无论是适度规模经营还是调整农业结构以推进农业产业化,都离不开现代农业技术的支持。当前,应加大政策支持力度,鼓励农业科技工作者深入基层农村,普及科学种植知识,同时也要明确农业科技工作者、提供技术服务的企业以技术要素参与分配的具体政策,激发其参与农业发展的积极性和主动性。

（四）健全农村社会保障体系,缩小城乡差距,通过建立公平合理的分配制度使全社会成员共享发展成果

1. 高度重视城乡差距问题,全面构建农村社会保障体系。随着改革开放

---

① 中共中央文献研究室:《十八大以来重要文献选编》中,中央文献出版社2016年版,第269页。

进程的深入推进,我国居民收入差距问题日益凸显。自 2012 年至 2016 年,我国居民收入的基尼系数始终保持在 0.45 以上[①],这反映出当前我国收入差距问题形势十分严峻。收入差距分别表现在不同区域、不同行业和不同阶层,而城乡居民收入差距表现得更为明显,2016 年我国城镇居民人均可支配收入是农村居民人均可支配收入的近 3 倍,是贫困地区农村居民人均可支配收入的近 4 倍,可见,城乡居民收入差距十分明显,不仅如此,由于城镇天然地享有有利的发展资源,如若不加快农村发展速度,城乡差距会越来越大。着力解决城乡差距问题,需全面构建农村社会保障体系。其一,建立统一的城乡居民基本养老保险制度,巩固和拓展个人缴费、集体补助、政府补贴相结合的资金筹集渠道,完善基础养老金和个人账户养老金相结合的待遇支付政策[②],并逐步建立基础养老金标准正常调整机制,加快构建农村社会养老服务体系。其二,进一步加强和完善农村最低生活保障制度,提高各级财政支持力度,实现全方位覆盖。不同区域应在充分考虑农民生活的基本需要、物价上涨指数等因素的基础上制定符合实际的农民最低生活标准。其三,为应对因贫困、疾病等因素导致的突发状况,各地还需尽快建立全面的农村临时救助制度,改进农村社会救助工作。尽管完善的农村社会保障体系对于缩小城乡差距十分重要,但还需从农村自身发展不足的内因方面寻找解决城乡差距的出路。

2. 多管齐下建立公平合理分配制度,使改革成果惠及全体社会成员。形成合理有序、公平正义的分配格局不仅事关生产关系能否积极作用于生产力的发展,更关乎广大人民群众能否共享改革发展成果,因此,需多管齐下制定相应的政策法律,以建立公平合理的分配制度。其一,统筹城乡发展一体化,从宏观层面思考收入分配制度的完善问题。长期以来,我国一直实行城乡二

---

① 国家统计局:《国家统计局局长就 2016 年全年国民经济运行情况答记者问》,2017 年 1 月 20 日,见 http://www.stats.gov.cn/tjsj/sjjd/201701/t20170120_1456268.html。

② 中共中央文献研究室:《十八大以来重要文献选编》上,中央文献出版社 2014 年版,第 806—807 页。

元化的发展模式,发展的重点始终在城市而非农村,其造成的结果是"经济增长的非均衡性最终表现于收入分配的非均等性"①,可以说,这是城乡收入分配差距较大的重要原因。建立公平合理的收入分配制度,必须在统筹城乡发展一体化的战略下进行,否则农村会因得不到与城市同样的发展机会而愈发落后,农村分配制度也不会合理公平。在市场经济几乎覆盖所有地区所有领域的今天,农村市场相较于城镇市场发育的不成熟必会使其在分配过程中处于不合理的弱势地位。其二,规范收入分配秩序,依法保障劳动者的合法权益。总的来说,我国市场经济的发展远未成熟,尤其在当前产业结构调整,城市及农村新兴产业崛起的背景下,并未形成公平的定价机制。在农村,土地流转、征地补偿机制尚未确立,农民不能依法获得土地要素转让带来的收益;在城市,某些企业借助行业垄断地位对生产要素进行利于自己的定价,进而获取高额利润,这无疑会扰乱市场秩序,更加剧了不同群体之间的收入差距。为此,需在坚持保护合法收入、取缔非法收入的原则下,进一步落实到具体法律法规以规范收入分配秩序,同时,还需"健全资本、知识、技术、管理等由要素市场决定的报酬机制"②,及时修订法律法规予以保障。此外,政府也应当加强对扰乱收入分配秩序的监督和管理,充分发挥政府对市场的监督作用。其三,在保障劳动者合法权益的基础上完善收入再分配调节机制。收入再分配是建立合理分配制度的重要方面,目前,应进一步完善以税收、社会保障、转移支付为主要手段的再分配调节机制,加大税收调节力度。具体说来,要按照"提低、扩中、调高、打非"的方针,将收入分配结构努力向"橄榄型"方向发展,③同时,也要改革既有的税收结构,提高个人所得税的起征点,尽可能对高

---

① 周明海等:《中国经济非均衡增长和国民收入分配失衡》,《中国工业经济》2010 年第 6 期。

② 中共中央文献研究室:《十八大以来重要文献选编》上,中央文献出版社 2014 年版,第 537 页。

③ 王琳、宋守信:《新常态下收入分配制度改革的价值取向与对策》,《山东社会科学》2016 年第 2 期。

收入群体多收税,保障和扩大中低收入群体的收入。

　　综上可见,推进我国农村分配制度改革事关广大农民的合法利益能否得到保障,事关全面建成小康社会能否如期完成。从某种意义上讲,农村发展速度的推进与农民共享改革红利的程度构成评判三十多年改革工作的重要尺度。我国农民在新中国成立后为国家工业化战略的成功实施作出了重大牺牲,改革开放后又为城市的建设和发展贡献了巨大力量。但是,长期以来我国农村始终不能享有与城市同样的发展机遇,农民不能享有和城市居民同等的收入。在新的历史时期,深入推进农村分配制度改革,大幅度增加农民收入,成为党和政府工作的重点之一。新时期,建立合理的农村分配制度是一项系统工程,必须从总体上统筹城乡发展,这是治本之策。只有在城市和农村建立规范合理的市场秩序,农村发展才有动力,农村收入才有保障,单纯强调农村问题由农村解决的思路并不可取。在此前提下,政府也要通过出台系列扶持农村发展、增加农民受益的政策,并把它落到实处。只有农民真正共享改革发展成果,社会主义才是真正的以"社会"为主义,我国现代化的建设才更全面,发展后劲才更充足。

第八章　新时代中国特色社会主义分配制度的改革路径

　　居民收入分配直接关系到人民群众的切身利益,也是能够衡量一个国家经济社会发展水平的重要方面。改革开放以来,随着中国特色分配理论的丰富发展和实践探索,中国经济发展取得巨大成就,居民收入快速增长,已经成为一个具有较强综合实力和较高国际地位的大国,不过,中国也从一个收入分配比较均等的国家转变成为一个收入差距较大的国家。社会主义新时代,要"坚持按劳分配原则,完善按要素分配的体制机制,促进收入分配更合理、更有序",必须"履行好政府再分配调节职能,加快推进基本公共服务均等化,缩小收入分配差距"[①],才能实现共同富裕的目标,让全体人民共享改革开放的发展成果。

一、改革开放以来中国特色分配理论的继承与重塑

　　改革开放以来,几代中央领导集体吸取了毛泽东分配思路和实践的经验

---

　　①　本书编写组编著:《党的十九大报告辅导读本》,人民出版社 2017 年版,第 46 页。

教训,在坚持和继承马克思主义分配思想基础上,进行了突破和创新,形成了独具中国特色的社会主义分配理论。

(一) 坚持和发展马克思的按劳分配理论,坚决反对平均主义

　　党的十一届三中全会后,中国在分配领域内进行了一系列改革。这一阶段,在分配政策上采取的措施是恢复过去实行的社会主义按劳分配制度。邓小平针对当时社会上对分配制度的错误认识,不但肯定按劳分配的社会主义性质,而且要把反对平均主义贯彻落实在经济生活中。他指出:"我们一定要坚持按劳分配的社会主义原则。……根据这个原则,评定职工工资级别时,主要是看他的劳动好坏、技术高低、贡献大小。"①他多次反思了改革开放前的平均主义分配制度,认为:"过去搞平均主义,吃'大锅饭',实际上是共同落后,共同贫穷,我们就是吃了这个亏。"②邓小平通过引入利益机制体现个人收入差别,这就体现了按劳分配原则精神,为后来"效率优先,兼顾公平"原则的提出打下基础。江泽民通过将按劳分配思想与我国社会主义市场经济发展相结合,赋予了按劳分配新的内涵和实现形式。他指出:"过去,我们往往只看到市场的自发性方面所带来的一些消极作用,而很少看到市场对激励企业竞争、推动经济发展的积极作用,特别是看不到市场也是一种配置资源的方式,看不到它对优化资源配置所起的促进作用。这显然是一种认识上的片面性。"③党的十四大以来,国家政策上一方面创新了按劳分配的主体,实现了由单一国家向市场和企业的突破;另一方面创新了按劳分配的实现形式,把劳动者的劳动与市场紧密关联,通过市场机制和价值形式间接实现。胡锦涛强调实行按劳分配为主体,多种分配方式并存的分配制度,同时针对初次分配领域的不公现象,提出深化分配制度改革,健全劳动、技术、资本和管理等生产要素按贡献参

---

① 《邓小平文选》第二卷,人民出版社 1994 年版,第 101 页。
② 《邓小平文选》第三卷,人民出版社 1993 年版,第 155 页。
③ 《江泽民文选》第一卷,人民出版社 2006 年版,第 200 页。

与分配,强调初次分配和再分配都要处理好效率和公平的关系。党的十八大以来,习近平总书记坚持效率和公平相结合的方法加快深化收入分配制度改革。他指出:"收入分配是民生之源,是改善民生、实现发展成果由人民共享最重要最直接的方式。……促进收入分配更合理、更有序。"①要在坚持按劳分配等多种分配方式相结合的基础上,处理好政府、企业和居民三者之间的关系。

(二) 坚持以人为本与共同富裕的目标和价值追求

中国共产党自成立之日起就坚持以人民为根本的思想,并把人民群众的拥护和支持作为胜利之本和力量之源,坚持追求人民群众物质文化水平的不断提高。改革开放后,邓小平把人民群众的利益得失作为衡量政策的最重要标志。一方面他通过在农村实行家庭联产承包责任制,在城市进行经济体制改革,通过大力推动生产力迅速发展推动人民群众物质文化生活水平的提高。另一方面,他提出效率优先、兼顾公平,通过一部分人先富带动后富的手段实现全体人民的共同富裕。江泽民结合当时面临的国内外形势,提出把发展作为我党执政兴国的第一要务,通过执政为民不断实现最广大人民群众的根本利益。他相继提出了效率优先和兼顾公平、按劳分配与按生产要素分配相结合、扩大中等收入者比重和保护一些合法的劳动和合法的非劳动收入等一系列思想,归根到底都是为了实现富民强国的目标。胡锦涛提出科学发展观,坚持发展为了人民、发展依靠人民、发展成果由人民共享,体现在经济管理体制方面,既要扩大管理的民主性,又要坚持社会主义的人道主义关怀,促进经济发展的同时促进人的全面发展。党的十八大以来,习近平总书记深刻认识到社会发展和人民幸福的基础是解决民生问题,坚持以人为本是实现发展的前提。他特别指出:"要正确认识和处理经济发展和民生改善的关系,实现两者

---

①　中共中央宣传部:《习近平新时代中国特色社会主义思想学习纲要》,学习出版社、人民出版社 2019 年版,第 160 页。

良性循环。"①这体现了马克思主义的内在要求,也为我国经济发展提供了强大驱动力。

（三）坚持以生产力水平作为衡量分配问题的标准

分配政策的调整根本目的是促进生产力发展,改革开放以来党的几任中央领导集体都特别重视这一点。邓小平始终把能否有效促进生产力发展作为判断收入分配关系的最重要标准。他指出:"社会主义经济政策对不对,归根到底要看是生产力是否发展,人民收入是否增加。这是压倒一切的标准。空讲社会主义不行,人民不相信。"②他在 1992 年发表的南方谈话提出的"三个有利于"标准中,生产力标准被作为第一条。党的十四大后,江泽民在继承发展邓小平分配理论基础上,更加重视解放和发展生产力,多次强调要把发展作为执政兴国的第一要务,并上升到关系党和国家生死存亡的高度。他所提出的"三个代表"的第一条就是"中国共产党要始终代表中国先进生产力的发展要求"。胡锦涛强调生产力发展对实现分配公平和共同富裕的重要前提,在承认个人利益的基础上主张物质鼓励激发劳动者生产积极性。习近平总书记在深刻把握我国社会主义初级阶段和主要矛盾都没有变的基础上,强调发展生产力是解决一切问题的基础和关键。只有坚持发展是硬道理的思想,才能全面推进经济、政治、文化、社会、生态和党的建设。因为,发展生产力和改善人民物质文化生活,是中国特色社会主义政治经济学的核心。③

（四）坚持循序渐进的原则推进分配改革进程

坚持分配改革进程的循序渐进原则是改革开放后党的几代中央领导集体

---

① 中共中央宣传部:《习近平总书记系列重要讲话读本》,学习出版社、人民出版社 2014 年版,第 110 页。

② 《邓小平文选》第二卷,人民出版社 1994 年版,第 314 页。

③ 中共中央文献研究室:《习近平关于社会主义经济建设论述摘编》,中央文献出版社 2017 年版,第 10 页。

的共同特征。改革开放之初,邓小平就多次强调,经济领域的改革既要"胆子大",又要步子稳,把大胆的"闯"与"试"相结合。他提出"摸着石头过河"的理论,从城市的经济特区设立、农村的家庭联产承包责任制到"一国两制"方针都是如此。他提出的少数人先富、带动后富直到共同富裕的思想,也是循序渐进原则的鲜明体现。江泽民的分配理论提出也是渐进的,他多次指出要认真研究和掌握经济发展规律,掌握工作节奏,不能因为盲目追求发展而贻误改革时机。因为,"国民经济是一个有机整体,要实现上述目标,解决平均主义和收入差距过大问题,不能就分配抓分配,而要综合治理,从深化配套改革上找出路"。① 他在分配政策改革上,从实物分配到货币分配再到股权、期权分配,都是一步步渐进推行的。胡锦涛强调循序渐进的推进分配改革进程,通过"保护合法收入,调节过高收入,取缔非法收入。扩大转移支付,强化税收调节,打破经营垄断,创造机会公平,整顿分配秩序"。② 习近平总书记提出以实现"两个百年"奋斗目标来实现民族伟大复兴的中国梦。为给分配治理改革创造良好的外部环境,他毅然通过强化作风建设和反腐败斗争为分配改革创造良好外部环境。通过采取"老虎、苍蝇一起打"的方法,使得一大批腐败分子和腐败案件得以查处,正风肃纪取得明显成效,也为分配领域改革消除了后顾之忧。

新中国成立 70 多年来,随着我国分配政策的不断调整和变化,经济建设取得了巨大成就,但也出现了一些急需解决的社会问题。当前我国收入分配问题最突出的表现为收入差距过分扩大,其中包括城乡居民收入差距、地区之间收入差距、行业之间收入差距。收入分配差距的过分拉大,容易引发、加剧社会矛盾,甚至危及国家经济体的安全,不利于我国正在构建的社会主义和谐社会目标,成为影响社会稳定的不利因素。随着社会主义市场经济的发展,我国还必须进行积极的探索,进一步完善初次分配制度,找到一些积极有效的经

---

① 《江泽民文选》第一卷,人民出版社 2006 年版,第 52 页。
② 中共中央文献研究室:《十七大以来重要文献选编》上,中央文献出版社 2009 年版,第30 页。

济分配实现形式,注重社会公平的实现。

二、改革开放以来我国居民收入分配实践的发展历程

　　1978 年党的十一届三中全会召开,标志着中国进入了改革开放新时期。此后的四十多年中,中国社会发生了翻天覆地的变化,居民收入分配结构和格局也被深刻改变。梳理改革开放以来我国居民收入分配的发展历程,大致可以分为四个阶段:

(一) 农村改革阶段(1978—1983)

　　1978 年至 1983 年,是中国改革开放的起步阶段。这一阶段的改革重心在农村,我国确立了以经济建设为中心的正确路线,显著提高了全国农民的生活水平,全国居民收入差距明显缩小。

　　1978 年 12 月 18 日至 22 日,党的十一届三中全会为中国收入分配改革的启动打开了大门。1976 年粉碎"四人帮"后的两年,我国在思想上、政治上、组织上的"左"的错误并未得到彻底纠正,在收入分配领域继续实行平均主义的政策。1978 年冬,邓小平提出:"在经济政策上,我认为要允许一部分地区、一部分企业、一部分工人农民,由于辛勤努力成绩大而收入先多一些,生活先好起来。一部分人生活先好起来,就必然产生极大的示范力量,影响左邻右舍,带动其他地区、其他单位的人们向他们学习。"[1]12 月,党的十一届三中全会贯彻解放思想、实事求是精神,明确了实践是检验真理的唯一标准,"把全党工作的着重点和全国人民的注意力转移到社会主义现代化建设上来"。[2]全

---

[1]　《邓小平文选》第二卷,人民出版社 1994 年版,第 152 页。
[2]　《中国共产党第十一届中央委员会第三次全体会议公报》,《人民日报》1978 年 12 月24 日。

会决定将《中共中央关于加快农业发展若干问题的决定(草案)》和《农村人民公社工作条例(试行草案)》印发地方讨论试行,着力调动广大农民的生产积极性,在经济上充分关心农民的物质利益,恢复并落实按劳分配的社会主义分配原则,努力克服平均主义。这表明,中央已经认识到当前收入分配领域的平均主义问题,并准备从农村改革入手加以解决。

家庭联产承包责任制的推行解放了农业生产力,使得我国农民收入明显提高。1978年末,安徽凤阳小岗村的18名村民秘密地在土地承包责任书上按下了手印,成为改革开放的又一标志性事件。不过,"包产到户"并未立刻得到全国的认可,在此后的一两年引起了不小的争论。但是,在安徽凤阳"包产到户"取得丰产丰收的事实面前,越来越多人的思想开始转变。1980年5月31日,邓小平在同中央负责工作人员的谈话中,肯定了小岗村通过包产到户发展生产力的经验。① 此后,家庭联产承包责任制被确立为中国农村的一项基本制度。

从1978年至1984年,由于农民收入的提高,中国居民收入分配差距表现出缩小的趋势。农村经济体制改革的成功,释放了农业的经济活力,使得当时占全国人口八成左右的广大农民生活水平得以改善,从而缩小了城乡居民收入差距。国家统计局数据显示,农村居民家庭平均每人纯收入由1978年的133.6元人民币上升至1983年的309.8元人民币,增长了2.3倍多;城镇居民人均可支配收入则由1978年的343.4元人民币上升到1983年的564.6元人民币,增长了1.6倍多。从用以衡量收入分配差距的基尼系数变化上看,根据程永宏(2007)的估算,1981年至1983年全国总体基尼系数依次为0.2927、0.2769和0.2709,呈下降趋势。②

---

① 《邓小平文选》第二卷,人民出版社1994年版,第315页。
② 程永宏:《改革以来全国总体基尼系数的演变及其城乡分解》,《中国社会科学》2007年第4期。

（二）改革推进阶段（1984—1991）

1984 年至 1992 年，是中国改革开放的初步推进阶段。这一时期，改革的重心从农村转移到城市，改革政策触动了已实行数十年的计划经济体制，强调计划与市场的内在统一。与此同时，中国居民的收入差距也开始明显拉大。

1984 年 10 月 20 日中共十二届三中全会通过《中共中央关于经济体制改革的决定》，标志着我国改革开放进入新阶段。《决定》充分肯定了我国农村改革的成功经验，深刻指出当时经济体制存在"政企职责不分，条块分割，国家对企业统得过多过死，忽视商品生产、价值规律和市场的作用，分配中平均主义严重"①的弊端，开启了以增强企业活力为中心环节的城市改革。《决定》以中央文件的形式，指出平均主义是一种同社会主义不相容的思想，束缚了生产力的发展，明确了让一部分人先富起来，先富带动后富，最终实现共同富裕的发展战略。城市改革以增强企业活力、提高职工生产积极性为目标，进行了国有企业工资管理体制的改革，将职工工资同企业效益和个人表现挂钩，恢复了奖励与激励措施。在改革政策的推动下，城市居民收入开始加速提高。

1987 年召开的党的十三大，对于收入分配理论方面的论述有了很大的突破。党的十三大正式提出了社会主义初级阶段的理论，指出人民日益增长的物质文化需要同落后的社会生产之间的矛盾是社会的主要矛盾。大会报告明确提出社会主义初级阶段要"在以公有制为主体的前提下发展多种经济成分，在以按劳分配为主体的前提下实行多种分配方式，在共同富裕的目标下鼓励一部分人通过诚实劳动和合法经营先富起来。"②报告将分配政策单独列为一个部分进行论述，承认了其他分配方式的地位，提出要"以按劳分配为主体，其他分配方式为补充"作为基本的分配原则，而个体劳动所得，由于债权

---

① 《中共中央关于经济体制改革的决定》，《人民日报》1984 年 10 月 21 日。
② 赵紫阳：《沿着有中国特色的社会主义道路前进——在中国共产党第十三次全国代表大会上的报告》，《人民日报》1987 年 11 月 5 日。

而产生的利息,凭借股权而得到的分红,以及私营企业雇佣劳动力产生的种种非劳动收入,只要是合法的,就应该允许其存在。报告要求合理拉开收入差距,允许一部分人先富起来;同时坚持共同富裕方向,在提高效率的前提下体现社会公平。

1984年至1991年是中国收入分配差距开始明显拉大的一个阶段。从绝对数上看,1984年到1991年,农村居民家庭平均每人纯收入从355.3元上升到708.6元,城镇居民人均可支配收入从652.1元上升至1700.6元,都有了很显著的增长。这一时期,收入分配领域的问题也随之显现。一方面,农村"包产到户"所释放的个体劳动积极性后劲不足,要得到进一步地发展,必须仰赖农业机械化、集约化和现代化;另一方面,随着改革的推进,农村的剩余劳动力开始向城市和东部沿海地区寻找更好的就业机会,个体经济、私营经济继续发展,乡镇企业也不断成长起来,涌现出越来越多的"万元户",企业职工收入提高,这些变化都推动了收入分配差距的扩大。据估计,1984年至1990年全国总体基尼系数从0.2773提升至0.3587(具体变化趋势见图8-1)[1],但总的来说仍处于合理区间。对转型时期的中国而言,收入差距的一定拉大难以避免。

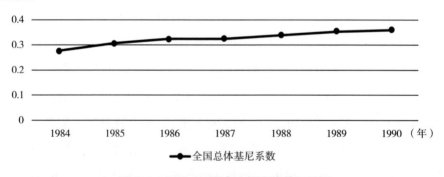

图8-1　1984—1990年全国总体基尼系数

---

① 程永宏:《改革以来全国总体基尼系数的演变及其城乡分解》,《中国社会科学》2007年第4期。

（三）"效率优先"阶段（1992—2006）

1992年到2006年,中国居民收入分配无论从结构上还是差距上,都发生了根本而深远的变化。这一时期,我国对收入分配领域基本是依照效率优先的思想进行改革,相应地,居民收入差距也进一步扩大,出现了两极分化和贫富悬殊的趋向,居民收入分配差别格局由"飞碟型"转变为"金字塔型"。

1992年党的十四大和1993年党的十四届三中全会确定了我国经济体制改革的目标和"路线图"。1992年10月召开的党的十四大,是在苏东剧变、国际形势风云变幻的节点举行的。大会明确了中国将继续走社会主义道路,进一步加快改革开放。大会宣布经济体制改革的目标是建立社会主义市场经济体制,在分配制度上则延续了党的十三大"按劳分配为主体,其他分配方式为补充"的提法,不过在效率和公平关系上更强调要二者兼顾,要求积极建立符合新体制的社会保障制度,利用各种调节手段避免两极分化。1993年11月14日,党的十四届三中全会通过《中共中央关于建立社会主义市场经济体制若干问题的决定》,为深化经济体制改革、建立社会主义市场经济做了详细战略规划。《决定》明确了按劳分配为主体、多种分配方式并存的基本分配制度,多种分配方式由"补充"变成了"并存",实际上是提升了其地位。《决定》还明确了"效率优先,兼顾公平"的收入分配原则,提出继续将打破平均主义作为收入分配改革的主要任务,发挥分配政策和税收调节的作用,建立与不同企业、机关、单位相适应的工资制度和工资增长机制,构建多层次的社会保障制度。

1997年党的十五大和2002年党的十六大对我国建设完善社会主义的收入分配制度做了进一步安排。两次大会都把收入分配问题列为一个单独部分,十五大报告提出允许和鼓励资本、技术等生产要素参与分配,同时"依法保护合法收入,取缔非法收入,整顿不合理收入,调节过高收入"[①];十六大报

---

① 《江泽民文选》第二卷,人民出版社2006年版,第22—23页。

告在坚持效率优先的同时,更加重视公平问题,将防止收入悬殊和反对平均主义并提,提出"初次分配注重效率,再分配注重公平""扩大中等收入者比重"等新要求,并用了一个段落强调建立社会保障体系的必要性和重要性。这说明,进入21世纪以后,党中央已经注意到居民收入差距扩大的趋势和危害,开始采取了一些调节措施,但总的来说仍是依照"效率优先,兼顾公平"的原则发展国民经济。

　　1992年到2006年是我国改革开放至今居民收入分配差距、结构变化最大的时间段。一是从居民绝对收入上看,城乡居民收入均有大幅增加。2006年农村居民家庭平均每人纯收入为3731元,约是1992年(784元)的4.8倍;2006年城市居民人均可支配收入为11619.7元,是1992年(2026.6元)的5.7倍。二是从居民收入分配差距上看,全国总体基尼系数明显上升(具体变化见图8-2)。如图所示,1992年至2006年的全国总体基尼系数数据选取了程永宏(2007)的估算值、世界银行估算值和中国国家统计局发布的2003年至2006年的数据。可见,在1996年至2004年一段,程永宏估算值和世界银行估算值的趋势大体相同,即使从相对估算最低的世界银行数据看,在2000年前后中国总体基尼系数就已超过0.4的"警戒值",程永宏估算的基尼系数数据更是从1992年起就基本处于0.4以上,而国家统计局数据显示,2006年达到了该阶段的最高点0.481,可见收入分配不公的问题已十分突出。三是从居民收入分配差别格局上看,根据陈宗胜等学者的研究,20世纪90年代中期之前,居民收入分配比较平均,但绝对数较低,大多处于低收入阶层,呈现出扁平的"飞碟型"分布。随着居民收入水平的提高和差别的拉大,中高收入群体增加,"飞碟型"逐渐转变为2007年前后的"金字塔型",反映出收入分配差距的显著扩大。[1]

---

　　① 陈宗胜等:《中国居民收入分配理论:由贫穷迈向共同富裕的中国道路与经验——三论发展与改革中的收入差别变动》,格致出版社、上海三联书店、上海人民出版社2018年版,第72—73页。

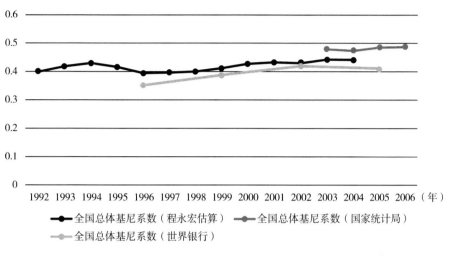

图 8-2 1992—2006 年全国总体基尼系数

（四）"成果共享"阶段（2007 至今）

从 2007 年党的十七大开始,我国对于收入分配改革的目标,实现了从打破平均主义到解决收入差距悬殊的转变,尤其是党的十八大以来,随着中国特色社会主义进入新时代,人民日益增长的美好生活需要同不平衡不充分的发展成为主要矛盾,解决分配公平问题成为事关党和国家前途命运的重要工作之一。

2007 年 10 月召开的党的十七大,是我国收入分配改革目标转变的重要标志。大会报告系统论述了科学发展观的思想,其中,坚持以人为本是这一思想的核心理念。报告指出,要"始终把实现好、维护好、发展好最广大人民的根本利益作为党和国家一切工作的出发点和落脚点,尊重人民主体地位,发挥人民首创精神,保障人民各项权益,走共同富裕道路,促进人的全面发展,做到发展为了人民、发展依靠人民、发展成果由人民共享。"①与此前不同的是,十

---

① 《胡锦涛文选》第二卷,人民出版社 2016 年版,第 624 页。

七大报告将收入分配问题纳入了"加快推进以改善民生为重点的社会建设"一章，而不是作为经济体制改革的一部分。报告要求初次分配和再分配都要处理好效率和公平关系，再分配要更加注重公平；报告还提出"提高居民收入在国民收入分配中的比重，提高劳动报酬在初次分配中的比重"[①]的要求，以及为更多群众拥有财产性收入创造条件。

2012 年党的十八大召开，标志中国特色社会主义进入新时代。大会重申要深化收入分配制度改革，实现发展成果由人民共享，提出"居民收入增长和经济发展同步、劳动报酬增长和劳动生产率提高同步"[②]的要求。2013 年 2 月 3 日，国务院批转多部门《关于深化收入分配制度改革的若干意见》，设定"城乡居民收入实现倍增、收入分配差距逐步缩小、收入分配秩序明显改善、收入分配格局趋于合理"[③]的四大目标，完善初次分配机制，健全再分配调节机制，建立促进农民收入实现较快增长的相应体制机制，推动形成公开透明、公正合理的收入分配秩序。2013 年 11 月，党的十八届三中全会通过《中共中央关于全面深化改革若干重大问题的决定》，提出要逐步形成"橄榄型"收入分配格局，缩小城乡、区域、行业间收入差距。2015 年 10 月底，党的十八届五中全会提出了创新、协调、绿色、开放、共享的新发展理念，尤其强调让人民群众共享改革发展成果是中国特色社会主义的本质要求，要向着共同富裕的方向前进，绝不能出现"富者累巨万，而贫者食糟糠"的现象。

2017 年党的十九大以来，新时代收入分配制度改革在理论和实践上都有所发展。习近平总书记强调："为人民谋幸福，是中国共产党人的初心。我们要时刻不忘这个初心，永远把人民对美好生活的向往作为奋斗目标。"[④]党的

---

① 《胡锦涛文选》第二卷，人民出版社 2016 年版，第 643 页。

② 中共中央文献研究室：《十八大以来重要文献选编》上，中央文献出版社 2014 年版，第 28 页。

③ 中共中央文献研究室：《十八大以来重要文献选编》上，中央文献出版社 2014 年版，第 144—145 页。

④ 习近平：《在党的十九届一中全会上的讲话》，《求是》2018 年第 1 期。

十九大指出要着力解决发展的不平衡不充分问题,坚持以人民为中心,让人民群众有更多获得感。2019 年党的十九届四中全会通过《中共中央关于坚持和完善中国特色社会主义制度　推进国家治理体系和治理能力现代化若干重大问题的决定》,明确将"坚持公有制为主体、多种所有制经济共同发展和按劳分配为主体、多种分配方式并存,把社会主义制度和市场经济有机结合起来,不断解放和发展社会生产力"。① 列为中国国家制度和治理体系的显著优势,将慈善等社会公益事业作为同初次分配、再分配相并列的"第三次分配"。可见,党对于新时代收入分配改革的认识,已经跳出了"效率还是公平"的二元框架,而是以共享发展理念为指导,加强对收入分配制度和有序合理的收入分配格局的建设。

　　2007 年以来,由于收入分配改革战略的调整,中国居民收入差距有所改善,但格局尚待优化。2007 年至 2019 年,中国居民人均收入继续保持相对较快的增长态势。2007 年至 2012 年,城镇居民人均可支配收入从 13602.5 元增至 24126.7 元,农村居民家庭平均每人纯收入从 4327.0 元增至 8389.3 元。2013 年起,国家统计局开始采用新标准,并实行城乡一体化住户收支与生活状况调查。2013 年至 2019 年全国居民人均可支配收入从 18310.76 元上升至 30732.85 元,城镇居民人均可支配收入从 26467 元上升至 42358 元,农村居民人均可支配收入由 9429.59 元上升至 16020.67 元。这一时期,我国居民收入差距出现积极变化。2013 年至 2019 年农村居民人均可支配收入的年增长率都高于城镇居民人均可支配收入的年增长率,反映出城乡居民收入差距缩小趋势。从国家统计局公布的全国总体基尼系数上看,2007 年至 2016 年基尼系数先升后降(见图 8-3)②,在 2008 年达到改革开放以来的最高值 0.491 的

---

　　①　《中共中央关于坚持和完善中国特色社会主义制度　推进国家治理体系和治理能力现代化若干重大问题的决定》,《人民日报》2019 年 11 月 6 日。
　　②　陈宗胜等:《中国居民收入分配理论:由贫穷迈向共同富裕的中国道路与经验——三论发展与改革中的收入差别变动》,格致出版社、上海三联书店、上海人民出版社 2018 年版,第 243 页。

"拐点"，此后逐步波动回落。但是，这一时期我国收入分配格局从"金字塔型"向"葫芦型"发展，有出现两极分化的风险。据陈宗胜及其团队研究，"葫芦型"格局的形成趋向在 2007 年已有所出现，而 2010 年至 2015 年则更加明显。该团队研究认为，"葫芦型"的收入分配格局反映出收入组别的两极分化，中国可能会因此陷入"中等收入陷阱"，而距离形成"橄榄型"的合理收入分配格局还需付出更大的努力。

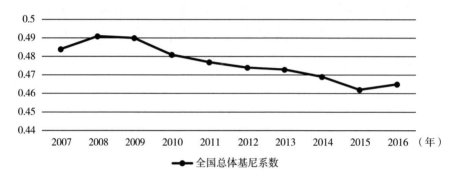

图 8-3 2007—2016 年全国总体基尼系数

新中国成立 70 多年来，由于不同时期的历史任务不同，我国城乡之间的利益分配格局也不相同。新中国成立初期，为了加快国家的工业化进程，我国通过工农产品剪刀差的形式以农业补贴工业。改革开放以来尤其是国家发展进入新时代，全面建成小康社会和实现共同富裕成为新的目标任务，在收益分配中城市反哺农村、工业反哺农业应该成为新政策，国家进入城乡协调发展的新阶段。2017 年 10 月召开的党的十九大把我国的主要矛盾确定为"人民日益增长的美好生活需要和不平衡不充分的发展之间的矛盾"，强调我国要"坚持在经济增长的同时实现居民收入同步增长、在劳动生产率提高的同时实现劳动报酬同步提高。拓宽居民劳动收入和财产性收入渠道。履行好政府再分配调节职能，加快推进基本公共服务均等化"。[1] 这为深化我国新时期的收入

---

① 《习近平谈治国理政》第三卷，外文出版社 2020 年版，第 36—37 页。

分配制度改革奠定了良好基础。

三、新时代中国居民收入分配
面临的困难与挑战

分配是民生之源,国家的收入分配制度不仅关系到提高群众收入、改善民生,而且关系到整个社会的稳定。改革开放四十多年来,随着经济的迅速增长和社会财富的增加,广大人民群众的生活水平迅速提高。2020 年是全面建成小康社会的关键一年,绝对贫困在中国被消灭,这也意味着中国收入分配改革承担起了减少"相对贫困"、防止两极分化、实现共同富裕的使命。但是,随着我国市场化改革进程的全面加速,新时代的中国居民收入分配也面临着一系列新问题、新挑战。

(一)居民收入分配差距较大,危害经济社会发展

改革开放至今,我国收入分配差距悬殊的问题较为突出。如图 8-4 所示,中国总体基尼系数至迟于 20 世纪 90 年代起,一直处于"高位运行"状态,由于 2017 年以后暂无权威数据,但通过经验和趋势推断,当前中国收入分配基尼系数仍处于 0.4 的"警戒线"以上。相对于 0.3—0.4 的基尼系数合理区间,中国当前的基尼系数水平依然处于高位,属于收入分配不平等的国家之列。

作为改革开放总设计师的邓小平同志,晚年特别关注中国居民收入分配的问题。1993 年 9 月,晚年的邓小平在同其弟弟邓垦的谈话中,讲到了他对收入分配问题的最后思考:"我们讲要防止两极分化,实际上两极分化自然出现。……少部分人获得那么多财富,大多数人没有,这样发展下去总有一天会出问题。分配不公,会导致两极分化,到一定时候问题就会出来。"①当前中国

---

①　中共中央文献研究室编:《邓小平年谱(1975—1997)》下,中央文献出版社 2004 年版,第 1364 页。

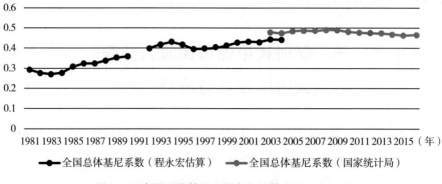

图 8-4　全国总体基尼系数变化趋势(1981—2015)

城乡差距、区域差距和行业差距较大,都使得居民收入差距进一步拉大。农村居民和城镇居民收入差距最为明显,2019 年城镇居民人均可支配收入是农村居民人均可支配收入的 2.6 倍多;东部发达省份居民的生活水平明显高于中西部,2018 年东部地区居民人均可支配收入为 36298.2 元,比中部、西部、东北地区均高出一万多元(中部地区 23798.2 元,西部地区 21935.8 元,东北地区 25543.2 元);部分垄断行业资本利润和工资收入远高于其他行业,尤以垄断企业高层的过高收入为典型。

　　悬殊的收入分配差距为中国的经济社会发展带来了危害。一方面,收入分配差距较大说明中国发展不平衡问题突出。收入较低的一方容易着眼于眼前利益,忽视整体和长期利益,透支自然资源、人力资源来满足当前的生存和发展需要,为中国区域发展战略、农业现代化发展战略、生态文明发展战略和产业结构调整升级制造了障碍,同国家实现城乡、区域协调发展的目标背道而驰。另一方面,收入分配差距较大会扭曲生产与消费,进一步加剧发展不平衡问题。因为占社会绝大多数的低收入群体没有足够的购买力,其消费需求不能得到充分满足,而高收入群体手握大量财富,却不能创造更多的消费需求,导致有效需求不足,抑制了内需的扩大。这样的需求信号传递到生产领域,将使生产者更愿意生产满足低收入群体使用的廉价消费品,而不去生产具有更高科技含量的高档耐用品,这就阻碍了市场的良性竞争和创新。此外,收入分配差距过大冲击整个社会的公平正义的价值观念,甚至将动摇政权的执政基础。

(二)居民收入分配格局不够合理,需要培育中等收入群体

收入分配格局能够反映出一国居民在不同收入水平的分布情况。经验和研究显示,"橄榄型"是一个比较良好的收入分配格局形态,即"巨富"和"赤贫"都是社会的极少数,而绝大多数社会成员属于中等收入层级,同时也能让社会成员可以在不同收入层级实现有序的流动;而"橄榄"的扁平程度能够体现居民收入差距的情况,如果过于扁平,"橄榄型"就变为"飞碟型",可能说明社会存在过度平均的问题。中国在改革开放以来的收入分配格局从绝大多数居民处于低收入的"飞碟型"分布,变为高收入者和中等收入者均相对较少、低收入者较多的"金字塔型"分布,再向着分为两个人数较多的收入阶层的"葫芦型"分布发展。显然,这三种收入分配格局都是不甚合理的。当前中国正在形成的"葫芦型"格局,不仅预示着中国可能陷入"中等收入陷阱",更是反映出当前阶层流动不畅、阶层固化和"富者愈富、贫者愈贫"的危险。鉴于各个主要发达国家中等收入群体占总人口的比重都在50%以上,而中国的中等收入群体仍需加以培育,形成"橄榄型"比较合理的收入分配格局将是一个长期的过程。

居民收入分配格局和收入分配差距有着紧密的联系,特别是中国特有的城乡二元结构,以及城乡居民之间明显的收入分配差距,对"葫芦型"格局的形成起到了重要影响。居民收入分配差距悬殊可能转变为居民财富差距悬殊。在市场经济环境下,收入较高的群体更容易获得额外积蓄,并将这部分收入投到股票、期货、债券市场中,或者购买房产、黄金、古董等投资品,从而积攒下更多的财富;而低收入群体很难有所积攒,风险承受能力较低,收入大部分用于满足基本生活需求或改善生活水平,而无法用于其他渠道。这一时期,如

果没有相应的体制机制加以约束,悬殊的财富差距将通过代际更迭传递下去,富裕阶层能够更容易地获取更多财富,而低收入阶层却很难向中高收入阶层流动,从而造成阶级固化,开启"富者愈富,贫者愈贫"的恶性循环。新时代,"我们的发展是以人民为中心的发展,如果发展不能回应人民的期待,不能让群众得到实际利益,这样的发展就失去意义,也不可能持续。"[1]一旦形成两极分化的局面,必然会加剧社会矛盾,极大增加出现社会动荡和社会危机的风险,中国的社会主义性质也可以说是荡然无存了。

（三）收入分配秩序不够规范,影响社会公平正义的实现

居民收入分配问题不仅事关一个国家的经济发展,更能体现出整个社会的公平正义观念和核心价值取向。从某种程度上说,收入分配是"公平"还是"不公平",取决于社会、政府对于何谓"公平"的理解,而不同阶层对于"公平"当然有着不同的态度。中国作为一个社会主义国家,应该也必须要始终同占社会绝大多数的广大劳动人民站在一起,有能力、有办法解决社会分配不公问题。

当前中国社会有许多收入分配不公现象为人所诟病。例如,部分企业高级管理人员和企业所有者收入过高,一些行业凭借垄断力量获得更高的垄断利润和收益,而国家对于高收入群体的真实收入很难全面把握,缺乏必要的监管和合理的调整手段;部分国家公职人员和一些丧失理想信念的领导干部,以权谋私、贪污腐败;不法企业主偷税漏税,通过行贿等不正当手段攫取暴利;一些行业之中收受"红包""回扣"以及其他各色名目的"潜规则"泛滥,产生诸多所谓"灰色收入";还有一些在公开收入以外获得的福利、补贴、津贴等等被称为"隐性收入"的部分;更有甚者,有人公然破坏法律,通过卖淫、贩毒、赌博、诈骗、走私、偷猎等被国家严厉禁止的行业中获取"黑色收入"。

---

[1]　中共中央宣传部:《习近平新时代中国特色社会主义思想学习纲要》,学习出版社、人民出版社 2019 年版,第 157 页。

以上所列举的种种收入形式,有的完全是非法的、直接违背社会公平正义的,有的是由于体制机制不完善和特殊转型时期而造成的,具有某种合理性。这些收入难以掌握和统计,更无法进行有效的调节,只有通过完善各方面的制度,加强法治,才能将隐性收入"显化"为公开透明的合法收入。只有严厉打击并取缔非法收入,有效调整过高的不合理收入,才能形成更加公平规范的收入分配秩序。

（四）政府在居民收入分配领域政策还需进一步加强

市场的自发调节并不能自动实现收入分配的公平合理,要接近理想的收入分配结果,必须依靠国家政策强有力的宏观调控。目前,政府在收入分配领域同样存在着缺位、错位、越位的情况。

一是初次分配方面。政府对于要素市场的干预过多,土地、资本、劳动力市场的培育和发展尚不健全;户籍制度造成的城乡二元结构限制了劳动力的自由流动,城乡居民所享受到的社会福利保障、就业机会、工资待遇并不平等,阻碍了农民工等群体收入的提高;部分行业的行政垄断和不必要的行政审批等环节仍然存在;同发达国家相比,劳动报酬在初次分配中的比重、居民收入在国民收入分配中的比重相对较低。

二是再分配方面。政府的税收杠杆和相关收入分配政策的调节作用还未得到充分发挥。研究显示,中国的税收制度以具有较强累退性的间接税(营业税、增值税等)为主体,个人所得税等传统累进性相对较强的直接税仅占很少的一部分,2019年全国税收总额157992.21亿元人民币,其中个人所得税10388.48亿元,约占全部税收总额的6.6%,而2018年个人所得税占当年全部税收比重约为8.9%(2018年全国税收总额156402.86亿元,个人所得税13871.97亿元),这种变化固然是由于减税降费政策的实施,但个税比例偏低,说明对居民收入分配的调节力度也有限。中国的个人所得税所设置的累进性也还不够强,甚至在部分年份出现了"逆调节"的情况。据刘扬等学者研究,2000 至 2010 年,中国个人所得税仅使社会不平等程度平均降低了 0.4%,而同时期的美国通过个人所得税平均降低不平等程度达到 6%。① 此外,房地产税、遗产税等针对财产持有的税种对于防止阶层固化、缩小居民财富存量差异效果显著,然而这类税收在国内迟迟不能落地。

对于被称为社会"安全网"的社会保障,我国还不够健全和完善。当代中国虽然已经建立起了一套大体同社会主义市场经济相适应的社会保障体系,但存在着城乡二元的区别,在部分群体、部分行业尚未实现全覆盖,政府对于社保资金的补贴不足。党的十八大以来,中国社保支出绝对值逐年增加,国家财政社会保障和就业支出占财政总支出的比重虽然略有提高,但依旧仅占财政支出的 10%左右。例如 2019 年国家财政总支出为 238874.02 亿元,社会保障和就业支出为 29580.37 亿元,社保就业支出占国家财政总支出的比重达到了 12.4%,远低于社会保障比较完善的英国、法国、德国等发达国家。

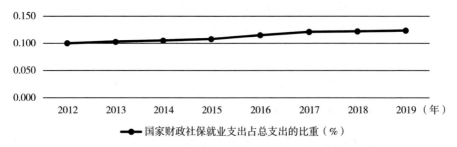

图 8-5　2012—2019 年国家财政社会保障与就业支出占国家
财政总支出的比重(根据国家统计局数据计算)

三是"第三次分配"方面。所谓"第三次分配",就是为了同初次分配(第一次分配)和再分配(第二次分配)相区别的,包括社会慈善、社会公益组织等在内的一种收入分配机制。第三次分配具有强烈的道德取向,是社会自发参与和组织的结果,社会慈善机构等非政府组织是第三次分配的主体。随着社

---

① 刘扬、冉美丽、王忠丽:《个人所得税、居民收入分配与公平——基于中美个人所得税实证比较》,《经济学动态》2014 年第 1 期。

会整体文明程度的提高,第三次分配在居民收入分配之中起到的作用将越来越大,成为初次分配和再分配以外的重要补充。例如汶川大地震、新冠肺炎疫情期间,社会慈善对于抢险救灾、扶危济困贡献很大,同时也在一般时期助力扶贫助残事业,关照社会特殊群体,一定程度上促进了居民收入分配的公平。当前,国家对于社会慈善领域只有零散的优惠和鼓励政策,还没有比较系统的规划,未来需要制定长期性的发展战略,帮助第三次分配机制的良好运转。

（五）收入分配改革缺乏协同性,存在改革的阻碍力量

纵观中国收入分配四十多年的改革历史,可以得出许多经验教训。如在制度设计执行过程中,"头痛医头、脚痛医脚""摸着石头过河"现象,缺乏整体视野、顶层设计、协调共进的改革思路,发展是不可持续的。这就是说,收入分配改革绝不仅仅是一个孤立存在的方面,收入分配秩序的改变必然对其他各个方面造成不同程度的影响。要化解收入分配领域的种种问题,绝不能仅仅靠单纯片面推动收入分配改革来实现,而必然要涉及经济体制、政治制度、法律体系、思想文化等方面改革的深入推进。改革开放以来,社会各领域的改革存在着一些不协调、不同步问题,导致了不尽如人意的收入分配结果。例如,在一些市场化比较深入、竞争比较充分的行业,劳动者工资收入一般较高,而基层公务员、教师、医生等往往被视为"体制内"群体的收入水平却受到了限制,出现了"造导弹不如卖茶叶蛋""穷得像教授,傻得像博士"等调侃,这背后显露出的是一种深深的无奈。

不同步、不协调的改革,往往造成一种特殊的、双重的体制机制运行规则。在这种规则之下,一些掌握着巨大权力或善于把握时机的人,利用改革转型期所形成的各种缺陷和漏洞,取得同其实际贡献根本不相匹配的巨额财富。比如,在国企职工大批下岗、生存艰难的同时,一些人利用国企改制一夜之间成为腰缠万贯的"民营企业家";在部分企业之中,存在"关系户""吃空饷"等现象的同时,大量没有基本社会保障的"临时工"却承受着过度劳动的压力。此

外,改革改变了许多地方政府的行为模式,在"唯 GDP 论"的引导下,地方政府似乎成了一个追求利润最大化的理性主体,而不是一个提供社会公共服务的角色。这就往往会造成政府更加看重资本端,忽视劳动端,加剧了劳资双方的不平衡。这种情况持续下去,劳动者往往难以拥有足够的能力来抵御资本的侵害,保护并争取自身权益,造成劳动报酬长期以来在国民收入中的比重偏低。

改革不协调的更为严重的后果,形成了一个无形的颇具力量的改革阻碍集团。这一集团拥有足够的资源和影响力,希望将既有的不合理制度一直保持下去,因此想方设法阻碍改革的推进。如何打破各种阻碍势力,坚决推动改革,将是新时代中国收入分配改革甚至全面深化改革进程中所面临的最大挑战。

四、新时代实现我国居民收入分配公平公正的路径选择

"收入分配是民生之源,是改善民生、实现发展成果由人民共享最重要最直接的方式。"①在实现第一个百年奋斗目标、开启第二个百年奋斗目标之际,中国需要发挥政府的积极作用,继续提高居民收入分配水平,化解收入分配差距过大、结构不合理、制度不完善等问题,防止出现两极分化,维护社会公平正义。

(一)大胆破除障碍,推进全面深化改革

居民收入分配问题并非孤立存在,而是同社会各个方面有着内在的紧密联系。所以,要彻底解决居民收入分配问题,就必须在经济、政治、文化、社会、

① 中共中央宣传部:《习近平新时代中国特色社会主义思想学习纲要》,学习出版社、人民出版社 2019 年版,第 160 页。

生态文明各个方面加以配合。居民收入分配问题的逐步解决,也为社会其他各方面事业的推进创造了更有利的条件。

解决居民收入分配问题,首先要敢于啃"硬骨头",破除利益集团的阻碍。居民收入分配制度直接关乎社会不同群体的物质利益,因此要进行根本的改革,大力调整收入分配格局,一定会触及在当前体系之下的一些受益群体。例如,若开征房地产税和遗产税,必然会引起拥有大量财产和多套房产的富裕阶层的不满;要打破行业垄断,必然会遭到某些大型垄断企业的抵制。从这个意义上说,"分好蛋糕"比"做大蛋糕"要更复杂、更困难。习近平总书记指出:"没有人民支持和参与,任何改革都不可能取得成功。无论遇到任何困难和挑战,只要有人民支持和参与,就没有克服不了的困难,就没有越不过的坎。"①在推进改革的过程中,必须坚持以人民为中心,深深扎根于人民之中,敢于向阻挠改革的力量"亮剑",这是中国共产党人不可动摇的根本立场。在收入分配制度改革之中,要妥善处理好劳动和资本、城镇和乡村、政府与市场等重大的关系,稳步渐进地实现居民收入分配趋向公平。

解决居民收入分配问题,还要充分认识到收入分配改革的复杂性与系统性,全面深入推进改革。"注重系统性、整体性、协同性是全面深化改革的内在要求,也是推进改革的重要方法。"②加强顶层设计与制度建设,提升国家治理能力,实现各个领域改革的协同推进,是根本解决当前收入分配长期问题的必由之路。对于收入分配领域内部,我国也需要加强协调性,树立全局思维、整体思维、协同思维,充分考虑到政策之间的有机联系和改革实施之后造成的连锁反应,既要大胆尝试,继续允许多种改革措施和主张在有限区域实行试点,又要谨慎部署,对试点经验和客观环境进行详细深入的考察,将成功的经

---

① 中共中央文献研究室:《十八大以来重要文献选编》上,中央文献出版社 2014 年版,第554 页。

② 中共中央宣传部:《习近平新时代中国特色社会主义思想学习纲要》,学习出版社、人民出版社 2019 年版,第 88—89 页。

验稳步向全国推广。

在收入分配改革过程中,我国尤其需要正确把握经济发展与收入分配、政府作用与收入分配、共同富裕与收入分配的关系。首先,解放和发展生产力,是实现居民收入公平分配的前提。改革开放四十多年的实践证明,共同贫穷绝不是理想的公平,也绝不是真正的社会主义,只有创造更多的社会财富才能为收入分配的公平公正打下牢固基础,而收入分配的优化又能进一步解放生产力。其次,实现居民收入分配公平,必须提高国家治理能力,加强政府作用。政府要积极对初次分配、再分配、第三次分配施加积极影响,出台科学的收入分配政策;利用财政税收等调节手段,完善社会福利保障体系;推动社会主义法治建设,有力惩治腐败;推动国有企业改革,打赢脱贫攻坚战,努力实现国家治理能力的现代化。再次,坚持实现共同富裕的价值取向和最终目标。公平从来都是具体的而不是抽象的。中国是一个社会主义国家,它的最终目标是消灭工农差别、城乡差别、脑力劳动和体力劳动的差别,实现"各尽所能,按需分配",即共产主义的理想分配方式,这也是共同富裕所要达到的理想状态。也就是说,公平既不是平均主义式的"大家都一样",也不是在"丛林法则"之下自发形成的状态,而要以共同富裕的实现程度作为衡量标准。

(二)巩固全面小康成果,继续解放和发展生产力

社会财富的持续增长,是收入分配公平合理的基本物质前提和保证。"发展是基础,经济不发展,一切都无从谈起。"[①]改革开放以来,中国国内生产总值(GDP)从1978年的3678.7亿元人民币增加到2019年的990865.1亿元人民币,稳居世界第二大经济体;人均国内生产总值由1978年的385元增加至2019年的70892元,进入中等偏上收入国家行列;城镇化率接近60%,高于中等收入国家平均水平。我国恩格尔系数2019年为28.2%,连续多年下降;

---

① 中共中央文献研究室:《十八大以来重要文献选编》中,中央文献出版社2016年版,第828页。

住房、出行、居家条件改善明显;2017 年估计的人均预期寿命达到 76.7 岁,人民生活质量不断提高。

2020 年实现全面小康,对于我国缩小居民收入分配差距有着重要意义。全面小康意味着中国将消除绝对贫困,即人们不必再为基本的生存需要而发愁,这是中国为世界减贫事业所作出的一大贡献。据统计,从 2012 年底至 2019 年底,中国贫困人口从 9899 万人减少到 551 万人,贫困发生率从 10.2% 降至 0.6%,解决了过去扶贫工作中的"扶不动"问题和"越扶越多"问题,贫困人口收入得到大幅提高,生活条件改善明显。[①] 消除绝对贫困将提高居民收入之中的"下限",促进了中西部贫困地区、"老少边穷"地区的发展,从而为进一步缩小居民收入分配差距创造条件。新时代,我国需要继续巩固全面小康成果,继续着力补上"短板",把握好整体目标和个体目标的关系、绝对标准和相对标准的关系、定量分析和定性判断的关系,继续加大对深度贫困地区的支持力度,防止返贫现象,避免脱贫成果得而复失。

2012 年党的十八大以来,在国内外复杂变化的形势下,中国经济也进入了"新常态"。中美"贸易战"、新冠肺炎疫情引起的全球经济低迷等重大事件,都对中国经济增长造成了十分不利的影响。一方面,中国劳动力成本上升,面临着经济发展方式和产业结构的调整升级;另一方面,生态环境保护任务艰巨,令中国经济下行压力持续加大。当前,我国社会发展的不平衡和不充分已成为制约经济增长和社会进步的主要问题,这就需要彻底改变旧的发展理念,坚持以人民为中心,树立创新、协调、绿色、开放、共享的新发展理念,推动大众创业,万众创新,突破科学技术瓶颈,打破发达国家的技术垄断,努力发掘经济增长新动能;需要把握好各个领域的有机联系,积极实现东中西部区域协调发展和城乡协调发展,处理好经济建设和国防建设的关系,物质文明与精神文明的关系;需要坚持节约资源和保护环境的基本国策,有效治理雾霾、荒

---

① 习近平:《在决战决胜脱贫攻坚座谈会上的讲话》,《人民日报》2020 年 3 月 7 日。

漠化、水土流失等生态问题，促进人与自然和谐共生，实现可持续发展；需要继续扩大对外开放，推动自由贸易试验区的发展，与各国同心合力推进"一带一路"建设，进一步优化中国投资环境；需要解决收入分配领域的问题，使全体人民共享改革发展成果。

（三）改进政府在三次分配中的作用，促进居民收入分配公平合理

在社会主义市场经济体制中，政府始终是一个内在的积极因素。习近平总书记指出："始终代表最广大人民根本利益，保证人民当家作主，体现人民共同意志，维护人民合法权益，是我国国家制度和国家治理体系的本质属性，也是我国国家制度和国家治理体系有效运行、充满活力的根本所在。"①我国初次分配、再分配、第三次分配都要更好发挥政府作用，避免出现政府缺位、越位、错位，才能更好地克服市场的缺陷，改善中国居民收入分配不公的局面。

在初次分配领域，要推动完善要素市场，优化营商环境。经过四十多年的改革，社会主义市场经济体制在中国已基本建成，但还存在市场激励不足、要素流动不畅、资源配置不高、微观主体活力不强，政府和市场关系还未完全理顺等问题。这就需要做好以下几个方面的工作：一是化解政府对要素市场的不合理干预，"推进要素市场制度建设，实现要素价格市场决定、流动自主有序、配置高效公平。"②加快建设城乡统一的建设用地市场，为农村集体经营性建设用地入市提供制度保证，探索农村宅基地改革；加快调整户籍制度，促进劳动力在全国的自由流动；继续加强资本市场基础制度建设，培育发展数据要素市场。二是加强产权保护，实现国有、集体、个体、民营等各类产权的全面依

---

① 习近平：《坚持和完善中国特色社会主义制度　推进国家治理体系和治理能力现代化》，《求是》2020年第1期。

② 中共中央国务院：《关于新时代加快完善社会主义市场经济体制的意见》，《人民日报》2020年5月19日。

法平等保护,加大执法力度,维护公平竞争环境。三是进一步激发市场主体活力。推进国有企业混合所有制改革,完善中国特色现代企业制度,严防国有资产流失,通过深化国企高管薪酬制度改革推动国有企业高管薪酬公开,直接接受社会监督;坚持各类市场主体在法律面前一律平等,既要打破行政垄断,也要防止市场垄断,创造能够令各类市场主体平等使用资源要素,公平公开公正开展竞争的市场环境。四是要严厉打击卖淫、赌博、贩毒、走私等违法犯罪活动,坚决惩治贪污腐败,通过完善体制机制,破除行业"潜规则",减少"灰色收入"。

在再分配领域,要推动国家财政税收体制改革,继续完善社会保障体系建设。一方面,增强政府财政税收在再分配领域的调节作用。当前,"营改增"改革已在全国全面推开,大大改变了针对销售额的重复征税情况,明显降低了间接税的比重。要继续完善个人所得税制度,发挥个税在调整收入分配方面的作用,增加分级的累进性,同时减轻低收入者税负;要稳步适时开征遗产税、房地产税、赠与税等税种,提高政府的直接税收入,增强政府调节收入分配差距、防止两极分化的效能;要培养公民的纳税意识,鼓励各类主体依法纳税,严厉打击偷税、漏税、逃税、骗税行为。另一方面,要不断完善社会福利保障制度建设。"必须健全幼有所育、学有所教、劳有所得、病有所医、老有所养、住有所居、弱有所扶等方面国家基本公共服务制度体系,尽力而为,量力而行,注重加强普惠性、基础性、兜底性民生建设,保障群众基本生活。"①要推动城乡基本社会保障的一体化,使农民工同城市职工享受同等的福利待遇,统筹考虑国家经济社会发展水平,逐步提高社保福利的质量;提高国家财政对于社会保障、劳动就业方面的支出比重,加大对基础教育和义务教育的支持,调整教育资源布局,促进教育公平和教育均等化;吸收改革开放以来医疗卫生体制改革,特别是新冠肺炎疫情防控之中的新鲜经验,把人民生命安全和身体健康放

---

① 《中共中央关于坚持和完善中国特色社会主义制度　推进国家治理体系和治理能力现代化若干重大问题的决定》,《人民日报》2019 年 11 月 6 日。

在第一位,解决"看病难""看病贵"问题,构建强大的公共卫生体系。

在第三次分配领域,政府要起到平台搭建、规则制定、过程监管的作用。通过税费减免、财政补贴、政策支持,鼓励红十字会、养老院、福利院、基金会等社会慈善机构和其他专门社会服务机构的健康发展。

(四)突出共同富裕的价值取向,树立正确的公平正义观

公平正义对于不同性质的社会,有着不同的含义。公平一般可以分为机会公平、规则公平和结果公平三个维度。对于社会主义中国而言,需要坚持以人民为中心的发展思想,保障人民群众的生存权、发展权,坚持在法律面前人人平等,使改革发展成果由人民共享,逐步实现共同富裕。这种公平正义观既同吃"大锅饭"的平均主义格格不入,也是对所谓"自由竞争,优胜劣汰"的资本主义公平观念的否定。

公平正义是人民群众的公平正义。"以人民为中心的发展思想,不是一个抽象的、玄奥的概念,不能只停留在口头上、止步于思想环节,而要体现在经济社会发展各个环节。"[①]对于居民收入分配领域而言,就是主张勤劳致富,平等竞争,共同富裕。要将能否顺应人民群众对于美好生活的向往,能否满足人民日益增长的美好生活需要,能否切实增强人民群众的获得感、幸福感作为发展成就的衡量标准。既要胸怀共产主义的远大理想,又要着眼于中国处于并将长期处于社会主义初级阶段的实际情况,认识到实现共同富裕是不可能在一夜之间完成的,而是需要一个漫长的历史过程,在特定的时期需要允许一部分人先富起来,但归根结底要做到一个都不掉队,一个都不能少。共享发展理念的实质就是坚持以人民为中心,逐步实现共同富裕。其内涵包括全民共享、全面共享、共建共享、渐进共享四个方面,即人人享有,全面保障,人人参与,逐步提升,形成一个相互连结、相互贯通的有机整体。

---

① 中共中央文献研究室:《十八大以来重要文献选编》下,中央文献出版社 2018 年版,第168 页。

　　总之,改革中国居民收入分配是一个复杂的系统性工程。在中国特色社会主义进入新时代、社会主要矛盾转化的背景下,居民收入分配问题显得越来越突出,得到海内外各界人士的持续关注。只有立足于新时代中国分配实践中面临的形势和任务推进分配制度改革,完善"按劳分配为主体、多种分配方式并存"的分配制度,通过"扩中、提低、限高"缩小收入差距,让人民共享改革发展成果,才能探索出具有中国特色、彰显社会主义优越性的分配制度。

参 考 文 献

（一）文献和资料

1.《马克思恩格斯选集》(第1—4卷)，人民出版社1995年版。

2.《资本论》(第1—3卷)，人民出版社2004年版。

3.《列宁选集》(第1—4卷)，人民出版社1995年版。

4.《斯大林选集》(上、下卷)，人民出版社1979年版。

5.《毛泽东选集》(第1—4卷)，人民出版社1991年版。

6.《毛泽东文集》(第1—8卷)，人民出版社1993、1999年版。

7.《毛泽东农村调查文集》，人民出版社1982年版。

8.《周恩来选集》(上、下卷)，人民出版社1980、1984年版。

9.《刘少奇选集》(上、下卷)，人民出版社1981、1985年版。

10.《任弼时选集》，人民出版社1987年版。

11.《邓子恢文集》，人民出版社1996年版。

12.《张闻天选集》，人民出版社1985年版。

13. 中共中央文献研究室:《邓小平年谱(1975—1997)》下，中央文献出版社2004年版。

14.《习近平谈治国理政》，外文出版社2014年版。

15.《习近平谈治国理政》第2卷，外文出版社2017年版。

16. 中共中央宣传部:《习近平新时代中国特色社会主义思想三十讲》，学习出版社2018年版。

17. 中共中央宣传部:《习近平新时代中国特色社会主义思想学习纲要》，学习出版社、人民出版社2019年版。

216

18. 金冲及主编:《毛泽东传(1893—1949)》,中央文献出版社 1996 年版。

19. 逢先知、金冲及主编:《毛泽东传(1949—1976)》(上、下卷),中央文献出版社 2004 年版。

20.《建国以来毛泽东文稿》(第 1—13 册),中央文献出版社 1987—1998 年版。

21.《建国以来刘少奇文稿》(第 1—7 册),中央文献出版社 2005、2008 年版。

22.《建国以来周恩来文稿》(第 1—3 册),中央文献出版社 2008 年版。

23. 中共中央文献研究室编:《毛泽东年谱(1893—1949)》(上、中、下卷),中央文献出版社 2002 年版。

24. 顾龙生编:《毛泽东经济年谱》,中共中央党校出版社 1993 年版。

25. 金冲及主编:《刘少奇传》(上、下卷),中央文献出版社 1998 年版。

26.《刘少奇年谱(1898—1969)》(上、下卷),中央文献出版社 1996 年版。

27. 蒋伯英:《邓子恢传》,上海人民出版社 1986 年版。

28.《回忆邓子恢》,人民出版社 1996 年版。

29.《邓子恢自述》,人民出版社 2007 年版。

30.《共产国际有关中国革命的文献资料》(第 1—2 辑),中国社会科学出版社 1981、1982 年版。

31. 薄一波:《若干重大决策与事件的回顾》(上、下卷),人民出版社 1991、1993 年版。

32. 薄一波:《七十年的奋斗与思考》(上卷,战争岁月),中共党史出版社 1996 年版。

33. 中央档案馆编:《中共中央文件选集》(第 1—18 册),中共中央党校出版社 1989—1992 年版。

34. 中共中央文献研究室:《建国以来重要文献选编》(第 1—20 册),中央文献出版社 1992—1998 年版。

35. 中共中央文献研究室:《三中全会以来重要文献选编》(上、下),人民出版社 1982 年版。

36. 中共中央文献研究室:《十八大以来重要文献选编》上,中央文献出版社 2014 年版。

37. 中共中央文献研究室:《十八大以来重要文献选编》中,中央文献出版社 2016 年版。

38. 中共中央文献研究室:《十八大以来重要文献选编》下,中央文献出版社 2018 年版。

39.严中平等编:《中国近代经济史统计资料选辑》,科学出版社1957年版。

40.李文治、章有义编:《中国近代农业史资料》(第1—3辑),生活·读书·新知三联书店1957年版。

41.《第一次国内革命战争时期的农民运动资料》,人民出版社1982年版。

42.《第一、二次国内革命战争时期土地斗争史料选编》,人民出版社1981年版。

43.《第二次国内革命战争时期土地革命文献选编(1927—1937)》,中共中央党校出版社1987年版。

44.《中国土地改革》编辑部、中国社会科学院经济研究所现代经济史组编:《中国土地改革史料选编》,国防大学出版社1988年版。

45.中央档案馆党史资料研究室编:《解放战争时期土地革命文件选编(1945—1949)》,中共中央党校出版社1981年版。

46.中国社会科学院、中央档案馆编:《中华人民共和国经济档案资料选编(1949—1952)·农村经济体制卷》,社会科学文献出版社1992年版。

47.中国社会科学院、中央档案馆编:《中华人民共和国经济档案资料选编(1953—1957)·农业卷》,中国物价出版社1998年版。

48.中国社会科学院、中央档案馆编:《中华人民共和国经济档案资料选编(1958—1965)·综合卷》,中国物价出版社2011年版。

49.中国社会科学院、中央档案馆编:《中华人民共和国经济档案资料选编(1958—1965)·农业卷》,中国物价出版社2011年版。

50.国家农业委员会办公厅编:《农业集体化重要文件汇编(1949—1957)》,中共中央党校出版社1981年版。

51.国家农业委员会办公厅编:《农业集体化重要文件汇编(1958—1981)》,中共中央党校出版社1981年版。

52.潘光旦、全慰天:《苏南土地改革访问记》,生活·读书·新知三联书店1952年版。

53.人民出版社编辑部:《新区土地改革前的农村》,人民出版社1951年版。

54.华东军政委员会土地改革委员会:《华东农村经济资料》(第1—5分册),中国人民大学图书馆,1952年12月。

55.陈翰笙、薛暮桥、冯和法等:《解放前的中国农村》,中国展望出版社1989年版。

56.安徽省委农村工作部办公室编:《安徽省农村典型调查》,中国人民大学图书馆1957年版。

57.中央农业部计划司编:《两年来的中国农村经济调查汇编》,中华书局1952

年版。

58. 中南军政委员会土地改革委员会编:《土地改革重要文献与资料》,北京大学图书馆 1950 年版。

59. 中南军政委员会土地改革委员会编:《土地改革重要文献与经验汇编》,中国人民大学图书馆 1953 年版。

60. 中华人民共和国统计局农业统计司:《1954 年农家收支调查经济汇编》,统计出版社 1956 年版。

61. 华北人民出版社编:《农业生产合作社怎样分配收获物》,华北人民出版社 1954 年版。

62. 广东人民出版社编:《关于人民公社分配问题的调查》,广东人民出版社 1958 年版。

63. 林之祥编:《谈谈人民公社的分配问题》,山西人民出版社 1960 年版。

(二) 相关研究著作

1. 许涤新、吴承明:《中国资本主义的萌芽》,人民出版社 2003 年版。

2. 汪敬虞:《中国近代经济史(1895—1927)》,人民出版社 2000 年版。

3. 何东等:《中国新民主主义革命时期的农民土地问题》,中国人民大学出版社 1983 年版。

4. 董志凯:《解放战争时期的土地改革》,北京大学出版社 1987 年版。

5. 孔永松:《中国共产党土地政策演变史》,江西人民出版社 1987 年版。

6. 谢春涛:《大跃进狂澜》,河南人民出版社 1990 年版。

7. 林蕴晖等:《凯歌行进的时期》,河南人民出版社 1996 年版。

8. 赵效民主编:《中国土地改革史》,人民出版社 1990 年版。

9. 郭德宏:《中国近现代农民问题研究》,青岛出版社 1993 年版。

10. 成汉昌:《中国土地制度与土地改革——20 世纪前半期》,中国档案出版社 1994 年版。

11. 杜润生主编:《中国的土地改革》,当代中国出版社 1996 年版。

12. 杜润生主编:《当代中国的农业合作制》(上、下册),当代中国出版社 2002 年版。

13. 高化民:《农业合作化运动始末》,中国青年出版社 1999 年版。

14. 薛暮桥:《中国国民经济的社会主义改造》,人民出版社 1978 年版。

15. 蒋崇伟:《中国农村社会主义改造和改革 40 年(1951. 12—1991. 11)》,湖南师范大学出版社1993年版。

16. 李伟：《毛泽东与中国社会改革》，中央文献出版社2006年版。

17. 农业部农村经济研究中心当代农业史研究室：《中国土地改革研究》，农业出版社2000年版。

18.《当代中国》丛书编辑部：《当代中国的农业》，当代中国出版社1992年版。

19. 农业部农村经济研究中心当代农业史研究室：《中国农业大波折的教训》，中国农业出版社1996年版。

20. 罗平汉：《农村人民公社史》，福建人民出版社2003年版。

21. 罗平汉：《农业合作化运动史》，福建人民出版社2004年版。

22. 罗平汉：《土地改革运动史》，福建人民出版社2005年版。

23. 叶扬兵：《中国农业合作化运动研究》，知识产权出版社2006年版。

24. 莫宏伟：《苏南土地改革研究》，合肥工业大学出版社2007年版。

25. 王友明：《解放区土地改革研究（1941—1948）：以山东莒南县为个案》，上海社会科学院出版社2006年版。

26. 罗雪中：《历史演进中的马克思主义按劳分配理论》，中南大学出版社2006年版。

27. 张学强：《乡村变迁与农民记忆：山东老区莒南县土地改革研究（1941—1945）》，社会科学文献出版社2006年版。

28. 黄荣华：《农村地权研究（1949—1983）：以湖北省新洲县为个案》，上海社会科学院出版社2006年版。

29. 李康：《西村十五年：从革命走向革命——1938—1952年冀东村庄基层组织机制变迁》，北京大学博士论文，1999年。

30. 丁长清、慈鸿飞：《中国农业现代化之路——近代中国农业结构、商品经济与农村市场》，商务印书馆2000年版。

31. 苑书义、董丛林：《近代中国小农经济变迁》，人民出版社2001年版。

32. 汪敬虞：《中国近代经济史：1895—1927》，人民出版社2000年版。

33. 秦晖：《农民中国：历史反思与现实选择》，河南人民出版社2003年版。

34. 杨念群：《中层理论——东西方思想会通下的中国史研究》，江西教育出版社2001年版。

35. 李楠：《马克思按劳分配理论及其在当代中国的发展》，高等教育出版社2003年版。

36. 张乐天：《告别理想——人民公社制度研究》，上海人民出版社2005年版。

37. 辛逸:《农村人民公社分配制度研究》,中共党史出版社 2005 年版。

38. 刘凤岐:《国民经济中的利益分配》,中国社会科学出版社 2006 年版。

39. 李勇:《我国居民收入分配的理论与实践》,郑州大学出版社 2007 年版。

40. 高志仁:《新中国个人收入分配制度变迁研究》,湖南师范大学出版社 2009 年版。

41. 原玉廷:《新中国土地制度建设 60 年回顾与思考》,财政经济出版社 2010 年版。

42. 于国安:《我国现阶段收入分配问题研究》,中国财政经济出版社 2010 年版。

43. 任立新:《毛泽东新民主主义经济思想研究》,中国社会科学出版社 2011 年版。

44. 贾康:《收入分配与政策优化、制度变革》,经济科学出版社 2012 年版。

45. 曲延春:《变迁与重构:中国农村公共产品供给体制研究》,人民出版社 2012 年版。

46. 罗荣渠:《现代化新论——中国的现代化之路》,华东师范大学出版社 2013 年版。

47. 曾国安、胡晶晶:《国民收入分配中的公平与效率:政策演进与理论发展》,人民出版社 2013 年版。

48. 樊明、喻一文:《收入分配行为与政策》,社会科学文献出版社 2013 年版。

49. 杨钟馗:《中国收入分配变迁解读》,重庆大学出版社 2014 年版。

50. 孙浩进:《民生经济学视阈下的中国收入分配制度变迁》,黑龙江大学出版社 2014 年版。

51. 樊晓磊:《马克思权利思想研究——以占有、劳动、分配为视角》,法律出版社 2014 年版。

52. 裴长洪:《中国基本分配制度》,中国社会科学出版社 2016 年版。

53. 刘灿等:《中国特色社会主义收入分配制度研究》,经济科学出版社 2017 年版。

54. 陈宗胜等:《中国居民收入分配理论:由贫穷迈向共同富裕的中国道路与经验——三论发展与改革中的收入差别变动》,格致出版社、上海三联书店、上海人民出版社 2018 年版。

55. [日]内山雅生:《二十世纪华北农村社会经济研究》,中国社会科学出版社 2001 年版。

56. [美]黄宗智:《中国乡村研究》(第 2 辑),商务印书馆 2003 年版。

57. [美]杜赞奇:《文化、权力与国家——1900—1942 年的华北农村》,王福明译,江苏人民出版社 1996 年版。

58. [美]黄宗智:《长江三角洲小农家庭与乡村发展》,中华书局 2000 年版。

59. [美]韩丁:《翻身——中国一个村庄的革命纪实》,韩冬译,北京出版社 1980 年版。

60. [美]费正清、费维恺编:《剑桥中华民国史 1912—1949 年》(上、下卷),刘敬坤等译,中国社会科学出版社 1998 年版。

61. [美]费正清、麦克法夸尔编:《剑桥中华人民共和国史(1949—1965)》(上、下卷),谢亮生等译,中国社会科学出版社 1990 年版。

62. [美]特里尔:《毛泽东传》,何宇光等译,中国人民大学出版社 2013 年版。

63. Todaro,M.P.,1985,*Economic Development in the Third World*,Longman.

64. Kuznets,S.Economic growth and income inequality,*American Econonic Review*,Vol. 45,No.l,Mar.1995.

65. Andrew Walder,Markets and Inequality in Transitional Economies:Toward Testable Theories,*Ameriean Jounal of Sociology*,1996,vol.101.

（三）相关研究论文

1. 郑道传:《国家对富农经济采取限制和逐步消灭的政策》,《厦门大学学报(哲学社会科学版)》1955 年第 1 期。

2. 傅衣凌:《明末清初江南及东南沿海地区"富农经营"的初步考察》,《厦门大学学报(哲学社会科学版)》1957 年第 1 期。

3. 李文志:《论中国地主经济制与农业资本主义萌芽》,《中国社会科学》1981 年第 1 期。

4. 沙健孙:《怎样理解新民主主义革命是新式的资产阶级民主革命》,《教学与研究》2000 年第 3 期。

5. 王钦民:《解放战争时期平分土地政策剖析》,《近代史研究》1983 年第 3 期。

6. 石雅贞:《东北新解放区的土地改革》,《东北师大学报(哲学社会科学版)》1986 年第 6 期。

7. 夏春骅:《刘少奇关于保存富农经济的思想》,《岭南学刊》1988 年第 5 期。

8. 刘洁、衣保中:《东北解放区的土地改革与新民主主义土地关系的建立》,《中共党史研究》1998 年第 3 期。

9. 杜敬:《中国土地改革研究中的几个问题》,《中国社会科学》1992 年第 1 期。

10. 苏少之:《论我国农村土地改革后的两极分化问题》,《中国经济史研究》1989 年第 3 期。

11. 陈果吉：《试析农业社会主义改造中党对富农的政策》，《党史研究与教学》1990年第1期。

12. 蒋建农：《毛泽东关于对富农政策的理论》，《毛泽东思想研究》1993年第3期。

13. 高峻：《毛泽东与邓子恢关于农业合作化思想的分歧及其原因探析》，《中国社会经济史研究》1995年第3期。

14. 赵增延：《50年代中国农村的富农经济》，《改革》1998年第1期。

15. 乌廷玉：《旧中国地主富农占有多少土地》，《史学集刊》1998年第1期。

16. 斐旭、刘国华：《论中国共产党对富农态度的演变》，《安徽史学》1999年第4期。

17. 沈志华：《试论苏联新经济政策时期的富农问题》，《世界历史》1994年第4期。

18. 农业部农村经济研究中心当代农业史研究室：《土地改革研究综述》，《中共党史研究》2000年第6期。

19. 戴隆斌：《苏联集体化中富农是怎样被消灭的》，《当代世界与社会主义》2001年第5期。

20. 张鸣：《动员结构与运动模式——华北地区土地改革运动的政治运作（1946—1949）》，《二十一世纪》网络版，2003年6月号。

21. 苏少之：《革命根据地新富农问题研究》，《近代史研究》2004年第1期。

22. 白纯：《苏南土改中的划分阶级成分和反封建问题》，《江苏大学学报（社会科学版）》2004年第3期。

23. 秦宏毅：《四个阶段的中共富农政策》，《求索》2005年第1期。

24. 李幼斌、陈雪：《土地革命时期毛泽东对富农问题的贡献》，《学术交流》2005年第1期。

25. 张瑞敏：《毛泽东对中国富农阶层的认识及策略思想的演变》，《中南民族大学学报》2005年第3期。

26. 张瑞敏：《毛泽东"保存富农经济"思想述评》，《湖北大学学报》2005年第4期。

27. 江红英：《新民主主义理论框架内外的富农与富农经济》，《中共党史研究》2005年第5期。

28. 莫宏伟：《中共对富农问题的探索及其教训》，《党史研究与教学》2005年第4期。

29. 王建科：《党在各时期对富农政策的演变》，《江苏社会科学》1992年第2期。

30. 高菊：《毛泽东的分配思想与当今中国的社会主义分配理论和政策》，《教学与研究》1994年第2期。

31. 周彪:《人民公社分配制度的形成——以江苏为例》,《社会科学研究》2002 年第 6 期。

32. 邓智旺:《农村人民公社初期的分配制度》,《浙江档案》2004 年第 11 期。

33. 梅德平:《60 年代调整后农村人民公社个人收入分配制度》,《西南师范大学学报(人文社会科学版)》2005 年第 1 期。

34. 秦宏毅:《论邓子恢正确对待富农经济问题的思想》,《福建党史月刊》2005 年第 7 期。

35. 张成洁:《斯大林与苏联的富农问题》,《广西社会科学》2005 年第 8 期。

36. 秦宏毅:《试析苏、中两国取缔富农的共因》,《湖北社会科学》2005 年第 10 期。

37. 武力、温锐:《新中国收入分配制度的演变及绩效分析》,《当代中国史研究》2006 年第 4 期。

38. 谭继军:《苏联消灭富农的几个问题》,《当代世界社会主义问题》2006 年第 1 期。

39. 吴志军:《一九五八年:变动中的人民公社分配制度——以徐水共产主义试点为中心》,《中共党史研究》2006 年第 4 期。

40. 莫宏伟:《饶漱石与华东新区土地改革》,《江苏大学学报》2006 年第 5 期。

41. 何之光:《〈土地改革法〉的夭折》,《炎黄春秋》2006 年第 8 期。

42. 苏少之:《新中国土地改革后新富农产生的规模与分布研究》,《当代中国史研究》2007 年第 1 期。

43. 苏少之:《新中国关于新富农政策演变的历史考察》,《中南财经政法大学学报》2007 年第 1 期。

44. 苏少之:《新中国土地改革后农村新富农经济的经营结构与经营方式》,《中国经济史研究》2007 年第 2 期。

45. 叶明勇:《土地改革政策与"和平土改"问题评析》,《当代中国史研究》2007 年第 4 期。

46. 李里峰:《土改中的诉苦:一种民众动员技术的微观分析》,《南京大学学报(哲学·人文科学·社会科学版)》2007 年第 5 期。

47. 房中:《十年来关于社会主义改造问题研究综述》,《北京党史》2007 年第 5 期。

48. 罗朝晖:《界定与策略:20 世纪前半期富农问题的研究》,《山西师大学报(社会科学版)》2008 年第 1 期。

49. 刘丽、向龙斌、周坤龙:《人民公社分配体制的思考》,《安徽农业科学》2008 年第 1 期。

50. 辛逸:《对大公社分配方式的历史反思》,《河北学刊》2008 年第 4 期。

51. 孟庆瑜、王昆江:《分配制度改革与增加城乡居民收入的制度路径选择——基于分配权的研究视角》,《河北学刊》2009 年第 6 期。

52. 朱金鹏:《从"三包一奖"到"分配大包干"的历史演变——试评庐山会议后农村人民公社体制调整》,《党史研究与教学》2010 年第 2 期。

53. 刘扬、冉美丽、王忠丽:《个人所得税、居民收入分配与公平——基于中美个人所得税实证比较》,《经济学动态》2014 年第 1 期。

54. 孙迎联:《收入分配机制:共享发展视野下的理论新思》,《理论与改革》2016 年第 5 期。

55. 刘伟等:《中国收入分配差距:现状、原因和对策研究》,《中国人民大学学报》2018 年第 5 期。

56. 王萌:《改革开放 40 年中国居民收入分配格局变化研究》,《理论月刊》2019 年第 2 期。

57. 周晓桂:《经济新常态下我国收入分配制度改革的再思考》,《宏观经济管理》2019 年第 9 期。

58. 刘儒:《新中国收入分配政策的变迁与经验》,《当代中国史研究》2020 年第 3 期。

59. 周浩波:《社会主义初级阶段收入分配制度改革:历程、成就与经验》,《辽宁大学学报(哲学社会科学版)》2020 年第 3 期。

(四)主要报刊资料

1.《人民日报》(1948—1965)

2.《中国农报》(半月刊)(1950—1965)

3.《新华月报》(1949—1965)

4.《新建设》(半月刊)(1949—1965)

5.《学习》(半月刊)(1949—1965)

6.《解放日报》(1949—1965)

7.《公安建设》(1950—1965)

8.《农村工作通讯》(1956—1965)

9.《长江日报》(1949—1965)

10.《中国青年》(1957—1965)

（五）地方档案资料

1. 北京市档案馆"土地改革运动"与"农业社会主义改造"档案
2. 河北省档案馆"土地改革运动"与"农业社会主义改造"档案
3. 保定市档案馆"土地改革运动"与"农业社会主义改造"档案
4. 山东省档案馆"土地改革运动"与"农业社会主义改造"档案
5. 江苏省档案馆"土地改革运动"与"农业社会主义改造"档案
6. 浙江省档案馆"土地改革运动"与"农业社会主义改造"档案
7. 湖北省档案馆"土地改革运动"与"农业社会主义改造"档案
8. 武汉市档案馆"土地改革运动"与"农业社会主义改造"档案
9. 山西省档案馆"大跃进"与人民公社化运动档案
10. 徐水县档案馆"大跃进"与人民公社化运动档案
11. 范县档案馆"大跃进"与人民公社化运动档案

后　记

　　2017年10月,习近平总书记在党的十九大报告中指出:"坚持按劳分配原则,完善按要素分配的体制机制,促进收入分配更合理、更有序……履行好政府再分配调节职能,加快推进基本公共服务均等化,缩小收入分配差距。"2020年10月,党的十九届五中全会进一步指出:"优先发展农业农村,全面推进乡村振兴。坚持把解决好'三农'问题作为全党工作的重中之重……强化以工补农、以城带乡,推动形成工农互促、城乡互补、协调发展、共同繁荣的新型工农城乡关系,加快农业农村现代化。"可见,党的十八大以来,完善分配制度、优先发展农业农村已成为新时代党和国家政策的优先发展方向。新中国成立后,我国农村分配制度经历了从确立按劳分配制度到趋向平等平均的过程。改革开放后,党的几代中央领导集体在继承马克思主义分配理论的基础之上,又吸取了毛泽东分配思想和现实实践的经验教训,逐步形成了中国特色社会主义分配理论。新时代新征程,能否通过调整分配政策缩小城乡差距,振兴农业和农村,事关实现中华民族伟大复兴中国梦的全局。

　　本书在笔者近年相关研究的基础上,以马克思主义经典作家关于社会现代化与社会主义分配思想的理论与实践为研究背景,以新中国成立后国家现代化战略模式的转变和农村分配制度的多次反复为主线,通过查阅全国几个典型地方的档案资料并作比较统计分析,充分展现了新中国十七年中央农村分配政策制定、各地政策执行和效果,分析其中理论逻辑和实践结果的错位,揭示当时历史条件下按劳分配制度趋向平均主义的实际情况。改革开放后,在中国特色社会主义分配理论指导下,中国经济发展取得巨大成就,居民收入快速增长,我国也从一个收入分配比较均等的国家转变成为一个收入差距较大的国家。新时代,我国要坚持按劳分配原则,履行好政府再分配调节职能,缩小收入分配差距,才能实现共同富裕的目标,让全体人民共享改革开放的发展成果。

本书在进行研究选题论证的过程中,获得了国家社会科学基金青年项目专项资金资助,为更加快速深入地开展研究和写作提供了坚强后盾。另外,本书在写作过程中,得到了北京市社会科学院领导的大力支持。人民出版社的领导和编辑也为本书出版付出了诸多辛劳和智慧。

本书虽然经过四年多的精心写作,其间也修改多次,但由于作者水平所限,书中的缺陷和错误依然难免,敬请读者批评指正。

尤国珍

2021 年 1 月

责任编辑：郭　娜

封面设计：石笑梦

版式设计：胡欣欣

图书在版编目（CIP）数据

现代化视阈下新中国农村分配制度研究:1949—1966/尤国珍 著. —北京：
　人民出版社,2021.12
ISBN 978－7－01－023848－7

Ⅰ.①现⋯　　Ⅱ.①尤⋯　　Ⅲ.①农村-收入分配-分配制度-研究-中国
　Ⅳ.①F323.8

中国版本图书馆 CIP 数据核字（2021）第 204715 号

现代化视阈下新中国农村分配制度研究（**1949—1966**）

XIANDAIHUA SHIYUXIA XINZHONGGUO NONGCUN FENPEI ZHIDU YANJIU（1949—1966）

尤国珍　著

人民出版社 出版发行

（100706　北京市东城区隆福寺街 99 号）

环球东方（北京）印务有限公司印刷　新华书店经销

2021 年 12 月第 1 版　2021 年 12 月北京第 1 次印刷
开本:710 毫米×1000 毫米 1/16　印张:15
字数:220 千字

ISBN 978－7－01－023848－7　定价:69.00 元

邮购地址 100706　北京市东城区隆福寺街 99 号
人民东方图书销售中心　电话（010）65250042　65289539